KiWi

1716

Das Buch

Wer davon ausgeht, dass Konfliktfreiheit ein Gradmesser für gelungene Integration in einer offenen Gesellschaft ist, der irrt. Das Konfliktpotenzial wächst auf allen Seiten, weil die Gesellschaft liberaler und integrativer wird. »Das Integrationsparadox« bringt die widersprüchlichen Befunde und spannungsreichen Verhältnisse in einen Zusammenhang: Nebenwirkungen und Folgen von gesellschaftlicher Öffnung sind nämlich sowohl aufgeheizte Diskussionen über Identitätspolitik, Diskriminierung und Rassismus, politische Korrektheit und den fehlenden gesellschaftlichen Zusammenhalt als auch diverse Radikalisierungstendenzen vom Populismus bis zu Rechtsextremismus und religiösem Fundamentalismus. Das Themenfeld Migration steht im Mittelpunkt dieser Gesellschaftsanalyse, aber keineswegs im Vordergrund zur Beschreibung der zentralen Problemlagen. Die gesellschaftlichen Bruchlinien liegen tiefer.

Aladin El-Mafaalanis Gegenwartsdiagnose hat die Debatte in Deutschland maßgeblich verändert, das Buch wurde 2018 zu einem Bestseller und von der Presse als optimistischer Beitrag zum Diskurs gefeiert. In dieser völlig überarbeiteten Neuauflage analysiert der Autor auch Reaktionen auf das Buch, nimmt Bezug auf die neuesten Entwicklungen und erweitert die Analyse in einem neuen Kapitel.

Der Autor

Aladin El-Mafaalani, 1978 im Ruhrgebiet geboren, ist Soziologe und Inhaber des Lehrstuhls für Erziehung und Bildung in der Migrationsgesellschaft am Institut für Migrationsforschung und interkulturelle Studien (IMIS) an der Universität Osnabrück. Nach Studium und Promotion an der Ruhr-Universität Bochum war er zunächst Lehrer am Berufskolleg Ahlen, dann Professor für Politikwissenschaft an der Fachhochschule Münster und später Abteilungsleiter im nordrhein-westfälischen Ministerium für Kinder, Familie, Flüchtlinge und Integration in Düsseldorf. 2020 erschien von ihm »Mythos Bildung. Die ungerechte Gesellschaft, ihr Bildungssystem und seine Zukunft«.

Aladin El-Mafaalani

DAS INTEGRATIONS-PARADOX

Warum gelungene Integration zu mehr Konflikten führt

Vollständig überarbeitete und erweiterte Neuausgabe

Kiepenheuer & Witsch

MIX
Papier | Fördert gute Waldnutzung
FSC® C083411
www.fsc.org

7. Auflage 2026

Covergestaltung Rudolf Linn, Köln, nach einem Entwurf von Brian Barth
Covermotiv © iStock.com/B&M Noskowski
Gesetzt aus der Minion und Trade Gothic
Satz Buch-Werkstatt GmbH, Bad Aibling
Druck und Bindung CPI books GmbH, Leck
ISBN 978-3-462-05427-9

Kontaktadresse nach EU-Produktsicherheitsverordnung:
produktsicherheit@kiwi-verlag.de

Inhalt

Vorwort zur Neuausgabe

Betreten eine Ostdeutsche, ein Homosexueller, ein Rollstuhlfahrer, ein Asiat und eine Schwangere eine Kneipe. Fragt der Wirt: »Was seid ihr denn für eine witzige Truppe?« Antwortet die Ostdeutsche: »Die Regierung!«

Vor einigen Jahren wurde mir dieser Witz erzählt und zunächst fand ich ihn nicht witzig. Wenige Minuten später habe ich dann doch sehr gelacht, denn ich stellte mir Konrad Adenauer als den Wirt vor. Der hätte beim Anblick dieser Regierung wahrscheinlich einen ziemlich verstörten Gesichtsausdruck gehabt.

Mit der Kanzlerin Angela Merkel, ihren Ministern Guido Westerwelle, Wolfgang Schäuble, Philipp Rösler und der Ministerin Kristina Schröder waren »in der Kneipe« Personen versammelt, die jede für sich Merkmale von Minderheiten aufwiesen. Und nun regierten diese Menschen. Zeitgleich war mit Barack Obama erstmals ein Schwarzer US-Präsident – im Übrigen waren seine Ministerposten auch ausgesprochen vielfältig besetzt. Man konnte glauben, man sei am Ziel. Diese Regierungen repräsentierten die offene Gesellschaft par excellence.

Zur gleichen Zeit arbeitete ich an meiner Antrittsvorlesung an der Fachhochschule Münster. Mein Vortrag mit der These, dass gelungene Integration zu mehr Konflikten führe, wurde damals – im Jahr 2013 – als eher »pessimistisch« bezeichnet.

Fünf Jahre später gab ich dann der These einen Namen und veröffentlichte den Ansatz im Sommer 2018 in Buchform. »Das Integrationsparadox« hat seither eine enorme Resonanz erfahren und den öffentlichen Diskurs in nicht erwartbarer Weise beeinflusst. Mit dem neu eingeführten Begriff und der damit verbundenen Gesellschaftsanalyse bietet das Buch ein ganz neues Verständnis für die aktuellen Krisenerscheinungen und wurde sehr breit rezipiert. Das freute mich. Zugleich wurde das Buch als Mutmacher angesehen, als sehr optimistisch, von manchen als zu optimistisch. Das freute mich auch, schließlich ist es keine Selbstverständlichkeit, dass man mit soziologischen Analysen positive Stimmungen erzeugt – das Gegenteil ist die Regel.

Dennoch hat mich seither beschäftigt, wie die gleiche Gegenwartsdiagnose, die noch fünf Jahre zuvor als pessimistisch wahrgenommen wurde, plötzlich durchweg als positiv, konstruktiv und optimistisch gedeutet wird.[1] Ich habe drei Erklärungen:

Erstens: Wenn alle pessimistisch werden, wirkt der Realist wie ein Optimist. Seit dem Jahr 2013, als noch die »witzige Truppe« die Regierung bildete, gibt es tatsächlich mehr als genug Gründe, pessimistischer zu werden. In der Zwischenzeit entstanden die AfD und PEGIDA, man nahm Reichsbürger, Identitäre und Salafisten zunehmend öffentlich wahr, eine ganze Reihe von Terroranschlägen aus verschiedenen ideologischen Richtungen wurden verübt, es gab auch reichlich Gründe, um gegen Sexismus (#metoo) und Rassismus (#metwo und Black Lives Matter) auf die Straße zu gehen, Trump ist US-Präsident, Großbritannien trat aus der EU aus – um nur einige wesentliche Meilensteine hin zum grassierenden Pessimismus zu nennen.[2]

Zweitens: Wenn man etwas versteht, dann stimmt es positiv. Das Konfliktpotenzial war früher bestenfalls als Randerscheinung sichtbar. Erst seit einigen Jahren war es nicht mehr übersehbar und ins Zentrum der öffentlichen Wahrnehmung gerückt. Gleichzeitig war die Situation diffus, im öffentlichen Diskurs ging vieles durcheinander, es fehlten auf allen Seiten Orientierungs- und Deutungsangebote. Wenn Frauen über Sexismus klagen, Schwarze Deutsche über Rassismus, Muslime über Islamfeindlichkeit, viele Deutschen über einen Verlust von Heimatgefühl, Migranten über fehlende Zugehörigkeit, Nicht-Migranten über fehlende Anpassungsbereitschaft, wenn es immer mehr besorgte Bürger gibt, immer häufiger von Lügenpresse und Volksverrätern die Rede ist und alle beklagen, dass politische oder religiöse Radikalisierung zunimmt, dann muss doch alles komplett falsch laufen – oder? Wenn in dieses Durcheinander Ordnung kommt, dann kann dies zu einem positiven Gefühl führen, das dann optimistisch stimmt. Und tatsächlich war man es gewohnt, zu diesem Themenfeld Bücher entweder über romantische Luftschlösser zu lesen oder aber über Weltuntergangsszenarios. Das Integrationsparadox ist weder das eine noch das andere, vermag aber beide Extreme zu erklären – in verständlicher und bisweilen heiterer Sprache.

Drittens: Paradoxien an sich begünstigen die Extreme. Vielleicht ist es die Eigentümlichkeit von Paradoxien, dass sie hemmen, überfordern und pessimistisch stimmen, solange man sie nicht begriffen hat. Und sobald man sie versteht und auf einen Begriff bringen kann, wirken sie interessant und machen handlungsfähig. Wenn man aus der Hemmung in die Handlungsfähigkeit übergeht, entsteht Optimismus.

Diese drei Punkte spielen zusammen und erzeugen im Ergebnis ein Novum: Dass ein ausgewogener und konstruktiver Ansatz mit einer gänzlich kontraintuitiven These zu diesem Themenfeld, der keine »Schuldigen« benennt, weil es keine gibt, breit wahrgenommen und zitiert wird, ist außergewöhnlich. Das Spektrum der Resonanz reicht vom Fachkollegium der Deutschen Gesellschaft für Soziologie, die mich mit dem Preis für öffentliche Wirksamkeit ehrte, bis zu einem Musikvideo, in dem ein Textauszug (S. 81–82) zum Rap-Song »Konfliktpotenzial« wurde.[3]

Das Themenfeld Migration steht im Mittelpunkt dieser Gesellschaftsanalyse, zugleich steht es aber nicht im Vordergrund zur Beschreibung der Problemlage. Es ist ein relevanter Zugang zur Beschreibung der offenen Gesellschaft, bei Weitem nicht der einzige. In der Corona-Krise konnten wir (erneut) erkennen, dass die Bruchlinien unserer Gesellschaft nicht allein entlang der Fragen um Migration verlaufen, sondern grundsätzlicher Natur sind. Genau dieser Aspekt wird in dieser Neuausgabe in dem neuen letzten Kapitel »Das Integrationsparadox der offenen Gesellschaft« stärker hervorgehoben. Da der zentrale Begriff der Gesellschaftsanalyse im gesamten ursprünglichen Haupttext nicht ein Mal fällt, wird in diesem neuen Kapitel u. a. auch gefragt: Was ist das Integrationsparadox? Zugleich werden aktuelle

Entwicklungen reflektiert und innerhalb der Analysearchitektur systematisiert sowie Bezüge zu artverwandten Theorien und Ansätzen hergestellt.

Außerdem wurde der gesamte Text für diese Neuausgabe aktualisiert, überarbeitet, ergänzt und durch umfassende Quellennachweise in seinen Verwendungsmöglichkeiten (etwa für Studium und Lehre) erweitert.

I OFFENHEIT UND GESCHLOSSENHEIT

Gespaltene Gesellschaft oder offene Gesellschaft?

Unsere Gesellschaft ist gespalten, und die Welt ist aus den Fugen geraten – über diese Feststellung herrscht fast Einigkeit. Einigkeit wird selten erreicht, und diese ist sehr bemerkenswert. Die Schlussfolgerungen sind dann aber ganz unterschiedlich: Die einen halten den Kurs, versuchen jedoch gleichzeitig, durch Krisenmanagement eine alte Stabilität zurückzugewinnen, die anderen wünschen sich die guten alten Zeiten vollständig zurück und wollen eine Kehrtwende. Aber was verbirgt sich hinter der Diagnose? Welche Deutung lässt die metaphorische Redensart vom Gespaltensein und Aus-den-Fugen-Geraten zu?

Ich lasse gleich zu Beginn die Katze aus dem Sack: In diesem Buch wird eine andere Interpretation angeboten. Ich verfolge die These, dass es sich genau um das Gegenteil handelt. Die Gesellschaft wächst zusammen, und die Welt ist sich nähergekommen. Dadurch kommt vieles in Bewegung. Nicht alles kann gesteuert werden. Veränderungen erzeugen Spannungen und Konflikte. Niemand hat eine positive Idee davon, wohin dieser Prozess führt. Die Bevölkerung ist vielleicht gespalten bei der Bewertung der Situation. Sich näherzukommen und zusammenzuwachsen – das ist kein gemütlicher Prozess. Ohne ein definiertes Ziel ist er umso herausfordernder.

Es ist in etwa so wie beim Bergsteigen. Über den Berg kommen bedeutet immer auch, eine Zwischenphase des Leidens zu überstehen. Der Gipfel ist nicht zu sehen, es gibt weder einen ortskundigen Bergführer noch einen vorgezeichneten Pfad. Es steht außer Frage, dass man schon sehr weit gekommen ist, aber das fühlt sich nicht für alle gut an. Es gibt Streit. Auf halber Strecke wollen manche zurück ins Tal, vertragen die Strapazen des Aufstiegs schlecht, haben vergessen, warum sie sich überhaupt auf den Weg gemacht haben. Von oben erscheint ihnen das Tal wieder attraktiver. Andere empfinden den Weg zwar als anstrengend, wollen aber nicht zurück. Sie versuchen, jede Krise unterwegs zu bewältigen, und schreiten langsam voran. Und wieder andere haben Freude am Bergsteigen und finden den Gedanken an eine Umkehr absurd. Im Gegenteil: Sie wollen das Tempo erhöhen. Eins steht fest: Ein einfaches Zurück gibt es nicht, denn ein Teil will weiter, und darüber hinaus wissen nun alle, wie das Tal von oben aussieht und wie begrenzt es ist. Selbst dann, wenn alle oder einige zurückkehren würden, wäre es nicht mehr wie vorher.

Es handelt sich um den Weg hin zur offenen Gesellschaft. Diese offene Gesellschaft ist noch nicht vollständig, aber weitgehend realisiert. Genau genommen hat sie ein Niveau erreicht, das ihre Vordenker nicht für realisierbar gehalten hätten. Die offene Gesellschaft bietet Möglichkeiten der Beteiligung, der Zugehörigkeit, der Inklusion, sie erlaubt es aber auch, nicht mitzumachen. Die offene Gesellschaft ist dabei so offen, dass sie nicht einmal ein konkretes Ziel vorschreibt oder einem konkreten Ideal folgt. Sie ermöglicht Austausch, Kooperation und Streit. Sie steht in der Tradition des Liberalismus und der Demokratie. Heute, im fortgeschrittenen Stadium, handelt es sich um liberale Migrationsgesellschaften.

Woran erkennt man die offene Gesellschaft? Wir diskutieren intensiv über Ungleichheit zwischen Frauen und Männern, zwischen Menschen mit Migrationshintergrund und Menschen ohne Migrationshintergrund, zwischen Nicht-Heterosexuellen (LSBTIQ* und Heterosexuellen, zwischen Ostdeutschen und Westdeutschen, zwischen Menschen mit Behinderung und Menschen ohne Behinderung. Wir tun dies, während sich alle diese Unterschiede reduzieren. Wir diskutieren derart intensiv, dass aus dem Blick gerät, dass sich die Teilhabechancen für Frauen, Menschen mit Migrationshintergrund, LSBTIQ*, Ostdeutsche und Menschen mit Behinderung ganz wesentlich verbessert haben. Das nenne ich »innere Offenheit«, also die Verschiebung von Grenzen der Teilhabe und Zugehörigkeit innerhalb einer Gesellschaft – man könnte auch sagen: Integration. Es geht um Bürgerrechte für alle Bürger:innen und sogar die Beachtung von Menschenrechten für Menschen, die nicht einmal eigene Bürger sind, um Anti-Diskriminierungspolitik für benachteiligte Gruppen, den Schutz der Rechte von Frauen, religiösen und ethnischen Minderheiten, von Menschen mit Behinderung, allgemeine Chancengleichheit, die Akzeptanz verschiedener Lebensentwürfe und Optionenvielfalt – und zwar für alle gleichermaßen.

Demgegenüber meint der Begriff »äußere Offenheit« die Verschiebung von Grenzen zwischen verschiedenen Gesellschaften. Äußere Offenheit lässt sich unter dem Stichwort Globalisierung zusammenfassen: Global sind mittlerweile nicht nur die Wirtschaft, die Produktion, der Handel, das Transportwesen, die Geldströme, sondern auch die Unterhaltungsindustrie, die Kunst, die Wissenschaft und die Kommunikation. Aber auch die Mobilität der Menschen, Tourismus und Migration.

Äußere und innere Offenheit werden in der Figur der Migrantin oder des Migranten eins, weil sie Migration und Integration verkörpert. Die offensten Gesellschaften sind die mit der globalsten Bevölkerung. Sie sind in sich global, oder anders ausgedrückt: Es existiert Globalität vor Ort. Daher werde ich mich im Schwerpunkt auf Migration und Integration beziehen, aber immer exemplarisch für die offene Gesellschaft.

Was ist nun davon zu halten, dass sich alle sicher sind, dass unsere Gesellschaft gespalten und die Welt aus den Fugen geraten ist? Zunächst ist interessant an den Diagnosen, dass sich die erste auf innere Offenheit und die zweite auf äußere Offenheit bezieht. Beginnen wir mit der gespaltenen Gesellschaft. Spalten bedeutet doch, dass sich etwas, was eins war, trennt. Doch in dieser Hinsicht war die Gesellschaft früher eindeutig mehr gespalten. Die Spalten zwischen Menschen nach Geschlecht, Hautfarbe oder Herkunft schließen sich. Wir diskutieren ja sogar darüber, ob diese Kategorisierungen überhaupt noch Sinn ergeben. Es handelt sich zweifelsfrei um ein Zusammenwachsen. Gespalten ist die Bevölkerung darüber, ob das Zusammenwachsen gut oder schlecht ist. Das ist eine nicht minder große Herausforderung, aber eine ganz andere.

Und ist die Welt aus den Fugen geraten? Diese Redensart passt in einer schwachen Auslegung schon besser, wenn damit gemeint ist, dass die Welt in vielerlei Hinsicht in Bewegung ist und die alte Ordnung verliert. Sich näherzukommen kann sich anfühlen wie ein Aus-den-Fugen-Geraten. Global haben sich unheimlich viele Dinge positiv entwickelt – genau genommen hat sich lediglich der Zustand der Natur und des Klimas eindeutig verschlechtert. Aber auch hier gilt: Sich näherzukommen ist nicht vergnügungssteuerpflichtig.

Wir haben es also nicht mit zunehmender Spaltung und akuten Krisen zu tun, sondern mit den Strukturen zunehmender gesellschaftlicher Offenheit, die ein Zusammenwachsen und ein Sichnäherkommen ermöglichen. Hieraus erwachsen Widerstände und Konflikte, die – wie immer – stärker wahrgenommen werden als die ihnen zugrunde liegenden positiven Entwicklungen.[4]

Schließungstendenzen: Widerstand gegen Offenheit

Innere und äußere Offenheit führen zu Schließungstendenzen, weil Offenheit an Grenzen stößt. Innerhalb einer Gesellschaft fragen sich manche Nachfahren von Migrant:innen, was sie noch alles tun müssen, um anerkannt zu werden und um vollständig dazuzugehören. Sprache, Staatsbürgerschaft, Gefühl und Heimat: alles deutsch, und trotzdem fehlt immer etwas. Auf der anderen Seite haben manche Alteingesessenen das Gefühl, ihre Heimat und

Identität zu verlieren, und sind überfordert. Beide haben irgendwie recht. Das ist der Prozess des Zusammenwachsens, der offenbar nicht abgeschlossen ist. Im Jammern kann man es sich auf beiden Seiten gemütlich machen. Aber der konstruktive Weg ist der Weg der Kritik und des friedlichen Streits.

Ein Ausdruck dieses Konflikts ist die Frage: Gehört der Islam zu Deutschland oder nicht? Allein dass sich die Frage stellt, zeigt, dass wir schon sehr weit sind. In den 1990ern wäre die Frage ein schlechter Witz gewesen oder gar nicht verstanden worden, weil die Antwort ein bedingungsloses Nein gewesen wäre. Im Übrigen hätten auch die meisten Muslim:innen mit Nein votiert. Heute wird die Frage nicht einheitlich beantwortet, es ist eine etwa 50:50-Situation. Und wenn man fragt, ob die Muslime, also die Menschen, dazugehören, dann erhöht sich die Zustimmung beträchtlich – übrigens auch bei fast allen CSU-Politikern. Und immer mehr Muslime beschweren sich darüber, dass die Frage, ob ihre Religion dazugehöre, nicht mit einem klaren Ja beantwortet wird. Was bedeutet das anderes, als dass sie sich zugehörig fühlen? Was kann das anderes sein als der anstrengende Prozess des Zusammenwachsens in einer offenen Gesellschaft? Und auch deshalb wird von »Islamisierung« gesprochen. Das ist der Widerstand der Gegner der offenen Gesellschaft.

Bleiben wir beim umstrittensten Thema, dem Islam, und bei den Schließungstendenzen im internationalen Kontext. Durch die äußere Offenheit haben sich die Kulturen und Gesellschaften derart angenähert, dass die Abwehrreaktion überall zu erkennen ist. Im Orient ist von der Verwestlichung des Morgenlands, in Europa von der Islamisierung des Abendlands die Rede. Das Sichnäherkommen kann für alle beengend wirken, wodurch man sich in die Defensive gedrängt fühlt. Das begünstigt eine Rückbesinnung auf die Wurzeln und eine Schließungstendenz. Der Islamismus kann genauso als eine Reaktion auf die Annäherung verstanden werden wie der Nationalismus in den westlichen Staaten. Nationalismus, Populismus und Rechtsextremismus sind genauso Gegenbewegungen gegen die offene Gesellschaft, wie es religiöser Fundamentalismus und Terrorismus sind. Die Gruppen, die sich gegen die offene Gesellschaft stellen, könnten unterschiedlicher kaum sein. Aber sie teilen mindestens zwei wesentliche Prinzipien: Sie sind exklusive Bewegungen der Schließung und sie sind vergangenheitsorientiert: zurück in die Zeit, als wir noch groß und für uns waren.

Ein zu schnelles Näherkommen führt zu einem Zusammenprall, dem sogenannten »Clash of Civilizations« – danach sieht es nicht aus.[5] Ein langsameres Näherkommen führt zu Reibungen und Schließungstendenzen. Diese sehen wir ganz deutlich, nicht nur, aber insbesondere in den westlichen Staaten. Dabei war die offene Gesellschaft ursprünglich eine westliche Idee. Heute sind die Anhänger und Gegner der offenen Gesellschaft weltweit verbreitet. Die größte Gefahr bildet das Infragestellen der offenen Gesellschaft in den liberalen Staaten selbst. In fast allen europäischen Staaten erstarkt diese Bewegung, seit dem Brexit und der Präsidentschaft Donald Trumps ist sie nicht mehr zu übersehen.

Näherkommen und Zusammenwachsen können dazu provozieren, die Differenzen zu betonen, weil sie kleiner werden. Das kann aber auch zu einer Radikalisierung führen. Zurück zu den Wurzeln. Wir müssen uns zurückbesinnen, brauchen Platz, um wieder so groß zu werden, wie wir es einst waren. Great again – das ist ein Leitspruch, der dieser Tage vom US-amerikanischen Präsidenten, aber auch von einem politischen Salafisten kommen kann.

Wenn wir scheitern, dann an unseren Erfolgen

Offenheit nach innen und nach außen könnten als Grenzenlosigkeit falsch verstanden werden. Das Gegenteil ist der Fall: Offenheit bedeutet zwingend, dass es Grenzen gibt. Ohne Grenzen ist nichts. Mit geschlossenen Grenzen gibt es kein Leben. Die Grenzen sind kein Problem, sondern eine Notwendigkeit. Die Herausforderung ist der Umgang mit Grenzen, das Verhältnis zwischen Offenheit und Geschlossenheit, die Verschiebung von Grenzen und die Neubewertung ihrer Funktion. Grenzen können nationalstaatliche, milieuspezifische oder mentale Grenzen sein. In diesem Buch geht es also um die offene Gesellschaft und ihre Grenzen. Und gerade Integration bedeutet auch eine Verschiebung von Grenzen – und zwar für alle. Ja richtig, die Integration von einem Teil hat Auswirkungen auf alle.[6]

Über kaum etwas wird so intensiv geredet wie über Migration und Integration. Gleichzeitig habe ich regelmäßig das Gefühl, dass kein anderes Thema mit derartigem Halbwissen und ausgeprägter Naivität besprochen wird. So glauben viele, dass die Probleme, die wir in Deutschland haben, damit zusammenhängen, dass man erst seit etwa sechzig Jahren Erfahrungen mit Migration und erst spät eingesehen habe, ein Einwanderungsland zu sein. Aber auch das ist eine Wunschvorstellung: Denn klassische Einwanderungsländer, die deutlich längere Erfahrungen mit Migration haben als Deutschland, erleben die Schließungstendenz auch, überwiegend sogar viel stärker. Migration und die fortschreitende Globalisierung spielen zwar für die Schließungstendenz eine Rolle, aber mindestens genauso wichtig ist die innere Offenheit. Umfassende Integration, also ein freies Land für alle Menschen unabhängig von Geschlecht, Hautfarbe, Sexualität, Behinderung zu sein, ist in allen Einwanderungsländern relativ neu. Die Gegner der offenen Gesellschaft stellen sich entsprechend auch gegen den »Genderismus«, sind etwa auch gegen die Inklusion von Kindern mit Behinderung und lehnen selbstverständlich Migration und den Islam ab, können sich aber auch über gut integrierte Muslime nicht freuen, denn die verändern das Land und wollen, dass der Islam zu Deutschland gehört. Zusammenwachsen dauert und tut weh.

II INTEGRATION UND WANDEL IN OFFENEN GESELLSCHAFTEN

Integration gelingt!

»Integration gelingt in Deutschland ziemlich gut!« Wenn ich diesen Satz in der Vergangenheit aussprach, regte sich Widerstand. Dies erlebte ich bei unzähligen Veranstaltungen von Bayern bis Hamburg, vom Saarland bis Sachsen, auf dem Land und in der Stadt, unabhängig davon, wer die Zuhörer:innen oder Mitdiskutant:innen waren. Im Widerstand gegen diesen Satz vereint waren Pädagog:innen, Journalist:innen, Politiker:innen und Polizist:innen, Rotarier:innen, Christ:innen, Muslim:innen und PEGIDA-Demonstrant:innen. Selbst von Wissenschaftlern und Künstlern kam Widerspruch. Habituell, intellektuell und politisch hochgradig ungleiche Menschen, die es keine zehn Minuten im selben Raum aushalten würden, waren sich einig. Man könnte sagen: diffuse Einigkeit in der Vielfalt. Natürlich äußerte sich die Ablehnung meiner These auf stilistisch und intellektuell sehr unterschiedliche Weise. Aber noch stärker unterschieden sich Standpunkt und Stoßrichtung der Kritik. Aus der einen Ecke wurde betont, dass Politik und Gesellschaft die Migranten nicht angemessen behandeln und fördern würden. Aus der anderen Ecke wurden Migrant:innen als Fremde dargestellt, die einfach nicht zu »uns« passen. An den Rändern dieser Ecken hieß es, ich würde entweder den Rassismus der deutschen Gesellschaft oder aber die Islamisierung des Abendlandes übersehen oder gar gutheißen. Von links über die Mitte bis rechts sangen fast alle einstimmig das Lied von einer sich dramatisch verschlechternden Situation.

Nun könnte es in meinem Interesse sein, meine wissenschaftliche Arbeit als wichtig darzustellen. Am einfachsten funktioniert das, indem man die Probleme und nicht die Errungenschaften in den Mittelpunkt rückt. Und soziale Probleme gibt es reichlich: Arbeitslosigkeit, Armut, Bildungsdefizite, Gewalt, Obdachlosigkeit. Neben dieser strukturellen Perspektivlosigkeit können große Bedrohungen genannt werden, insbesondere organisierte Kriminalität und Terrorismus. Gerade die bedrohlichsten Probleme gehen sowohl von perspektivlosen und benachteiligten Menschen als auch von feindseligen und fanatischen Akteuren aus – Letztere sind auffällig häufig privilegiert.[7] All das führt zu einer angespannten Atmosphäre. Zur Entspannung trägt man nun nicht bei, indem man darauf hinweist, dass es all das schon immer gab: Die Anzahl schwerer Gewalttaten ist tendenziell sogar deutlich rückläufig, und auch Terrorismus ist in Deutschland und Europa kein neues Phänomen.[8] Neu ist lediglich die Intensität, mit der darüber berichtet und diskutiert wird. Wie sagen es die Journalisten so schön: »Only bad news are good news.« Aber ist das wirklich so?

Seit Beginn meiner wissenschaftlichen Tätigkeit ist es mein Anspruch, Phänomene wirklich zu verstehen. Das ist für mich eine doppelte Herausforderung, denn es geht darum, auf der einen Seite Integration insgesamt und die sich stetig verbessernde Situation und auf der anderen Seite die Widerstände gegen gute Botschaften und die zunehmenden Spannungen zu begreifen. Während der langen Beschäftigung mit diesen beiden gegenläufigen Prozessen wurde mir zunehmend klar, dass sie unmittelbar miteinander zusammenhängen. Das Credo vieler Journalist:innen, dass negative Neuigkeiten besser »funktionieren« und damit gut für das mediale Geschäft sind, ist sicher richtig, kann aber nicht die Erklärung des eigentlichen Phänomens sein. Tatsächlich erzeugt die negative Botschaft mehr Aufmerksamkeit als eine Erfolgsmeldung, und da die Konkurrenz in der Medienlandschaft durch neue Technologien enorm verstärkt wurde, weisen ganz offensichtlich Schlagzeilen und Bilder immer dramatischere Tendenzen auf. Diese täglichen Einflüsse durch die Medien erzeugen ein gewisses negatives Hintergrundrauschen. Vor diesem Hintergrund passiert aber etwas völlig anderes: Positive Entwicklungen können negative oder zumindest unerwartete Nebeneffekte haben. Das Credo wäre also umzudrehen: »Good news are bad news.« Gemeint ist hier aber nicht die schlechte Medienwirksamkeit einer positiven Schlagzeile, sondern die sich im Schatten des Erfolgs schleichend entwickelnden Veränderungen. Werden diese Veränderungen nicht reflektiert, sieht man nur noch Schatten und kein Licht.

Zumindest in der Langzeitbetrachtung gilt es, die Schattenseiten des Erfolgs als verborgene Bürde im Blick zu behalten. Man stelle sich zum Beispiel zwei Geschwister vor, eine beruflich extrem erfolgreiche Managerin und ihren Bruder, der ein Verwaltungsangestellter im mittleren Dienst ist. Sie hat einen ungleich schwereren Job, muss massive Konkurrenz aushalten, muss zunehmend riskante Entscheidungen treffen und wird regelmäßig ihren eigenen Ansprüchen nicht gerecht. Bei ihm laufen die Dinge ruhiger, es könnte natürlich immer etwas besser sein, aber er ist insgesamt zufrieden mit seiner Situation. Bereits kleine berufliche Verbesserungen werden von ihm positiv wahrgenommen. Von außen ist eindeutig erkennbar, wer beruflich erfolgreicher ist: Der Kontostand, der Status und das Prestige sprechen für sich. Aber das sagt noch nichts über die individuelle Wahrnehmung aus. Beide haben sowohl unterschiedliche objektive Rahmenbedingungen als auch unterschiedliche subjektive Erwartungen, die dazu führen können, dass die Schwester mit ihrer beruflichen Situation unzufrieden und der Bruder zufrieden ist. Es kann sogar so weit kommen, dass sie durch die Rahmenbedingungen und die gestiegenen Erwartungen einen Burn-out erleidet und schließlich im Beruf vollständig ausfällt, während sich ihr Bruder ganz langsam, aber kontinuierlich verbessert.

Bürgermeister:innen, Unternehmer:innen und Fußballclubs müssen damit klarkommen, dass die Ansprüche der Wähler:innen, Aktionär:innen und Fans parallel zum Erfolg steigen. Gleichzeitig wird oben die Luft dünner: Die Herausforderungen verändern sich, Druck, Konkurrenz und Aufmerksamkeit steigen, jeder kleine Fehler wird wahrgenommen. Daher ist es schwerer, Trainer von Borussia Dortmund zu sein als vom SC Freiburg. Und es ist sicher nicht leichter, Oberbürgermeister der wohlhabenden Stadt Freiburg zu sein als von der deutlich ärmeren Stadt Dortmund, auch wenn es dort viel mehr soziale Probleme gibt. Denn es kommt nicht auf die zu bewältigenden Probleme an, sondern auf die zu erfüllenden Erwartungen.

Positive Entwicklungen können also zwei wesentliche Veränderungen mit sich bringen: Zum einen steigen die subjektiven Erwartungen und zum anderen die objektiven Grundlagen. Und man muss sich diese beiden Realitäten genau anschauen, denn sie stehen in einem sich stetig verändernden Wechselspiel. Was an den Geschwistern oder den Fußballclubs noch leicht darzustellen ist, wird in einer gesamtgesellschaftlichen Betrachtung ungleich komplexer.

Wenn man nun die These, dass Integration relativ gut oder zumindest besser als früher gelingt, belegen möchte, ist es wichtig, den Vergleichshorizont zu benennen. Denn dieser bewertende Satz unterliegt Bewertungskriterien, über die man sprechen muss. Eine Bewertung benötigt zwingend einen Vergleich. Wer meint, es werde besser, muss zeigen, dass es irgendwann schlechter war oder dass es irgendwo schlechter läuft. Historische und internationale sowie regionale Vergleiche sind in der Wissenschaft die häufigsten Formen der Bewertung von Sachverhalten und Entwicklungen. Dass die Entwicklung der Integration von Migrant:innen gut verläuft, kann man in jeder Hinsicht und ohne Einschränkungen belegen. Fangen wir mit dem historischen Vergleich an.

Die Integration ist heute so gut, wie sie noch nie in der deutschen Geschichte war. Wer sich jetzt wundert, sollte sich kritisch fragen: Weiß ich überhaupt, wie es den Migrantenfamilien damals erging? Kenne ich die Asyl- und Integrationspolitik der vergangenen Jahrzehnte? Die Älteren können sich ergänzend fragen: Hat mich das damals überhaupt interessiert?

Die Integrationspolitik hat sich insgesamt ganz deutlich verbessert. Die Teilhabechancen von Minderheiten sind wesentlich besser als noch vor zwanzig, dreißig oder fünfzig Jahren. Dabei spielt es keine Rolle, ob wir uns den Arbeitsmarkt, das Bildungssystem, die Wohnverhältnisse oder die Möglichkeiten der politischen Partizipation anschauen. In der Bildungsforschung kann gezeigt werden, dass Migranten und ihre Kinder über stetig bessere Sprachkenntnisse und Kompetenzen insgesamt verfügen. Auch die Bildungsbeteiligung (also die besuchten Schulformen), der Bildungserfolg (also die erreichten Schulabschlüsse) und zum Beispiel auch der Zugang zu den Hochschulen haben sich stetig positiv entwickelt. Es verbesserte sich dabei nicht nur die Anzahl, also die nominale Entwicklung, sondern auch jeweils der Anteil, also das relative Verhältnis zu den Schülern und Studenten insgesamt. Die Entwicklung ist also keinesfalls negativ. Auf dem Arbeitsmarkt sehen wir einen ganz ähnlichen Trend. Es ist noch lange nicht perfekt, Chancengleichheit ist nicht erreicht, aber schlechter ist es ganz sicher nicht geworden.[9]

Man müsste hierfür auch keine Statistiken bemühen, sondern nur den Fernseher einschalten. Das Frühstücksfernsehen moderiert Dunja Hayali, die Nachrichten werden uns von Pinar Atalay oder Ingo Zamperoni vorgetragen, zu den erfolgreichsten Comedians gehören Bülent Ceylan, Fatih Çevikkollu und Serdar Somuncu, die besten Filme kommen von Fatih Akin, zu den gefragtesten deutschen Schauspielerinnen zählen Sibel Kekilli und Aylin Tezel und zu den besten deutschen Fußballern Mesut Özil und Jérôme Boateng, in der Politik haben sich Aydan Özoğuz (SPD), Serap Güler (CDU), Tarek Al-Wazir (B90/Grüne) oder Sevim Dağdelen (Die Linke) in der Spitze etabliert, auf der Spiegel-Bestseller-Liste stehen Autorinnen wie Kübra Gümüşay und Alice Hasters – die Aufzählung ließe sich seitenweise fortsetzen.

Umso irritierender ist es, dass immer noch davon die Rede ist, es fehle an Vorbildern. Eigentlich sind diese nicht zu übersehen, wenn man sie denn sehen möchte. Diese extrem erfolgreichen Menschen sind dabei nur die Spitze des Eisberges. Im Schuldienst und in der Wissenschaft, bei der Polizei und in der öffentlichen Verwaltung, in der freien Wirtschaft und im Kulturbetrieb werden wichtige Aufgaben von Menschen mit Migrationshintergrund wahrgenommen. Natürlich noch nicht so viele, wie es ihrem Bevölkerungsanteil entspricht, aber viel mehr als je zuvor. Und auch selbstständige Gemüsehändler:innen, Kioskbesitzer:innen und Restaurantbetreiber:innen tragen dazu bei, dass unsere Städte lebenswert sind. War das in den 1990ern besser? Natürlich nicht. Dann müsste doch eigentlich alles so weit gut sein.

Doch das ist es nicht. Diametral entgegengesetzt zu dieser eigentlich offensichtlichen Entwicklung stehen die Wahrnehmung vieler Menschen und der allgemeine öffentliche Diskurs. Diese enorme und immer weiter auseinanderklaffende Differenz zwischen den objektiven und subjektiven Realitäten bildet die Energie, die den Erfolg von Rechtspopulist:innen, Nationalist:innen und religiösen Fundamentalist:innen speist. Energie, die nicht zuletzt durch

Verschwörungstheorien und alternative Fakten in bestimmte Richtungen kanalisiert wird.

Integrationspolitik heute: befriedigend plus

Will man die Spaltung von subjektiver Erwartung und objektiver Realität begreifen, muss man sich die verdrängte Geschichte der Einwanderung nach Deutschland vor Augen führen. In der Vergangenheit wurden viele Fehler gemacht, die darauf hindeuten, dass Integration im wahrsten Sinne des Wortes ein Fremdwort war. Nicht nur das Wort, sondern auch seine Bedeutung waren gänzlich unbekannt. Selbst beim Lesen wissenschaftlicher Texte zu Migration aus den 1950ern oder 1960ern muss man manchmal schmunzeln, manchmal schämt man sich so fremd, dass man gar nicht weiterlesen kann. In vieler Hinsicht ist die zweite Hälfte des vergangenen Jahrhunderts von – vorsichtig ausgedrückt – Naivität gekennzeichnet. Und noch wichtiger: Deutschland war (noch) keine offene Gesellschaft. Wissenschaftler:innen sind wie Politiker:innen Kinder ihrer Zeit.[10]

Nach dem Zweiten Weltkrieg war die Bevölkerung in Deutschland ziemlich homogen. Verfolgung, Vertreibung und Völkermord hatten das doch beträchtliche Maß an Diversität der Vorkriegszeit auf ein minimales Maß reduziert. Jüdinnen und Juden, Afrodeutsche, Roma und Sinti lebten 1950 kaum noch in Deutschland.[11] Ab 1955 kamen dann die ersten Arbeitsmigrant:innen aus dem Mittelmeerraum, überwiegend, aber nicht nur Männer. Es fehlten nach dem

Krieg Arbeitskräfte zum Aufbau der Wirtschaft. Sie sollten ungebildet sein und keine Aufstiegsambitionen haben, weil sie arbeiten sollten. Sie sollten fleißig sein, aber sie sollten nicht bleiben, und sie sollten schon gar nicht irgendwann dazugehören wollen. Man nannte sie Gastarbeiter. Arbeitende Gäste? Welch witzige Wortschöpfung. Aus gutem Grund hat es sich in keiner Kultur durchgesetzt, Gäste für sich arbeiten zu lassen. Die Gastfreundschaft verbietet es. In Deutschland wartete auf die Gäste sehr schwere körperliche Arbeit, von Gastfreundschaft keine Spur. Im Deutschland der Nachkriegszeit hatte diese Bezeichnung aber dennoch Sinn, denn sie war positiver konnotiert als etwa Fremdarbeiter. Fremdarbeiter wäre zwar der passendere Begriff gewesen, aber weil während der Zeit des Nationalsozialismus auch Zwangsarbeiter so bezeichnet worden waren, suchte man einen anderen Begriff. Entsprechend sollte »Gastarbeiter« betonen, dass die fremden Arbeiter freiwillig nach Deutschland gekommen waren. Gäste waren sie aber lediglich im Hinblick auf ihre Nicht-Zugehörigkeit. Sie waren aus freien Stücken gekommene Fremde, sie sollten es auch bleiben und nach getaner Arbeit wieder in ihre Heimatländer zurückkehren.

Das Wort »Gastarbeiter« selbst verdeutlicht schon die Diffusität der deutschen Integrationspolitik der 1950er-bis 1980er-Jahre. Man wies den arbeitenden Gästen einen Arbeitsplatz und eine Unterkunft zu. Abgesehen davon wurde kaum etwas getan, um die Integration zu fördern – warum auch, es sollten ja »Gäste« bleiben. Aber viele sind geblieben, bis heute. Und sie sind keine Fremden mehr.

Sie bekamen keine Sprachkurse, keine Fortbildungen und keine Beratungs- und Orientierungsangebote. Die Gastarbeiterkinder wurden lange Zeit von den deutschen Kindern getrennt beschult. Weil sie kaum Deutsch sprachen, wurden sie auf Sonder- und Hauptschulen geschickt. Es gab muttersprachlichen Unterricht, aber nicht aus sprachwissenschaftlichen Gründen oder zur Unterstützung sprachlicher Vielfalt, sondern weil die Reintegrationsfähigkeit der Kinder in ihr Herkunftsland gewahrt bleiben sollte. Nicht selten wurden Nationalklassen eingerichtet, in denen die Gastarbeiterkinder eines Herkunftslandes unter sich waren. Die Türken sollten Türken, die Italiener sollten Italiener bleiben, um die spätere Rückführung zu gewährleisten. Eine Einbürgerung war praktisch unmöglich. Alles, was wir Integrationspolitik nennen könnten, existierte nicht, sinnvolle Maßnahmen wurden zum Teil sogar aktiv verhindert. Kein Wunder, dass wir immer noch Probleme haben. Und tatsächlich kann man die meisten Integrationsprobleme an den Fehlern der Vergangenheit festmachen oder an derzeitigen rechtlichen Missständen. [12]

Seit dem Ende der 1970er-Jahre kamen zunehmend Flüchtlinge, zum Beispiel aufgrund des Libanon-Kriegs, in die Bundesrepublik Deutschland. Für sie gab es keine konsequente Durchsetzung der Schulpflicht für Kinder und Jugendliche, keine Förderung, keine Arbeitsgenehmigung, stattdessen Kettenduldungen jeweils für wenige Monate – und das Ganze über Jahre und Jahrzehnte, zum Teil bis heute. Die Probleme auch dieser Gruppe haben eine Geschichte, die man sich vor Augen halten muss.

Die Situation ist heute erheblich besser. Sprachkurse, Arbeitsmarktintegration, eine eigene Wohnung – obwohl das doch Flüchtlinge sind. »Wenn in Syrien wieder Frieden herrscht, gehen die doch wieder« – so denken zwar noch viele, aber so wird nicht gehandelt. Aus Erfahrung weiß man mittlerweile, Pi mal Daumen die Hälfte könnte dauerhaft bleiben. Das Ergebnis kann sich sehen lassen: Ein erwachsener syrischer Flüchtling, der 2015 nach Deutschland gekommen ist, spricht in den allermeisten Fällen jetzt schon besser Deutsch als ganz viele Gastarbeiter, die seit fünfzig und mehr Jahren in Deutschland leben.[13] Im Jahr 2020, also etwa fünf Jahre nach der Flucht, hat eine nennenswerte Zahl an syrischen jungen Erwachsenen das Abitur erlangt – berichtet wurde darüber in vielen Zeitungen bundesweit.

Während ich der deutschen Integrationspolitik bis in die 1980er-Jahre als Schulnote eine glatte Fünf geben würde, wäre es heute eine Drei plus mit Trend zur Zwei minus. Das ist schon viel besser. Aber: Bis in die 1980er-Jahre war Integrationspolitik nicht wichtig. Man war also schlecht in einem Fach, das nicht versetzungsrelevant war. Es war so unwichtig, dass man nicht einmal wahrnahm, dass man schlecht darin war. Integration war kein Ziel. Dann kamen nach und nach Migrations- und Integrationsbeauftragte sowie Integrationszentren (zunächst auf kommunaler Ebene), später dann Integrationsministerien (auf Landesebene).[14] Heute ist Integrationspolitik das wichtigste innenpolitische Thema. Der Anspruch ist deutlich schneller gestiegen als die reale Verbesserung. In dem gefühlt wichtigsten Fach reicht offenbar eine Drei plus nicht mehr. Eine Drei plus! Wir sind Deutschland. Das geht nicht!

Das Problem ist also nicht die Situation selbst, sondern die Differenz zwischen Erwartung und Realität. Es handelt sich um eine Relation zwischen zwei unterschiedlich schnell steigenden Variablen. Die Erwartungen steigen dabei schneller, als die Realität hinterherkommen kann. Die realen Verbesserungen sind durch die Inflation der Erwartungen nichts mehr wert.

Von der Naivität zur Überempfindlichkeit – Integration seit 1950

Der Erwartungswandel geht einher mit grundlegenden Veränderungen im deutschen Selbstverständnis. In der gesellschaftlichen Selbstbeschreibung konkurrierten in der naiven Phase zwei Idealbilder. Die einen sahen Deutschland ausdrücklich nicht als Einwanderungsland. Vielmehr sollten die arbeitenden Gäste in ihre Heimat zurückkehren oder durch unsichtbare Assimilationsprozesse zu Deutschen werden. Die anderen beschworen den Multikulti-Kult, nach dem kulturelle Vielfalt unter einem (Staats-)Dach etwas schlichtweg Tolles ist. Diese rhetorisch extrem unterschiedlichen Positionen sind auf der Handlungsebene fast identisch. Stillschweigende Einigkeit zwischen Mono- und Multikulti herrschte darin, dass sich erstens durch bewusstes Nichtstun alles zum Guten wenden würde - von der Integration von Migranten war lange Zeit nicht die Rede –, dass sich zweitens die Gesellschaft nicht ändern müsse und auch nicht ändern solle, und dass sich drittens die Referenz, an der man Erfolg und Misserfolg bewertet, eine konfliktfreie Gesellschaft in Harmonie und Gleichgewicht sei. Diese drei Gemeinsamkeiten dokumentieren eine umfassende (politische) Naivität, die sich beharrlich fast über ein halbes Jahrhundert stabilisierte.

Noch im Jahr 1989 sagte Bundeskanzler Helmut Kohl in seiner Regierungserklärung: »Wir sind kein Einwanderungsland, und wir können es auch nicht werden.« Das sollte dann auch der gemeinsame Nenner des wiedervereinten Deutschlands in den 1990ern sein. Als dann Jugoslawien im Krieg auseinanderbrach und immer mehr Kriegsflüchtlinge nach Deutschland kamen, eskalierte die Situation. Der Anschlag von Solingen steht sinnbildlich für die damalige Haltung: Fünf türkeistämmige Menschen starben, aber der Bundeskanzler fuhr nicht hin. Auch zur Beerdigung in der Türkei erschien er nicht. Stattdessen wurde der Bundesaußenminister geschickt. Ob gewollt oder nicht, es entstand der Eindruck, dass türkeistämmige Migranten, die in Deutschland Opfer rechtsextremer Gewalt wurden, eine außenpolitische Angelegenheit seien.

Im gleichen Zeitraum fanden rechtsextreme Anschläge auch in Mölln, Rostock-Lichtenhagen und Hoyerswerda statt. Obwohl Solingen und Mölln westdeutsche Städte sind, wurde der aufkeimende Rassismus als Begleiterscheinung der Wiedervereinigung und damit als ein ostdeutsches Problem dargestellt. Ein letzter Akt des Festhaltens am Konzept des Nicht-Einwanderungslands waren dann asylrechtliche Änderungen, die nicht zu Unrecht auch als Zuwanderungsvermeidungsgesetz bezeichnet wurden. Man war sich sicher: »Das Boot ist voll!«

Spätestens mit der Einführung des bis heute gängigen Begriffs »Migrationshintergrund« Ende der 1990er wird die Einwanderungsrealität greifbar, weil er eine Lücke zwischen

Statistik und Alltagswahrnehmung geschlossen hat: Menschen mit deutscher Staatsbürgerschaft, die aber im Lebensalltag als »Ausländer« gelten, werden nun als Deutsche mit Migrationshintergrund statistisch erfasst. Von einem Tag auf den anderen verdoppelten sich Anzahl und Anteil der adressierten Menschen – an der Illusion des Nicht-Einwanderungslandes konnte von nun an auch mit größter Mühe nicht mehr festgehalten werden.[15]

Seit den 1990ern hat sich allgemein die Erkenntnis durchgesetzt, dass es einer aktiven Integrationspolitik bedarf: Nach und nach wurden interkulturelle und interreligiöse Dialoge forciert, Integrationsgipfel organisiert, Migrations- und Integrationsbeauftragte installiert, interkulturelle Preise verliehen, Institutionen geöffnet, Sprachförderungsprogramme eingeführt, Bildungsoffensiven gestartet u. v. m. Auch Einbürgerungen wurden durch grundlegende Änderungen des Staatsangehörigkeitsrechts deutlich erleichtert. In kurzer Zeit wurden auf allen Ebenen integrationspolitische Maßnahmen eingeführt. Durch die schnelle Expansion der Integrationspolitik sprach man etwas abfällig von einer Integrationsindustrie. All das hatte eine deutliche Wirkung, auch wenn man zugegebenermaßen auf recht niedrigem Niveau gestartet war.

Gleichzeitig wurde nun in kurzer Zeit bewusst, was sich in mehreren Jahrzehnten entwickelt hatte: Deutschland ist ein Einwanderungsland, in dem sich die Gesellschaft bereits weitreichend gewandelt hat und in beschleunigtem Maße weiter verändern wird. Zeitgleich mit der »nachholenden Integrationspolitik«[16] begann der erste offen geführte Diskurs über Migration und Integration. Diskussionen wie

»Wir brauchen eine Leitkultur« und »Ja oder Nein zur doppelten Staatsbürgerschaft« bis hin zum sogenannten »Kopftuchstreit« fanden dabei zu einem denkbar ungünstigen Zeitpunkt statt, weshalb der Diskurs trotz stetiger Verbesserungen immer mehr an Schärfe zulegte.

Im Jahr 2001 beginnen die Dauerkrisen mit zwei einschneidenden Ereignissen, die bis heute nachwirken: PISA und der 11. September. Das Land der Dichter und Denker gerät durch den PISA-Schock in eine Bildungskrise: Das deutsche Bildungssystem ist relativ ineffektiv und darüber hinaus sehr ungerecht. Im selben Jahr ereignen sich die Terroranschläge in New York und Washington. Man begegnet Muslim:innen zunehmend mit Skepsis – die sich zu einer ausgeprägten Feindlichkeit entwickeln wird. Von nun an gilt auch Multikulti als gescheitert, und die innere Sicherheit spielt eine immer wichtigere Rolle.

Zwischen 2002 und 2005 wird das erarbeitet, was unter dem Stichwort HARTZ IV bis heute umstritten ist. Und damit erodiert ein weiteres positives Selbstbild der deutschen Gesellschaft: Der Sozialstaat Deutschland wird (gefühlt) abgebaut. Nach dem vergleichsweise ruhigen Jahr 2006, in dem das Wort »Rütli« zum Synonym für die Bildungs- und Integrationsmisere wird und mit der Fußballweltmeisterschaft »Die Welt zu Gast bei Freunden« ist, beginnt 2007 eine Krise, die erst Finanzmarktkrise und spätestens 2010 Euro- oder EU-Krise genannt wird und jährlich an Intensität gewinnt. Eine Krise, die vor dem Hintergrund der zuvor genannten Einschnitte verheerend ist: Nach der Erkenntnis, dass Deutschland ein Einwanderungsland ist, aber nicht mehr das Land der Dichter und Denker, und auch der sicherheitsstiftende Sozialstaat erodiert, gerät die letzte Hoffnung in eine prekäre Schieflage, nämlich die Zukunftsvision Europa. Vergangenheit, Gegenwart und Zukunft sind nicht mehr sinnstiftend – bemerkenswerterweise hilft es auch nur bedingt, dass es Deutschland ökonomisch prächtig geht.

Was passiert, wenn es keine Orientierung gibt? Es müssen Schuldige gefunden werden. Das mag »typisch menschlich« sein, in keinem Fall ist es wirklich hilfreich. Erst jetzt, Ende August 2010, erscheint das Buch »Deutschland schafft sich ab«, in dem für die genannten Punkte Problemverursacher identifiziert werden: Migrant:innen. Sie sollen die Auslöser der Bildungs-, Sozialstaats- und Sicherheitskrise sein. Und die südeuropäischen Staaten tragen die Schuld an der Euro- und EU-Krise. So schön einfach ist das.

Über ein Jahrzehnt entwickelt sich also eine gewisse Spannung, die sich in der Sarrazin-Debatte entlädt und das Buch zu einem der meistverkauften deutschsprachigen Sachbücher werden lässt. Genau in diesem Jahrzehnt (2001–2010) voller bildungs-, sozial- und europapolitischer Verwerfungen, die allesamt recht wenig mit Migration zu tun haben, findet der erste offen geführte Diskurs über Migration und Integration statt. Das ist tatsächlich ein schlechter Zeitpunkt und muss überfordern. Genau in diesem Jahrzehnt geraten die Printmedien durch die digitale Revolution unter massiven Wettbewerbsdruck, dem fast alle Organe durch polarisierende Berichterstattung begegnen. Titelblätter wie »Unheimliche Gäste« (Focus), »Mekka Deutschland – Die stille Islamisierung« (Spiegel) und »Wie gefährlich ist der Islam?« (Stern) prägen den Diskurs bereits lange vor der Sarrazin-Debatte und tragen nicht unwesentlich zur Verschärfung der öffentlichen Diskussion bei. Es ist absurd oder schon eher verrückt, dass heute von der »Lügenpresse«, die die Islamisierung des Abendlandes verheimlichen würde, die Rede ist.

Im selben Jahrzehnt begehen die Attentäter des Nationalsozialistischen Untergrunds (NSU) ihre Morde, die erst 2011 »aufgeklärt« werden, und die Sicherheitsdienste zeigen sich – gelinde gesagt – nicht von ihrer besten Seite. Auch dies bringt neue Brisanz in den Diskurs. Ab 2011 prägen der rechtsextreme und der anhaltende islamistische Terrorismus sowie eine sich immer stärker etablierende salafistische Jugendbewegung die Schlagzeilen. Unmittelbar nach der Sarrazin-Debatte und dem Bekanntwerden des NSU-Terrorismus intensiviert die türkische Regierung ihre Bemühungen, die türkeistämmigen Menschen in Deutschland an sich zu binden. Nachweislich mit Erfolg.[17]

All das bietet die Grundlage für tiefgreifende Unsicherheitsgefühle. Die Gesellschaft scheint gespalten wie noch nie. Und es fehlen positive Selbstbilder, sinnstiftende Narrative und Zukunftsperspektiven.

Alternativlose Entscheidungen – eine neue Unsitte

Während sich immer mehr Menschen nach Orientierung sehnen, etabliert sich eine Unsitte: Zunehmend distanzieren sich Menschen in Spitzenpositionen von ihrer eigentlichen Funktion. Die Polizei beteuert, dass sie keine vollständige

Sicherheit gewährleisten könne. Bundesinnenminister de Maizière weist öffentlich darauf hin, dass er über Informationen verfügt, die die Bevölkerung verunsichern würden, und er diese deshalb nicht mitteilen möchte. Beide Binsenweisheiten bieten nur deshalb Anlass zur Sorge, weil der Eindruck entsteht, die Verantwortlichen seien ihren Aufgaben nicht gewachsen. Ihre Aufgabe ist es nämlich primär, für innere Sicherheit zu sorgen, und dabei wollen sie sich im Versagensfall absichern. Hinzu kommt ein Verfassungsschutz, der in der öffentlichen Wahrnehmung häufiger zwielichtige V-Leute und seltener die Verfassung schützt. Vertrauensfördernd ist das alles nicht.

Politik ist allgemein formuliert die Beschäftigung mit der Frage, welche gesellschaftlichen Probleme vorliegen und wie man diese lösen kann. Nicht nur Lösung und Lösungsweg, sondern auch die Aufgabenstellungen selbst sind Gegenstand der Debatte. Niemals, wirklich nie, kann etwas Politisches alternativlos sein. Bereits in den 1980ern wiederholte die britische Regierungschefin Margaret Thatcher den Slogan »There Is No Alternative«, um umfassende wirtschaftsliberale Reformen umzusetzen, was ihr den Spitznamen TINA Thatcher einbrachte. In eine inhaltlich ähnliche Richtung ging später der sozialdemokratische Bundeskanzler Gerhard Schröder, der, auch aufgrund seines robusteren Stils, den Titel Basta-Kanzler erhielt. Eine Folge dieser wirtschaftsliberalen Politik war dann auch die Finanzkrise, die zu inhaltlichen Kurskorrekturen führte. Immer wieder wurde die Anti-Argumentation der Alternativlosigkeit bemüht, zuletzt von der christdemokratischen Bundeskanzlerin Merkel. Im Ergebnis haben Schröder und

Merkel zwar durchaus sinnvolle und nachhaltige Veränderungen bewirkt. Aber gleichzeitig entstanden links neben der SPD und rechts neben der CDU »Alternativen«. Man darf nicht vergessen, dass sich aufgrund der Basta-Politik Schröders die »Wahlalternative Arbeit und soziale Gerechtigkeit« (WASG) gebildet hat, die nach der Fusion mit der wenig erfolgreichen PDS zur heutigen Partei »Die Linke« wurde. Merkels Aussage, ihre Entscheidungen wären alternativlos, begründet zumindest den Namen der Partei »Alternative für Deutschland« (AfD), vielleicht sogar ihre Entstehung als konservative und europakritische Partei. Politik ist nie alternativlos und auch nie beliebig – das macht sie so anspruchsvoll.

Nachdem die AfD im Jahr 2013 gegründet worden war, folgte im Jahr 2014 die Dresdner Bewegung der »Patriotischen Europäer gegen die Islamisierung des Abendlandes«. AfD und PEGIDA sind also deutlich vor dem Spätsommer 2015, als die vielen Flüchtlinge nach Deutschland kamen, entstanden. Aber natürlich hat die sogenannte Flüchtlingskrise sowohl AfD als auch PEGIDA neuen Aufwind gegeben. Warum Flüchtlingskrise?

Die allgemein bekannte Version der Geschichte in vier Sätzen zusammengefasst lautet so: Hunderttausende Flüchtlinge waren auf dem Weg von der Türkei über Griechenland und den Balkan Richtung Deutschland. Niemand war darauf vorbereitet, weil man diese Entwicklung nicht vorhersehen konnte. Die Bundeskanzlerin hat aus humanitären Gründen die deutsche Grenze zu Österreich offen gehalten, ließ dann die Flüchtlinge nach Deutschland einreisen, machte Selfies und sagte: »Wir schaffen das!« Als dieser

Alleingang kritisiert wurde, deutete sie an, dass eine Grenzschließung keine Alternative wäre, denn man könne Grenzen nicht schützen.

Abgesehen vom ersten Satz stimmt die Geschichte so aber nicht ganz. Natürlich kam die Entwicklung nicht aus dem Nichts. Nachdem die syrische Regierung die Wehrpflicht und damit den Kriegsdienst für alle jungen Männer eingeführt hatte, flohen nun auch Menschen aus sicheren Gebieten Syriens – aus nachvollziehbaren Gründen. Auch diese Menschen flohen vor dem Krieg, der für einen Wehrdienstleistenden, der gegen einheimische Oppositionelle oder internationale Islamisten kämpfen muss, genauso furchtbar ist wie für einen Zivilisten. In den Flüchtlingslagern rund um Syrien verschlechterte sich zudem die Stimmung. Die Versorgung der Menschen war nicht mehr gewährleistet. Die Türkei und Griechenland konnten und wollten die Flüchtlinge nicht mehr aufhalten. Überraschend an dieser gesamten Entwicklung war lediglich, dass sich die Lage erst im Spätsommer 2015 verschärfte.

Während die Flüchtlinge auf dem Weg waren, diskutierte man durchaus Alternativen und traf Vorkehrungen. Die Grenzen sollten geschlossen und alle Flüchtlinge an der Einreise gehindert werden. Ein solcher Einsatzbefehl der Bundespolizei lag bereits vor, und aus dem gesamten Bundesgebiet wurden Polizeibeamte an die deutsch-österreichische Grenze abgezogen. Doch dann wurden innerhalb der Regierung Bedenken geäußert. Denn zum einen war nicht klar, inwieweit die Zurückweisung von schutzbedürftigen Menschen rechtlich zulässig wäre. Zum anderen musste befürchtet werden, dass sich an der deutschen Grenze dramatische

Szenen abspielen und grauenvolle Bilder um die Welt gehen würden. Aufgrund dessen wurde in mehreren Konferenzen führender Spitzenpolitiker der Regierung dann entschieden, dass man die Flüchtlinge die Grenze überqueren lässt.[18]

Diese Entscheidung ist absolut nachvollziehbar, auch weil der Prozess zeigt, dass zwar nicht vorausschauend oder präventiv gehandelt wurde, wohl aber in der akuten Situation verschiedene Alternativen durchdacht wurden. Ein hochkomplexes Problem lag vor, für das man unmöglich eine einzige und richtige Entscheidung treffen konnte. Daher musste in kurzer Zeit abgewägt werden: Was ist rechtlich zulässig, also legal? Was sind die kurz- und mittelfristigen Auswirkungen, also die Effekte? Welche Entscheidung kann öffentlich legitimiert werden, was wird auch international akzeptiert? Die Urteilsbildung erfolgte also unter anderem nach den Kriterien Legalität, Effektivität und Legitimität, ohne dass alle Folgen und Begleitumstände absehbar gewesen wären oder hätten sein können. Und genau deshalb gibt es eine ganze Vielzahl von Alternativen. Auf jede Entscheidung aus verschiedenen Alternativen folgen neue Alternativen und neue Entscheidungen, bei denen wieder durchdacht und abgewägt werden muss. Die Besonderheit in der akuten Situation im September 2015 war der Umstand, dass jede mögliche Alternative voller Risiken und Ungewissheiten war.

Erst nach diesem Prozess folgte die Ansage: »Wir schaffen das!« Anders, als es heute öffentlich wahrgenommen wird, stand das »Wir schaffen das« nicht am Anfang, sondern am Ende des Entscheidungsprozesses. Gemeint war also genau genommen: Wir müssen es schaffen. Wie hätte es ausgesehen, wenn das wirtschaftlich und politisch stärkste Land Europas sich weggeduckt hätte? Was wäre mit den Flüchtlingen in Österreich, Südosteuropa und Griechenland passiert?

Während die Entscheidung nachvollziehbar und der Entscheidungsprozess gewissenhaft war, kann ihre Begründung, Grenzen könne man nicht schützen, nur als desaströs bezeichnet werden. Eine Regierungschefin darf das natürlich nicht sagen. Die Aussage ist nicht per se falsch, denn selbst die Regierungen der DDR oder Nordkoreas haben es trotz enormen Aufwands und unmenschlicher Maßnahmen nicht geschafft, die Grenzen vollständig dichtzumachen. Aber genauso wenig, wie Vertreter der Sicherheitsbehörden über die Unmöglichkeit von Sicherheit reden sollten, darf die Regierung eines Nationalstaats sagen, sie könne die Grenzen nicht schützen. Die Grenzen sind vom Prinzip her die erste und grundlegendste Legitimation für die Regierung. Ein Staat ist innerhalb seiner Grenzen autonom und verfügt über das Gewaltmonopol auf seinem Staatsgebiet. Damit ist es die substanzielle Funktion des Staates, für innere Sicherheit zu sorgen, die an den Staatsgrenzen beginnt. Deshalb fällt natürlich auch der Grenzschutz in den Aufgabenbereich der Bundespolizei, die früher Bundesgrenzschutz hieß, und somit in die Zuständigkeit der Bundesregierung.

Die Scheinbegründung Merkels wurde also zum einen dem hochkomplexen Entscheidungsprozess nicht gerecht. Zum anderen distanzierte sie sich von einer zentralen Funktion der Regierung. Zum Dritten wurde mit der Aussage der Eindruck erweckt, dass die Tatsache, dass Grenzen nicht vollständig geschützt werden können, zu dem Schluss führt, dass man es dann auch gar nicht versuchen müsse.

Die unnötige Binsenweisheit, man könne Grenzen nicht schützen, und der absurde Fehlschluss, dass man es dann auch gar nicht versuchen müsse, bildeten die Grundlage dafür, dass die schwierige Entscheidung, die Grenzen für die Flüchtlinge offen zu halten, nach einem nicht durchdachten Alleingang und einer Quasi-Staatskapitulation aussah. Das wurde zum Wind in den Segeln der Populisten. Das Problem wird deutlich, wenn man sich in den damaligen bayrischen Ministerpräsidenten Horst Seehofer hineinversetzt. Über die Grenze zwischen Bayern und Österreich verlief die Route fast aller Flüchtlinge. Dann sagt die Bundeskanzlerin, man könne Grenzen nicht schützen. Nun muss man den Stil von Horst Seehofer wahrlich nicht begrüßen. Aber jeder bayrische Ministerpräsident würde in dieser Situation dagegenhalten und betonen, dass man Grenzen schützen kann und sie auch schützen wird.

Die nach wie vor offeneren Staatsgrenzen waren also gar nicht das große Problem, sondern vielmehr der (wahrscheinlich nicht unvermeidbare) Kontrollverlust und seine abstruse Begründung. Die Beispiele zeigen die Stärken und Schwächen der Bundeskanzlerin. Angela Merkel ist wahrscheinlich die beste Managerin Europas, sie ist durchsetzungsstark, sachlich, trifft kluge und ausgewogene Entscheidungen. Das funktionierte wunderbar, solange sie nicht viel erklären und viele Menschen überzeugen musste. Mit den beiden einzigartigen Krisen, der Finanz- und Eurokrise auf der einen sowie der Flüchtlingskrise auf der anderen Seite, musste sie sich größeren Herausforderungen stellen als alle ihre Vorgänger. Nicht nur, weil die Krisen komplexer waren als in der Vergangenheit und immer noch sind, sondern auch, weil Deutschland während ihrer Kanzlerschaft die Führungsrolle in Europa eingenommen und darüber hinaus international und global eine immer größere Bedeutung bekommen hat. Während sich alle anderen Kanzler an den Supermächten oder den Verbündeten – meist an den USA – orientiert haben, kann sich Deutschland heute hinter niemandem verstecken. Das hat sich schon vor der Präsidentschaft von Donald Trump entwickelt und sich nach seiner Wahl manifestiert.

Erklären und Überzeugen sind nun wichtigere Instrumente geworden, denn die Bevölkerung muss sich nicht nur daran gewöhnen, dass Deutschland ein Einwanderungsland ist, sondern auch daran, dass Deutschland zunehmend eine verantwortungsvolle Führungsrolle in der internationalen Politik einnimmt. Und neben ökonomischen, rechtlichen und politischen Zwängen haben die Herausforderungen mit Solidarität zu tun: Solidarität mit Griechenland, innerhalb Europas insgesamt, mit Flüchtlingen usw. Solidarität ist nicht einfach da, sondern muss immer wieder aufs Neue aufrechterhalten oder hergestellt werden. Viele berechtigte Grundsatzfragen gilt es zu diskutieren. Dazu gehören unter anderen auch der Grad an nationalstaatlicher Autonomie, die Formen und Verwobenheiten internationaler Kooperation, der Umgang mit Grenzen – kurz: das Verhältnis von Offenheit und Geschlossenheit. Die Frage nach dem Verhältnis von Offenheit und Geschlossenheit wird unter Umständen aufgrund der Erfahrung des Shutdowns während der Corona-Krise neu gestellt werden.

Die deutsche Betroffenheit von der Fluchtmigration hat dazu geführt, dass zunehmend eine »gerechte« Verteilung innerhalb Europas gefordert wurde. Allerdings muss man wissen, dass es bis 2015 die deutschen Regierungen waren, die sich gegen eine gerechte Verteilung gewehrt haben. Die beiden letzten Bundeskanzler, Helmut Kohl und Gerhard Schröder, sowie die aktuelle Regierungschefin lehnten eine Verteilung ausdrücklich ab. Zudem fanden bis 2015 kaum Gespräche und Kooperationen mit afrikanischen und asiatischen Herkunftsländern statt. Und die Flüchtlingslager rund um Syrien – und nicht nur dort – waren 2015 in einem desolaten Zustand, weil die ohnehin knappe finanzielle Unterstützung des UNHCR weiter zurückgefahren wurde. Erst durch die deutsche Betroffenheit hat sich all das geändert. Heute setzt sich die Bundesregierung für eine gerechte Verteilung ein, sucht die Kooperation mit den Herkunftsländern, und die Flüchtlingslager sind besser ausgestattet.[19]

Zurück zum Ausgangspunkt: Deutschland ist ein Einwanderungsland, eine offene Gesellschaft, in der Integration immer besser gelingt. Diese Erkenntnisse setzen sich in unsicheren Zeiten voller Wandel und Dauerkrisen durch. Das erzeugt zugleich Ungewissheiten im Hinblick auf das Eigene, eine Unklarheit gegenüber der Frage: Was ist deutsch? Damit verbunden sind dann häufig das Gefühl von Heimatverlust und eine gewisse Kulturangst – das sind im Übrigen die großen Gemeinsamkeiten zwischen Einheimischen und Flüchtlingen sowie anderen Migrant:innen. Die Kunst ist es, dass dieses geteilte Leid auch halbes Leid wird. Derzeit wird aus dem geteilten Leid doppeltes Leid. Dieser Zusammenhang wird offensichtlich von vielen politischen Akteuren übersehen oder zumindest unterschätzt.

Die Fragen nach dem Deutschsein, nach einer Orientierung, die man häufig deutsche Leitkultur nennt, und nach Zugehörigkeiten und Loyalitäten sind Fragen nach der Offenheit innerhalb der Grenzen. Hierbei geht es sowohl um Milieugrenzen als auch um die mentalen Grenzen. Der Verweis auf das deutsche Grundgesetz erscheint wenig sinnstiftend, und die vielen Buchpublikationen zum Themenfeld »Deutschsein« geben ebenso wenig zufriedenstellende Antworten. Die Problematik dieser Fragen berührt sowohl die Geschichte und Traditionen als auch die immer noch zu wenig thematisierten und reflektierten grundlegenden Veränderungen der Gesellschaft durch Migration.

Biodeutsch oder Postmigrant? Begriffe schaffen Realitäten

Der Begriff »Migrationshintergrund«, wie er seit 2005 vom Statistischen Bundesamt verwendet wird, lässt sich am griffigsten negativ definieren: Keinen Migrationshintergrund hat man, wenn beide Eltern von Geburt an die deutsche Staatsbürgerschaft besitzen. Also: Da meine Eltern als Syrer nach Deutschland eingewandert sind, falle ich unter die Kategorie Mensch mit Migrationshintergrund, obwohl ich selbst in Deutschland geboren bin. Da ich erst als Kind die deutsche Staatsbürgerschaft erworben habe, »erbt« meine Tochter auch einen Migrationshintergrund. Da sie aber gebürtige Deutsche ist, wird der Migrationshintergrund nicht weitergereicht – es sei denn, der Vater meiner Enkel ist nicht qua Geburt deutscher Staatsbürger.

Nach dieser Definition hat ein Viertel (25 %) aller in Deutschland lebenden Menschen einen Migrationshintergrund (Stand 2018). Von diesen etwa 21 Millionen Menschen hat etwas mehr als die Hälfte die deutsche Staatsangehörigkeit (ca. 10,9 Millionen), etwas weniger als die Hälfte ist nicht-deutscher Nationalität (ca. 9,9 Millionen). In der Statistik wird nun zusätzlich die Migrationserfahrung bzw. die Generationenzugehörigkeit erfasst. Etwa zwei Drittel aller Menschen mit Migrationshintergrund sind selbst migriert und haben demnach eine eigene Migrationserfahrung (Migranten bzw. Erste Generation), etwa ein Drittel ist in Deutschland geboren und hat keine Migrationserfahrung (Postmigranten bzw. Folgegenerationen). Deutlich über 1 Million Menschen sind in Deutschland geboren, aber nicht deutsche Staatsbürger.[20] 21 Millionen Menschen haben diesen Migrationshintergrund. Eine interessante Vergleichszahl: Zum Zeitpunkt der Wiedervereinigung 1990 lebten in den neuen Bundesländern etwa 16 Millionen Menschen.

Die vier wichtigsten Herkunftsländer sind die Türkei, Polen, Russland und Italien. Nur etwa jede dritte Person mit Migrationshintergrund hat ihre Wurzeln in einem Gastarbeiteranwerbestaat. Fast 70 % aller Menschen mit Migrationshintergrund stammen aus einem europäischen Land, etwas mehr als die Hälfte davon aus einem Mitgliedsstaat der Europäischen Union.

Nun merkt man sofort, dass die Grenzlinie zwischen Menschen mit und Menschen ohne Migrationshintergrund irgendwie suboptimal ist. Je länger man sich jedoch mit dem Thema beschäftigt, desto stärker leuchtet es ein, dass die Definition echte Schwächen hat. Das liegt auch an der Tatsache, dass der Begriff aus der Wissenschaft Einzug in die Alltagssprache gehalten hat. Ein Kritikpunkt an der Begriffsverwendung im Alltag ist, dass nur »fremd« aussehende Menschen als Menschen mit Migrationshintergrund bezeichnet werden und nicht etwa »typische« Dänen oder Franzosen. Ein weiteres Problem ist, dass man damit zwei Gruppen bildet, eine kleine Gruppe (ca. 25 %), die abgesehen von dem konstruierten Merkmal »Migrationshintergrund« in jeder Hinsicht (Sprache, Hautfarbe, Religion, Herkunft usw.) viel diverser ist als die große Gruppe (ca. 75 %). Ein weiterer Kritikpunkt ist, dass es sich nicht um einen identifikatorischen Begriff handelt, mit dem ein Zugehörigkeitsgefühl einhergeht, sondern um eine vordefinierte Fremdzuschreibung, die von den Betroffenen vielfach abgelehnt und als Ausgrenzungsformel verstanden wird. Insgesamt ist es also ein angreifbarer Begriff, ohne den man aber für die Zwecke der Wissenschaft und Statistik nicht auskommt. Als Alltagsbegriff ist er zugleich hochproblematisch.

Parallel zu »Mensch mit Migrationshintergrund« hat sich ein anderer Begriff im Alltag gebildet. »Biodeutsch« ist eine Bezeichnung, die sich in der migrantischen Jugend- und Kulturszene immer stärker etabliert hat. Diese Wortkonstruktion aus biologisch und deutsch ist Ausdruck einer Kritik und einer Forderung zugleich. Zum einen entlarvt sie ein weitverbreitetes, vielleicht sogar das dominante Verständnis von Zugehörigkeit: Man müsse deutscher Abstammung sein, einen deutschen Namen haben und typisch deutsch aussehen, um wirklich dazuzugehören. Zum anderen zeigt der Begriff aber auch, sonst ergibt er keinen Sinn, dass die Jugendlichen mit Migrationshintergrund damit zum Ausdruck bringen wollen, dass sie selbst auch deutsch sind, aber eben nicht »biologisch«, sondern »nur« darüber hinaus – nicht natürlich oder ursprünglich, aber de facto mittlerweile ebenso. Der Begriff ist ein kluges Spiel mit Zusammenhängen, er ist ironisch und deskriptiv, kann praktisch die gleiche Grenze markieren wie der Begriff »Migrationshintergrund«, ist aber nicht so sperrig und erlaubt aufgrund seiner Alltagstauglichkeit einen intuitiven Zugang, der nicht selten zu zustimmendem Schmunzeln führt. Von daher ist er ein Ausdruck eines emanzipativen Anspruchs: Ein Teil der konstruierten Minderheit findet ein Wort für die konstruierte Mehrheit, dreht den Spieß also um, allerdings in einer konstruktiven, irgendwie doch verbindenden Form. Während als Biodeutsche jene bezeichnet werden, die »schon immer« hier waren, meint der Begriff »Postmigrant:in« dann diejenigen, die nicht selbst migriert sind. Eine andere Form der Selbstbezeichnung ist »deutschplus«. Diese wiederum kluge Wortkombination zeigt an, dass man deutsch ist und sich so fühlt, es aber noch etwas Zusätzliches gibt. »Neue Deutsche« geht in eine ähnliche Richtung.

Die Bezeichnung »biodeutsch« hat Stärken, ist aber dennoch problematisch. Wird das Wort von biografisch und deutsch hergeleitet, verschiebt sich die Bedeutung, denn damit wäre jeder in Deutschland geborene Mensch biodeutsch. Das wäre zwar weniger problematisch, gleichzeitig aber auch weniger aussagekräftig. Es ist nicht leicht, etwas in einen Begriff zu fassen, der allen gefällt, wenn die Realität, die der Begriff abbilden soll, nicht allen gefällt. In jedem Fall erkennt man an diesen vielen Wortneuschöpfungen und Begriffsbildungen, dass es ein Problem gibt, das nicht nur mit dem Wort »Migrationshintergrund« zusammenhängt, sondern auch mit der Alltagsrealität, die hinter dem Wort steht. Aktuell etabliert sich eine weitere Differenzierung: In der Jugendsprache wird immer häufiger zwischen Menschen mit Migrationshintergrund und Menschen mit Migrationsvordergrund unterschieden. Von Migrationsvordergrund ist die Rede, wenn der Migrationshintergrund sichtbar oder hörbar ist (im Englischen auch: PoC – Person of Color). Einen Migrationshintergrund im so verstandenen Sinne hätten lediglich Menschen, deren familiäre Migrationsgeschichte nicht wahrnehmbar ist, etwa wenn die Mutter Dänin und der Vater Deutscher ist. Auch diese Unterscheidung kann als Kritik am Begriff Migrationshintergrund verstanden werden, zumindest an seiner Alltagstauglichkeit, da diese Kategorie wenig über das Risiko aussagt, diskriminiert zu werden oder als Fremde:r oder als Nicht-Deutsche:r wahrgenommen zu werden.

Sprache repräsentiert und schafft Wirklichkeit. Eine veränderte Sprache kann entsprechend auch die Wirklichkeit verändern. Weil für viele die Zuschreibung »mit Migrationshintergrund« wie eine Krankheitsdiagnose klingt, habe ich die Kategorisierung in der Zeit, in der ich als Lehrer an einer Schule unterrichtet habe, in »Schüler:innen mit internationaler Geschichte« und »Schüler:innen ohne internationale Geschichte« oder »mit nationaler Geschichte« umbenannt. Daraufhin waren viele Jugendliche beleidigt. Eine sagte zu mir: »Das ist voll diskriminierend. Jetzt haben die anderen das coolere Wort.« Und tatsächlich suchten plötzlich alle in ihrer Familiengeschichte irgendetwas Internationales, weil sie eine internationale Geschichte haben wollten. Und die meisten fanden etwas. In unmittelbarer Nähe zum Ruhrgebiet überrascht das nicht. Nebenbei hatte ich intensive Diskussionen zwischen den Jugendlichen angestoßen, in denen es darum ging, inwieweit ein beschreibender Begriff bewerten und verletzen kann, ob nicht jeder und jede so etwas wie einen Migrationshintergrund hat, wenn man nur weit genug zurück in die Vergangenheit geht, und warum eigentlich nicht einfach jeder Mensch mit deutscher Staatsbürgerschaft, der deutsch spricht, schlicht Deutsche:r ist. In einer wissenschaftlichen Befragung von Jugendlichen wurde ein paar Jahre später festgestellt, dass diese Haltung bei jungen Menschen tatsächlich repräsentativ ist. Ältere haben hingegen mehrheitlich keine derart dynamische Auslegung für »deutsch«.[21]

Und auch das überrascht nicht, wenn man sieht, was junge Menschen tagtäglich erleben. Jedes dritte Schulkind hat eine internationale Geschichte. In den meisten westdeutschen Großstädten bilden sie heute die Mehrheit in den Klassenzimmern; in einigen Städten wird in den nächsten Jahren die Gesamtbevölkerung etwa je zur Hälfte »biodeutsch« oder »international« sein. Dazu zählen u. a. Städte wie Frankfurt am Main, Stuttgart, München und einige weitere süddeutsche Städte. Im englischsprachigen Raum spricht man dann von Superdiversity, also einer Bevölkerungsstruktur, in der keine ethnische Gruppe über 50 % der Wohnbevölkerung einer Stadt ausmacht und jede Gruppe zudem selbst heterogen ist.[22] Dies gilt nicht nur für viele

Großstädte, sondern insbesondere auch für Stadtteile, die in Deutschland (irrtümlich) als ethnisch segregiert, also konzentriert oder getrennt, bezeichnet werden. Zwar gibt es eine Vielzahl von Stadtteilen, in denen der Anteil der Menschen mit Migrationshintergrund weit über 50 % liegt, allerdings ist diese »Stadtteil-Mehrheit« lediglich durch den Begriff »Migrationshintergrund« eine statistische Einheit: Innerhalb dieser Mehrheit verfügt ein großer Teil über die deutsche Staatsbürgerschaft, der andere große Teil ist Staatsbürger irgendeines anderen Landes; sie alle stammen aus mehr als einhundert Nationen, manche sind selbst eingewandert, andere sind in der vierten Generation und haben ihre eingewanderten Urgroßeltern nie kennengelernt; manche sprechen nur Deutsch als Muttersprache, andere haben zwei andere Muttersprachen und lernen Deutsch als Drittsprache. Kurz: Es ist keine Einheit, sondern Superdiversität. Superdiversity kann bereichernd sein oder auch anstrengend – meist ist es beides. Aber in jedem Falle ist es das Gegenteil von ethnischer Segregation. Ethnische Segregation haben wir bei präziser Begriffsverwendung ganz häufig, aber nur dann, wenn sich Deutsche ohne Migrationshintergrund in einem Stadtteil konzentrieren.

Zugleich gibt es großflächige Regionen, die mit Migranten bisher wenige Erfahrungen gemacht haben und in denen die Unsicherheiten und Ängste (deshalb) besonders groß sind. Dazu gehören der Großteil Ostdeutschlands sowie viele ländliche Regionen im Norden, Westen und Süden Deutschlands. Sowohl im Hinblick auf die reale Diversität als auch bezüglich der Haltung gegenüber Diversität gehen die Wirklichkeiten weit auseinander. Das bedeutet, dass die Differenzen zwischen den migrationsgesellschaftlichen Zentren und der ländlichen Peripherie innerhalb eines Landes größer sind als die Differenzen zwischen verschiedenen Einwanderungsländern. Oder konkreter: Frankfurt am Main und Toronto sind sich ähnlicher als Frankfurt am Main und etwa das Münsterland. Dies ist aber nur zum Teil ein Großstadtphänomen, sondern eher typisch für Großstädte in Einwanderungsländern. Frankfurt am Main hat wesentlich weniger Ähnlichkeiten mit Warschau, Mumbai, Tokyo oder auch Dresden.

Beschleunigter Wandel durch Migration

Durch Migration beschleunigt sich sozialer Wandel, wodurch die Gesellschaft vielseitiger, unübersichtlicher und insgesamt komplexer wird. Diese Veränderungen überfordern einen großen Teil der Bevölkerung. Der Wandel bezieht sich auf weite Teile der Alltagskultur, die es eigentlich nur noch im Plural gibt: Es gibt viele Alltagskulturen. Etwa sich zur Begrüßung zu umarmen oder auf die Wangen zu küssen, oder auf öffentlichen Grünflächen in größeren Gruppen zu sitzen, zu essen und zu trinken, war 1960 ganz sicher nicht »typisch deutsch«.

Als Kind hatte ich ein konstantes Problem: In jeder Grünfläche sah ich einen potenziellen Bolzplatz. Aber dann gab es fast immer die gleiche Enttäuschung, manchmal war das Schild klein und quadratisch, manchmal groß und rechteckig, aber immer vermittelte es dieselbe Botschaft:

»Betreten verboten«. Ich selbst war gefrustet und eingeschüchtert von diesen Hinweisen. Aber da waren diese Gastarbeiter, Italiener, Griechen und Türken, die es sich immer wieder auf dem Rasen mit Decken und Hockern gemütlich machten. Manchmal wurde gegrillt, manchmal Tee oder Kaffee getrunken, manchmal Karten gespielt. Weil ich eine Person kannte, habe ich mich dann irgendwann getraut zu fragen, ob sie das Schild übersehen hätten. Es war der Vater einer Mitschülerin aus der Grundschule. Er antwortete: »Hab gesehen.« »Man darf da nicht draufgehen«, erklärte ich ihm. Er erwiderte: »Wenn jemand kommt, sagst du einfach: Ah, nix verstehen«, und er grinste dabei. »Aber ist schon lange niemand gekommen«, ergänzte er. Nach und nach ignorierten immer mehr Menschen diese Schilder, denn auch die Alteingesessenen hatten Spaß daran gefunden, Fußball zu spielen, ein Picknick zu machen oder sich einfach in die Sonne zu legen. Die Nutzung des öffentlichen Raums hat sich geändert – und über ein paar Jahrzehnte betrachtet ist diese Veränderung fundamental.

Es ist ein Irrtum, dass es allein die 68er-Bewegung war, die diese Veränderungen bewirkt hat. Richtig ist, dass auch die Studentenbewegung Regelverstöße im öffentlichen Raum vollzog. Aber diese waren meist pure Provokation – etwa nackt über die Grünflächen zu gehen. Das wurde natürlich nicht in der Breite imitiert. Daher gab es auch noch Ende der 1980er diese Schilder. Nein, die 68er hatten mit diesem Wandel nur indirekt zu tun. Tatsächlich hat sich im Alltag der Einheimischen etwas durchgesetzt, was Migrant:innen aus ihren Heimatländern mitgebracht haben. Dies führte zu einer veränderten Aneignung des öffentlichen Raums und einer Verschiebung von Teilen des Alltags aus dem Bereich der Privatsphäre in den Bereich der Öffentlichkeit. Richtig ist aber auch, dass die Toleranz gegenüber Regelbrüchen nach der Studentenbewegung größer wurde.

Auch Essgewohnheiten und der Sprachgebrauch haben sich nicht nur, aber auch ganz wesentlich durch Migration verändert. Besonders Jugendliche nutzen eine internationalisierte Sprache, die nicht allein aus dem Englischen und durch den Einfluss digitaler Kommunikation entstanden ist (z. B. Vong-Sprache), sondern sie zehrt auch aus der sprachlichen Vielfalt der Altersgenossen. Begriffe wie Habibi, Inschallah, Yalla, Salam, Babo sind mittlerweile weit verbreitet in der deutschen Jugendsprache.[23] Die Art und Weise, wie Menschen feiern und was und wie sie essen, hat sich in den letzten dreißig Jahren weitreichender gewandelt als zuvor in Jahrhunderten. Auch hier hat sich sehr viel durchgesetzt, aber bei Weitem nicht alles, was Migrant:innen mitgebracht haben. Es entsteht aus den vielen Mischungen in vielen Bereichen etwas Neues, etwas Drittes.

Durch Migration lässt sich auch eine zunehmende Bedeutung des Religiösen erkennen. Während viele noch vor einiger Zeit davon ausgingen, dass der Säkularisierungsprozess weiter fortgesetzt würde und das Religiöse an Bedeutung verlöre, sehen wir heute weltweit, selbst in den Industriestaaten, sowohl die Tendenz eines Bedeutungszuwachses als auch einen tendenziellen Bedeutungsverlust des Religiösen. Im Kontext von Migration gibt es dabei zwei wesentliche Besonderheiten: Erstens kommen andere Religionen ins Spiel, also religiöse Vielfalt. Zweitens tendieren Migrant:innen zum Konservatismus und Traditionalismus, wodurch der Bedeutungsverlust des Religiösen ohnehin eher unwahrscheinlich wird.

Deutsche Traditionen, Bräuche und Sitten verlieren zunehmend an Bedeutung und gehen zum Teil verloren. Das ist kein Mythos und auch keine Einbildung von konservativen Menschen oder »besorgten Bürger:innen«. Die Lebenswelt und der Alltag verändern sich nicht nur zunehmend, sondern auch das Wissen darum, wie all das früher war, geht verloren. Während es (ältere) Menschen gibt, die sich an Traditionen klammern, gibt es immer mehr (jüngere) Menschen, denen diese gänzlich unbekannt sind. Retro ist zwar manchmal hip, aber dann nicht als Selbstwert und nicht um des Bewahrens willen, sondern weil es zwischen- und kurzzeitig – und in einer sinnentfremdeten Weise – modisch ist. Das Verlorengehen des Alten ist dabei ganz typisch für offene Einwanderungsgesellschaften. Genau dieser beschleunigte soziale Wandel lässt sich in der gesamten westlichen Welt erkennen.

Dass diese Dynamik nicht zwingend mit Industrialisierung, Kapitalismus und Globalisierung zusammenhängt, kann man am Beispiel Japans studieren. Es ist das einzige Nicht-Einwanderungsland, das zu den politisch und ökonomisch erfolgreichsten Ländern weltweit gehört. In Japan findet tatsächlich kaum Migration statt. Es gibt in Deutschland einzelne Städte, die mehr Flüchtlinge aufnehmen als Japan, das flächentechnisch nur etwas größer ist, aber mit 126 Millionen Menschen erheblich mehr Einwohner hat als Deutschland. Der Ausländeranteil ist geringer als in Ostdeutschland – und bei diesen wenigen Migrant:innen handelt es sich überwiegend um Menschen, die nur für eine bestimmte Zeit dort arbeiten. Ansonsten sind Bildungs- und Lebensniveau sowie die ökonomischen Verhältnisse sehr vergleichbar mit den westlichen Staaten. Aber wir können in der japanischen Gesellschaft eine viel stärkere Haltekraft der Traditionen beobachten. Traditionen, Bräuche und Sitten sind in Japan sehr beständig. Ernährung, Kleidung, Begrüßung, Feierlichkeiten, Musik, Spiritualität und Sprachgebrauch haben sich über 150 Jahre weniger stark verändert als bei uns in nur wenigen Jahrzehnten. Selbst die wenigen jüngeren Menschen, die die Traditionen nicht selbst pflegen und leben, kennen diese zumindest. Die Bevölkerung ist weniger divers – und ebenso die Alltagskultur. Zumindest in dieser Hinsicht handelt es sich keineswegs um eine offene Gesellschaft. Nicht zuletzt die Ablehnung von fremden Einflüssen und damit von Migration ist derart stark, dass es die Mainstream-Meinung zu sein scheint, sich lieber von einem Roboter als von einem Migranten pflegen zu lassen. Es gibt viele alternde Bevölkerungen, aber nirgendwo ist die Forschung und Entwicklung von Robotern in der Altenpflege so weit wie in Japan, auch weil dort der Markt für automatisierte Pflege vorhanden ist. Man kann aber vorwegnehmen, dass die Krisenanfälligkeit der japanischen Gesellschaft auch damit zu tun hat, dass es (zu) wenige Einflüsse von außen gibt. Insbesondere der enorme Reformstau deutet auf konservierende Tendenzen hin.

Kultur und Integration im Alltag

Möchte man konservierte deutsche Kultur erleben, dann muss man dorthin, wo die Deutschen Migrant:innen sind oder waren. In der deutschen Diaspora in Namibia, Argentinien, Australien, USA oder Kanada kann man eine Alltagskultur beobachten, die den Charakter eines Freilichtmuseums hat. Grundsätzlich wäre eine intensivere Beschäftigung mit der deutschen Auswanderungsgeschichte wünschenswert. Nicht viele wissen, dass Deutsch in vielen Regionen Namibias eine wichtige Verkehrssprache ist. Es gibt deutschsprachige Zeitungen, Radio- und Fernsehsender. Oder dass Menschen mit deutschen Wurzeln die größte nationale Herkunftsgruppe in den USA bilden – noch vor England oder Irland. Oder dass die deutsche Sprache auch heute noch in vielen Regionen Nordamerikas gesprochen wird, wie etwa das Pennsylvania Dutch. Das merken Touristen, die die US-amerikanische Ost- oder Westküste besuchen, nur deshalb kaum, weil die meisten Deutschstämmigen in den republikanisch dominierten Bundesstaaten im Inneren des Landes leben. US-Präsident Eisenhower hatte deutsche Vorfahren (ursprünglich Eisenhauer), der Flugzeughersteller »Boeing« wurde vom deutschen Wilhelm Böing gegründet, aus Rheinland-Pfalz stammen die Unternehmer John Rockefeller (bekannt durch das Rockefeller Center) und Henry John Heinz (Ketchup), der im Übrigen mit Friedrich Trump verwandt ist, der wiederum der Großvater von Donald Trump ist. Auch die Lehmann-Brüder (Lehman Brothers) sowie Marcus Goldmann und Samuel Sachs (Goldman Sachs) sind deutscher Herkunft. Man könnte nun auch noch den Erfinder der Jeans, Levi Strauss, und Elvis Presley (ursprünglich Pressler) nennen. Der Hotdog und wahrscheinlich auch der Hamburger sind Erfindungen von Deutsch-Amerikanern. Politisch wurden die USA besonders von Briten geprägt, aber kulturell mit am stärksten von den Deutschen.

Auch in Kanada hat mehr als jeder Zehnte deutsche Wurzeln und auch hier leben die meisten in den sogenannten Prärieprovinzen in der Landesmitte. Der wohl derzeit bekannteste Kanadier, Justin Bieber, hat einen deutschen Großvater. Die Liste ließe sich seitenweise fortsetzen und auf Australien und Südamerika ausweiten.

Alle Migrant:innen tendieren dazu, konservativ zu sein, weil sie ihre Kultur konservieren wollen. Warum das so ist, wird später zu klären sein. Aber die Tatsache, dass Auswanderer ihre Kultur in einer Konserve mitnehmen, deutet deutlich darauf hin, dass gerade sie großes Verständnis für die Pflege von Sprache, Tradition, Religion und Werte haben. Migranten sind es nicht, die den Wandel aktiv vorantreiben, sie haben eher die Funktion von alltagskulturellen Secondhandläden, aus denen sich alle Menschen, auch Einheimische, bedienen. Ganz im Gegenteil: Neuzugewanderte wünschten sich in ihrem neuen Land klarere Orientierungen. Immer wieder werden mir von Migrant:innen, die noch nicht sehr lange in Deutschland leben, dieselben Fragen gestellt: Wie lernt man Menschen kennen? Wie verhält man sich, wenn man zum Essen oder zu einer Feier eingeladen wird? Wie spricht man als Mann eine Frau oder seltener als Frau einen Mann an? Wie funktioniert Flirten? Wie zeigt man Respekt gegenüber Älteren, Arbeitgeber:innen oder Amtsträger:innen?

Die Antworten auf diese Fragen bleiben unbefriedigend: In einer offenen Gesellschaft ist auch all das relativ offen. Man kann regionale und milieuspezifische Besonderheiten berücksichtigen. Aber noch entscheidender ist es, sich flexibel der Situation anzupassen. Die Gepflogenheiten sind diversifiziert und individualisiert. Man muss sich auf ein Wechselspiel einlassen, das Kontext und Personen einbezieht. Diese Form des Alltags ist zum Teil befreit von Zwängen und zugleich von Orientierung. Sie ermöglicht und erzwingt zugleich, dem Handeln eine eigene Note zu geben. Hierfür muss man Intuitionen entwickeln, für die es Zeit braucht – mehr Zeit als beim Erlernen von traditionellen Regeln. Häufig orientieren sich Migranten aufgrund der fehlenden Regeln dann entweder an den eigenen Bräuchen, oder sie orientieren sich an der deutschen Tradition. Während Ersteres wenigstens authentisch bleibt, wirkt Zweites wie aus der Zeit gefallen, regelrecht »ver-rückt«. Beides kann dazu führen, dass die andere Person lacht oder skeptisch guckt. Heißt das jetzt, dass man ausgelacht wird, oder ist das ein wohlwollendes Lächeln? Ist der skeptische Blick Ausdruck von Irritation im Sinne von Fragezeichen im Kopf oder von Verschlossenheit oder von Angst? Was habe ich falsch gemacht?

Entsprechend frustriert sind Neuzugewanderte, wenn sie hören, sie sollen sich anpassen, aber ihnen niemand sagen kann, woran und wie sie sich anpassen sollen. Wir müssen uns darüber im Klaren sein, dass es kaum eine schwerer zu erklärende Kultur und Gesellschaft gibt als die deutsche. Das hat neben dem beschleunigten sozialen Wandel, dem alle offenen Gesellschaften unterliegen, auch mit der spezifischen deutschen Geschichte zu tun, sowohl der älteren Geschichte, in der sich aus den Kleinstaaten eine Nation entwickelte, als auch der jüngeren Geschichte des Dritten Reichs, der Teilung von West- und Ostdeutschland sowie der Wiedervereinigung. Das Wissen über Deutschland, das in den Integrationskursen vermittelt wird, ist hierfür zwar ein erster Anfang, kann aber bestenfalls eine rudimentäre Basis sein, die noch kaum alltagstauglich ist. Zu den Erklärungs- und Handlungsproblemen gesellen sich Diskriminierungserfahrungen und handfester Rassismus, die ich später ausführlich thematisieren werde.

Die lebensweltliche Integration von Migrant:innen benötigt Zeit und verläuft unspektakulär wie von selbst, wenn sich Menschen in Freizeit und Nachbarschaft begegnen, in Vereinen gemeinsame Ziele verfolgen und sich über die Unterschiedlichkeiten austauschen. Ohne Begegnungen und Austausch laufen auch die hartnäckigsten moralischen Appelle zur Integration notgedrungen ins Leere.

In Deutschland sind gerade zu Beginn Begegnungen von Migrant:innen und Einheimischen eher irritierend als erhellend, da immer wieder Missverständnisse entstehen. Das ist in den multikulturellen Teilen der USA anders, denn hier hat sich eine Alltagskultur entwickelt, die genau dieses Missverstehen auf beiden Seiten vermeidet. Wir interpretieren das häufig als Oberflächlichkeit, dabei müssten wir es als nutzerfreundliche Oberfläche sehen. Ein Beispiel: Ich sitze an der Ostküste der USA in einem Restaurant und die Kellnerin kommt an meinen Tisch und beginnt zu reden: »Hallo, mein Name ist Kathy, ich bediene Sie heute. Wenn Sie irgendwelche Fragen haben, eine Empfehlung oder etwas anderes brauchen, dann geben Sie mir bitte ein Zeichen.« Sie hebt zwei Finger in die Luft. »Unser Konzept funktioniert so: …« Kathy spricht die Worte sehr deutlich aus und lächelt dabei permanent. Wenn man sie nicht unterbricht, dann erklärt sie ausführlich, was den Beruf der Kellnerin ausmacht, was ein Restaurant ist, wie die Regeln des Hauses lauten und eben das gesamte Konzept. Sie tut geradezu so, als wäre der Gast von einem anderen Planeten. Man kann lächelnd mit »Danke, Kathy, ich weiß schon, was ich bestellen möchte« unterbrechen und muss sich dann nicht die lange Geschichte anhören. So oder so ähnlich wiederholt sich das in ganz vielen Dienstleistungseinrichtungen. Weil mich das so fasziniert, unterbreche ich nie.

Aber was liegt dem zugrunde? Mit einem Lächeln, einem extrem freundlichen Tonfall, einer langsamen und deutlichen Sprache, der vollständigen und voraussetzungslosen Widmung an einen Gast wurde hier eine Form der Kommunikation gefunden, die immer funktioniert. Nur weil jemand schwarz oder weiß ist, aussieht, wie man sich einen Chinesen, einen Engländer oder einen Araber vorstellt, lässt sich nicht daraus schließen, ob es sich um einen US-Amerikaner handelt oder einen Migranten oder einen Touristen. Deshalb hat sich eine Kommunikationsform etabliert, die allen gerecht wird. Kathy erläuterte mir, dass die höchste Wahrscheinlichkeit, eine Gruppe von einheimischen US-Amerikanern vor sich zu haben, dann gegeben ist, wenn es sich um eine diverse Gruppe handelt, also wenn etwa Schwarze, Weiße und Asiaten gemeinsam am Tisch sitzen.

Voraussetzung ist lediglich, dass man etwas Englisch spricht, aber Kathy habe ich auch dabei beobachtet, wie sie einer Familie aufgrund von Sprachbarrieren mit Händen und Füßen – und immer mit einem Lächeln – die Speisekarte erklärte. Es handelt sich nicht lediglich um Gewinnstreben. Denn der gesamte nordamerikanische Alltag folgt diesem Prinzip. Man kommt mit Menschen auf einer benutzerfreundlichen Oberfläche einfach schnell ins Gespräch. So ist es auch bei der Polizei, in der Verwaltung oder in der Universität.

Bei meinem ersten Besuch in Kanada hatte ich bereits am ersten Tag eine Begegnung, die mich außerordentlich irritierte. Eine Polizistin fragte mich in Downtown Toronto anlasslos, ob sie mir helfen könne. Ich hatte lediglich etwas neidisch die Universitätsgebäude angeschaut. Wir kamen ins Gespräch. Sie lachte, war humorvoll, fasste sogar meinen Arm an. Klare Anzeichen für Flirten, dachte ich. Am selben Tag hatte ich eine ganz ähnliche Situation mit einem Hausmeister der Uni. Freundliche und humorvolle Gespräche, auch mit Berührungen, sind schlichtweg normal. Alle sind »nice«, alle lächeln.

Noch bevor ich jemanden fragen konnte, wie denn dann Flirten aussehen soll, konnte ich es beobachten: Mal kam in einem netten Small Talk sehr schnell die Frage, ob man nicht zusammen einen Kaffee trinken könne, was in dem Fall gewissermaßen der Hinweis war, dass es jetzt ins Flirten übergeht. Ein anderes Mal wurde sehr direkt und offensiv die Telefonnummer überreicht, mit der Bemerkung: »Du solltest mich zum Abendessen einladen.« Dabei bedeuten beide Einladungen noch nichts weiter, als dass ergebnisoffen geschaut werden kann, was daraus wird. Man braucht Zeit, um sich an diesen Stil zu gewöhnen. Deutsche und österreichische Studierende in Toronto sprachen von einem halben Jahr Eingewöhnungszeit.

Während die Alltagskommunikation also ein hohes Maß an Zuwendung und Freundlichkeit beinhaltet, muss deutlicher ausgesprochen werden, wenn es um eine andere Ebene geht. Man kann das als oberflächlich bezeichnen, aber es ist genau genommen eine hoch funktionale Form der Alltagskultur in einer Metropole, in der fast alle irgendeinen Migrationshintergrund nach unserem Verständnis haben. Das ist Superdiversity par excellence.

Dass die ersten Begegnungen in Nordamerika sehr angenehm auf der freundlichen Oberfläche stattfinden, macht es nicht leichter, eine freundschaftliche Tiefe zu entwickeln. Besonders dann, wenn man die Freundlichkeit missversteht. Das Dauerhafte ist in Nordamerika nicht leichter als in Deutschland. Es ist nun eine Geschmacksfrage, ob man lieber ein immerwährendes nutzerfreundliches Lächeln oder eher einen ehrlichen, die Haltung widerspiegelnden Gesichtsausdruck mag. Bei so vielen flüchtigen Begegnungen mit Menschen hat es für mich durchaus Sinn, wenn diese so angenehm wie möglich sind. Manchmal, wenn man gerne wüsste, woran man ist, stört hingegen die Freundlichkeit.

Kanada und die Vereinigten Staaten von Amerika sind nun zwei Nationen, die von Einwanderern gegründet und im Zuge von dauerhaften Aushandlungsprozessen neu geschaffen wurden. Demgegenüber bildet in allen europäischen Einwanderungsländern die »Urbevölkerung« die Mehrheit. Durch Einwanderung wird die Gesellschaft langsamer und später geprägt. Die Wechselwirkung kann man mit jener von Himmelskörpern vergleichen. Deutschland wäre dann ein System mit einem größeren Himmelskörper, der von vielen kleineren umgeben wird, die unterschiedlich groß und alt sind. Alle ziehen sich wechselseitig an und verändern sich damit auch. Aber einer ist wesentlich größer als die anderen. In Nordamerika gibt es keinen derart zentralen Himmelskörper, und die Größenunterschiede sind beträchtlich geringer. Es sind unterschiedliche Systeme, aber sie folgen demselben Prinzip: wechselseitige Anziehungskraft. Man kann die Verhältnisse aus Nordamerika nicht auf Europa übertragen. Der Vergleich hilft aber dabei, Grundprinzipien zu studieren und zu verstehen. In Europa und insbesondere in Deutschland entwickelt sich die Wechselseitigkeit im Rahmen dieser Grundprinzipien anders, vielleicht ganz anders. Die USA haben sich immer als »a nation of nations« verstanden, in Kanada gilt der Leitspruch »unity in diversity«. In Deutschland wird sich vielleicht etwas anderes etablieren. Häufig wird vom inklusiven »neuen Wir« gesprochen, häufig aber auch von der exklusiveren Form der deutschen Leitkultur. Zugehörigkeit, Identität und Kultur bleiben in jedem Fall in offenen Gesellschaften dynamisch und verändern sich.

Während diese Zusammenhänge bisher auf einer lebensweltlichen Ebene thematisiert wurden, also im Selbstbild von Menschen und in der Alltagskommunikation zwischen Menschen, haben sie in einem strukturellen Sinne noch eine weitreichendere Bedeutung: Welche Folgen hat gelungene Integration in die Gesellschaft für eine Gesellschaft?

III INNERE OFFENHEIT, INNERE KONFLIKTE

Die Mär von der konfliktfreien Gesellschaft

In der Vergangenheit lebten wir in einem mentalen Dualismus zwischen Monokulti- und Multikulti-Positionen, die sich darin einig waren, dass man erstens keine umfassende Integrationspolitik benötige und dass man zweitens sich selbst nicht verändern müsse, nur weil arbeitende »Gäste« oder »Flüchtlinge« kämen.

Die Erkenntnis, ein Einwanderungsland zu sein, und die anschließenden offensiven Diskussionen zu den Erfordernissen einer aktiven Integrationspolitik haben zwar nicht dazu geführt, dass die Mono- und Multikulti-Positionen ganz verschwunden sind, aber sie sind nicht mehr dominant. Die Positionen und Haltungen sind ähnlich divers wie die Gesellschaft insgesamt. Nicht nur die Bevölkerungsstruktur hat sich enorm verändert, sondern auch die Gesellschaft und der Lebensalltag aller Menschen. In den Institutionen bemüht man sich zunehmend um Anpassung an die veränderten gesellschaftlichen Bedingungen, was auch immer besser gelingt. Aber der enorme soziokulturelle Wandel überfordert offensichtlich einen Teil der alteingesessenen Bevölkerung. Ein mindestens genauso großer Teil scheint die Diversität zu lieben, was man nicht zuletzt daran erkennt, dass die internationalsten Städte auch die attraktivsten sind. Gleichzeitig nehmen selbst die Befürworter:innen der Vielfalt Unstimmigkeiten und Spannungen wahr, können diese aber vielfach nicht angemessen deuten. Sie hängen mit dem bisher nicht angesprochenen Missverständnis zusammen: der Idee der konfliktfreien Gesellschaft.

Während die beiden ersten Vorstellungen eher »typisch deutsch« sind, gibt es eine These, von der alle ausgegangen sind und immer noch ausgehen: Eine positive Entwicklung würde daran erkannt, dass es insgesamt harmonischer zugehe. Die konfliktfreie Gesellschaft ist diesem Verständnis nach der Referenzrahmen, an dem man die Erfolge der Integration und die Entwicklung zu einer offenen Gesellschaft insgesamt erkennen könne. Genau diese Zieldimension ist nicht nur deutsch. Den Deutschen wird zwar durchaus ein großes Bedürfnis nach Harmonie und Konsens nachgesagt, aber erstaunlicherweise findet sich die These auch im gesamten englischsprachigen Raum wieder, selbst in der Wissenschaft. Und daher ist die wichtigste Frage überhaupt: Haben wir eigentlich eine realistische Erwartung davon, was das Ergebnis gelungener Integration ist? Wohin führt gelungene Integration?

Und damit sind wir beim Kern des Problems. Wir neigen dazu, unsere Wünsche und Hoffnungen auf Begriffe zu projizieren. Die Begriffe Integration und offene Gesellschaft stehen entsprechend schlicht für etwas Positives. Diese Wertung kann und soll man vornehmen. Problematisch wird sie, sobald man daraus die Ableitung folgert: Wenn Integration gelingt und die offene Gesellschaft realisiert wurde, dann ist alles gut, harmonisch und im Einklang. Diese Vorstellung ist völlig unrealistisch. Daran gemessen werden wir immer unzufriedener, je mehr Ziele wir erreichen.

In den vergangenen Jahrzehnten wurde unheimlich viel über Migration und Integration debattiert. Dabei ging es lediglich um die Terminologien, Beschreibungen und Definitionen, über die auch gelegentlich richtig gestritten wurde. Dies gilt für öffentliche, politische und wissenschaftliche Diskurse gleichermaßen. Jeder Wissenschaftler, der was auf sich hielt, brachte einen neuen Begriff ins Spiel oder definierte einen alten Begriff neu. Deshalb sprechen wir heute von Integration, von Inklusion, von Diversity, von Teilhabe, von Chancengleichheit, von Gleichstellung usw.

Weitere Ausdifferenzierungen in Unterkategorien erlauben zwar systematische Differenzierungen, aber vernebeln mit den vielen Details und Fragmenten auch die Sicht auf das Wesentliche. Wie sehr man zumindest als Nicht-Wissenschaftler:in Gefahr läuft, den Wald vor lauter Bäumen nicht mehr zu sehen, lässt sich beispielsweise am Integrationsbegriff zeigen. Man unterscheidet innerhalb einer einzigen Integrationstheorie Systemintegration, Sozialintegration, strukturelle Integration, kulturelle Integration, soziale Integration, emotionale Integration, Mehrfachintegration, Assimilation, Separation, Marginalisierung usw.[24] Um nicht falsch verstanden zu werden: Das sind alles begründbare Unterscheidungen, die wichtig sind. Was Statiker:innen und Architekt:innen beim Hausbau machen, ist ebenso wichtig, sagt aber noch nichts darüber aus, ob man sich heute und in zwanzig Jahren in dem Eigenheim wohlfühlt, wie man mit der Nachbarschaft zurechtkommt und ob man im Laufe der Zeit nicht doch an-, ab- oder umbaut. Es soll schon vorgekommen sein, dass Architekt:innen, Statiker:innen und Bauunternehmer:innen von einer perfekten Planung und Umsetzung sprachen, die Auftraggeber:innen aber überhaupt nicht zufrieden waren.

Neben den vielen Begriffen variiert auch der Bezugspunkt. Nicht zu Unrecht sprechen viele davon, dass Integration eine allgemeine Herausforderung ist, die nicht nur auf das Themenfeld Migration beschränkt werden kann. In dem Zusammenhang ist dann die Rede davon, dass sich die Herausforderung Integration auch für abgehängte und resignierte Milieus stelle, man die Integration von Frauen, von Menschen mit Behinderung, von Arbeitslosen oder Ostdeutschen fordern und fördern sollte. Richtig ist zweifelsfrei, dass der Begriff vom Prinzip her auf alle Personengruppen beziehbar ist. Aber man darf nicht in die Falle tappen, nach Integration zu rufen, weil es Konflikte gibt.

Das, was die vielen Begriffe im Detail meinen, ist tatsächlich unterschiedlich. Aber sie alle haben dieselbe Folge. Und genau die zu erwartenden Folgen sind noch nicht nachvollzogen worden. Wenn Integration oder Inklusion oder Chancengleichheit gelingt, dann wird die Gesellschaft nicht homogener, nicht harmonischer und nicht konfliktfreier. Nein, das Gegenteil ist viel wahrscheinlicher. Die zentrale Folge gelungener Integration ist ein erhöhtes Konfliktpotenzial.[25]

Ich habe schon oft Vorträge zu genau diesem Thema gehalten und häufig einige Tage vorher E-Mails bekommen mit dem Hinweis, dass die Veranstalter einen Fehler in der Programmankündigung gemacht hätten, weil da der unlogische Titel »Gelungene Integration steigert das Konfliktpotenzial« angegeben sei und es doch andersherum heißen müsse. Wenn mich die Autoren nach dem Vortrag, in ihrem Welt- und Selbstbild irritiert, ansprachen, habe ich mich gefreut.

Egal, welches Begriffsverständnis man präferiert, es lässt sich dieselbe Folge skizzieren: Mehr Menschen können und wollen partizipieren, sich aktiv beteiligen und etwas abbekommen. Alle an einem Tisch. Immer mehr und immer unterschiedlichere Menschen sitzen mit am Tisch und wollen ein Stück vom Kuchen. Wie kommt man eigentlich auf die Idee, dass es ausgerechnet jetzt harmonisch werden soll? Diese Vorstellung ist entweder naiv oder hegemonial. Das wäre Multikulti-Romantik oder Monokulti-Nostalgie. Die Realität ist ganz offensichtlich eine andere.

Der dynamische Prozess der Integration kann mit der Tisch-Metapher noch deutlicher und umfassender beschrieben werden. Die erste Generation der Einwanderer ist noch bescheiden und fleißig, beansprucht nicht volle Zugehörigkeit und Teilhabe. Im Alltag mag es zu Irritationen kommen, aber genau genommen ist der Umgang mit Zugewanderten »gemütlich«. Sie sitzen überwiegend am Boden oder am Katzentisch, während die Einheimischen am Tisch sitzen. Diese Menschen, also die Migranten selbst, sind froh, überhaupt da zu sein, und vergleichsweise anspruchslos. Integration ist hier eine Herausforderung und findet in der Vergangenheit auf vergleichsweise niedrigem Niveau statt.

Die ersten Nachkommen beginnen, sich an den Tisch zu setzen. In der zweiten Generation gelingt Integration zunehmend. Die Migrantenkinder sprechen Deutsch, haben nie in einer anderen Heimat als Deutschland gelebt und sehen sich schon als Teil des Ganzen. Egal wie wir Integration definieren, hier findet sie statt. Und deshalb steigt das Konfliktpotenzial. Denn mehr Menschen sitzen jetzt am Tisch, wollen einen schönen Platz und wollen ein Stück vom Kuchen. Es geht hier also um Teilhabe an Positionen und Ressourcen.

In der dritten Generation geht die Reise noch mal weiter. Die Enkel der Migranten möchten nicht mehr nur am Tisch sitzen und ein Stück vom servierten Kuchen bekommen. Sie wollen mitbestellen. Sie wollen mitentscheiden, welcher Kuchen auf den Tisch kommt. Und sie wollen die alten Tischregeln, die sich entwickelt und etabliert haben, bevor sie dabei waren, mitgestalten. Das Konfliktpotenzial steigert sich weiter, denn nun geht es um die Rezeptur und die Ordnung der offenen Tischgesellschaft.

Diese holzschnittartige Darstellung zeigt, was da über die Generationenfolge passiert ist: Integration im tiefsten Wortsinn. Integration bedeutet zunächst, dass der Anteil der Menschen, die teilhaben können und wollen, wächst. Und es wächst das Ausmaß des Könnens und Wollens. Das sind quantitative und qualitative Veränderungen. Immer mehr und immer verschiedenere Menschen artikulieren ihre Bedürfnisse und Interessen selbstbewusst. Dieser Prozess lässt sich für alle ehemals ausgeschlossenen Gruppen darstellen, für Frauen, Menschen mit Behinderung, Nicht-Heterosexuelle und zunehmend auch für Menschen mit internationaler Geschichte.

Vielleicht wird es in der vierten Generation ruhiger, vielleicht. Aber da ein liberales Einwanderungsland jedes Jahr eine neue erste, eine neue zweite und eine neue dritte Generation hat und sich fortwährend verändert, bleibt es dauerhaft komplex. Es wird konfliktreich bleiben. Zumindest ist das Konfliktpotenzial erhöht, also die Möglichkeiten für Dissens und Kontroversen.[26]

Gelungene Integration erhöht deshalb das Konfliktpotenzial, weil Inklusion, Gleichberechtigung oder eine Verbesserung der Teilhabechancen nicht zu einer Homogenisierung der Lebensweisen, sondern zu einer Heterogenisierung und Pluralisierung, nicht zu mehr Harmonie und Konsens in der Gesellschaft, sondern zu mehr Dissonanz und Neuaushandlungen führt. Zunächst sind es Konflikte um soziale Positionen und Ressourcen (ökonomische und soziale Verteilungskonflikte), im Zeitverlauf werden soziale Privilegien, Deutungshoheiten und Dominanzverhältnisse infrage gestellt und neu ausgehandelt (Kultur- und Identitätskonflikte).

Desintegration geht einher mit sozialen Problemen. Das dauerhafte Ausgeschlossensein vom Tisch steigert die Wahrscheinlichkeit für abweichendes Verhalten, für Kriminalität und Gewalt, aber auch für Resignation.[27] Bei Integration handelt es sich hingegen um grundlegende, die Gesellschaft verändernde Konflikte. Analog dazu: Langzeitarbeitslosigkeit ist ein soziales Problem und damit Desintegration, der Streit zwischen Arbeitnehmer:innen und Arbeitgeber:innen ist ein sozialer Konflikt zwischen zwei integralen (= integrierten) Teilen, die ein Ganzes ergeben, nämlich den Arbeitsmarkt.

Gelungene Integration steigert das Konfliktpotenzial

Es handelt sich insbesondere um Interessen- und Ressourcenkonflikte. Beginnen wir mit Ressourcenkonflikten, die prinzipiell weniger komplex sind, da man Ressourcen leichter teilen kann als etwa Interessen oder soziale Werte. Aber gerade Ressourcen und Positionen sind knappe Güter, weshalb das Teilen dann doch nicht zu den leichtesten Übungen gehört. Wer gut integriert ist, ist ein starker Konkurrent auf dem Wohnungs- und Arbeitsmarkt, im Bildungssystem und beim Zugang zu Spitzenpositionen. Ein größerer Wettbewerb ist grundsätzlich überhaupt nichts Schlechtes, führt aber zum Gegenteil von Harmonie. Dass die Mietpreise in den attraktiven Städten deutlich steigen, hat zum Teil auch damit zu tun, dass die Neuzuwanderer immer besser qualifiziert und einkommensstärker sind, und auch damit, dass die Teilhabechancen der hier aufgewachsenen Menschen mit internationaler Geschichte immer besser werden. Daher hat es durchaus Sinn, den Wohnungsbau deutlich besser zu organisieren und auszuweiten. Auch die Erhöhung der Anzahl an Studienplätzen kann die Konkurrenzsituation abschwächen. Aber spätestens bei Spitzenpositionen wird die Konkurrenz dann offensichtlich. Jede hohe Position, die von einem Postmigranten besetzt wird, blockiert die Karrierechancen von anderen. Spitzenpositionen können nicht beliebig dupliziert werden. Dass diese erhöhte Teilhabe überhaupt als Konkurrenz wahrgenommen werden kann, hat auch damit zu tun, dass einige der Menschen am Tisch nicht als zugehörig erlebt werden. Damit sind wir bei den Interessenkonflikten, die grundlegender und komplexer sind.

Gut integrierte Menschen streben nach Anerkennung und äußern ihre Interessen und Bedürfnisse offensiv. Sie organisieren sich selbst, vertreten selbstbewusst eigene Standpunkte und verfolgen eigene Ziele. Sie treiben die Veränderungen in der Gesellschaft voran. Und es gibt auf der anderen Seite immer auch Widerstände gegen gesellschaftliche Veränderungen. Aus der Vogelperspektive fällt es leicht zu sagen, dass sowohl die treibenden als auch die bremsenden Kräfte im Veränderungsprozess eine wichtige Rolle spielen, also grundsätzlich ihre Berechtigung haben. Im Prozess selbst ist das für die Beteiligten mühsam und zum Teil überfordernd und frustrierend. Es kommt letztlich darauf an, wie man miteinander umgeht. Zentral dabei ist es, weder die Existenzberechtigung noch die Bedürfnisse der jeweils anderen Seite fundamental infrage zu stellen. Solche Interessenkonflikte sind nicht leicht aufzulösen.

Was man sich bewusst machen muss, ist die Tatsache, dass der Konflikt deshalb entsteht, weil sich die Konfliktparteien in einer Beziehung zueinander befinden, die es zuvor überhaupt nicht gegeben hat. Der Konflikt ist also nicht etwa Ausdruck einer Spaltung, denn gespalten sein kann man nur, wenn man zuvor irgendeine Einheit darstellte. Vielmehr ist das Gegenteil der Fall: Der Konflikt ist Ausdruck des Zusammenwachsens. Es entstehen Spannungen beim Sich-näherkommen. Zusammenwachsen tut weh. Gleichzeitig finden beim Zusammenwachsen von Verschiedenem Spaltungen von zuvor bestehenden oder unterstellten Einheiten statt: Auf »beiden« Seiten gibt es Gegner:innen und Befürworter:innen des Zusammenwachsens. Regeln und Zugehörigkeiten sind in der Tischgesellschaft umstritten.

Dabei geht es ganz häufig um Anerkennung und Zugehörigkeit. An der Idee eines »neuen Wir« mit inklusiver Zugehörigkeit und zeitgemäßer Identität in einem migrationsgesellschaftlich geprägten Deutschland arbeiten Menschen mit internationaler Geschichte maßgeblich mit. Das Bedürfnis nach Wertschätzung und Anerkennung berührt konkret auch die sprachliche und religiöse Vielfalt sowie die Thematisierung von Diskriminierungserfahrungen. Die Frage liegt auf der Hand, warum Fremdsprachenkompetenz und internationale Erfahrung im Sinne von Auslandsaufenthalten derart wertgeschätzt werden, aber die Sprachkompetenz zum Beispiel von türkeistämmigen oder arabischstämmigen Kindern und ihre internationale Geschichte und ihre interkulturelle Erfahrung einen vergleichsweise geringen Stellenwert genießen. Warum Türkisch und Arabisch an deutschen Universitäten gelehrt, aber beide Sprachen als Muttersprache vieler Kinder und Jugendlicher kaum in der Schule gefördert werden. Die Förderung von Mehrsprachigkeit, also sowohl in der deutschen als auch in der Herkunftssprache, wäre schon vor Jahrzehnten eine sinnvolle Idee gewesen. Mehrsprachigkeit wird heute zunehmend berücksichtigt und gefördert, weil dies eingefordert wird und weil immer mehr bestens Integrierte für die Anerkennung und Förderung sprachlicher Vielfalt werben und diese unterstützen. Ähnliches ließe sich in Bezug auf islamischen Religionsunterricht sagen, für den erst seit einigen Jahren an deutschen Universitäten Lehrkräfte ausgebildet werden. Die verschiedenen Sprachen und Religionen wandern vom Rand der Gesellschaft in die Mitte. Alle an einem Tisch. Das ist Integration.

Man könnte hier einen strukturellen Erwartungskonflikt beschreiben, dessen Auflösung möglicherweise eine der größten Herausforderungen der Zukunft darstellt. Während ein Teil der alteingesessenen Bevölkerung von integrierten Menschen erwartet, dass sie sich anpassen und unauffällig in der Masse aufgehen, erwarten sehr viele gut integrierte Postmigranten, in ihrer sprachlichen und religiösen Vielfalt und auch in ihrer Mehrfachidentität als »deutschplus« erkannt und anerkannt zu werden. Beide Erwartungen übersehen jeweils die andere Seite sowie den Faktor Zeit. Daraus ergeben sich mindestens zwei mal zwei blinde Flecken:

Erstens bedeutet Integration nicht, dass Menschen ihr Glaubensbekenntnis, ihre Muttersprache und ihre Herkunft wie einen alten Anzug ablegen, um einen anderen überzustreifen, zumal es sich eher um eine zweite Haut als um ein Kleidungsstück handelt. Zudem steht PoC nicht selten die erste Haut einem Unauffälligsein im Wege. Hautfarbe, Augenform und Haarstruktur sowie der Name, also der Migrationsvordergrund, schränken die Möglichkeiten des Aufgehens in der Masse ein und prägen einen Menschen grundlegend, die Erfahrungen, die er macht, und die Herausforderungen, die er bewältigen musste. Wer Aladin El-Mafaalani heißt, weiß, wovon er redet.

Zweitens: »Integration ist keine Einbahnstraße« – diese treffende Formulierung hat der deutsche Historiker Klaus Bade bereits vor einem Vierteljahrhundert geprägt.[28] Die Integration von Teilen in ein Ganzes verändert dieses Ganze. Das Ganze ist nämlich nicht die Summe seiner Teile, wie schon Aristoteles wusste, sondern ein dynamisches Wechselspiel zwischen Teilen, die sich selbst und die anderen

Teile verändern. Dieser Prozess findet immer statt, allein durch die fortwährende Integration neuer Generationen in eine bestehende Gesellschaft, die sich wiederum durch die neuen Generationen verändert. Durch Migration, also neu hinzukommende Menschen, die wiederum andere neue Generationen produzieren, steigert sich Art, Umfang und Geschwindigkeit dieser Dynamik.

Drittens unterliegt man einem Missverständnis, wenn man glaubt, dass offene Gesellschaften per se alles anerkennen und wertschätzen. Sie sind offen, aber nicht beliebig und grenzenlos offen. Offene Gesellschaften ermöglichen einen Diskurs, der dann aber auch geführt werden muss. Die Nicht-Anerkennung ist dabei vielleicht ein Beleg für die Geschlossenheit in der Vergangenheit, sollte aber nicht Anlass für Fatalismus und Resignation sein. Die noch fehlende volle Anerkennung sollte vielmehr Ansporn zum Handeln sein. Die offene Gesellschaft ist eben kein Paradies, in dem schon alles für jeden da ist. Sie bietet ein offenes Feld, in dem man auf verschiedenen Ebenen mitmachen kann, aber nicht mitmachen muss. Man kann sich an den Tisch setzen, mitessen und mitverhandeln. Und man sollte stets im Blick haben, dass die Anerkennung der sprachlichen und religiösen Vielfalt heute deutlich ausgeprägter ist als in der Vergangenheit. Der Zugang zum Tisch war nie offener als heute.[29]

Viertens gibt es Grenzen des Möglichen. Diese Grenzen sind immer historisch begründet und nicht in Stein gemeißelt. Sowohl die Einstellungen in der Bevölkerung als auch die rechtlichen Bestimmungen haben eine gewachsene Geschichte und sind nicht von heute auf morgen veränderbar. Kultur, Identität und Zugehörigkeit sind auch für die Alteingesessenen nicht beliebig wandelbar. Auch hier handelt es sich um eine zweite Haut. Und etwa die rechtlichen Bestimmungen für Religionen sind vor dem Hintergrund der christlichen Geschichte entstanden und erschweren die Anerkennung von anderen Religionsgemeinschaften.[30] Zudem lassen sich in Deutschland ein zunehmender Bedeutungsverlust der Kirchen und ein enormer Rückgang von Frömmigkeit unter Christen erkennen. Parallel dazu vollzieht sich zunehmend sichtbar ein entgegengesetzter Prozess. Global spielen Religion, Religiosität und Frömmigkeit eine nach wie vor große Rolle und damit auch für viele Migranten. Dass diese gegenläufigen Entwicklungen zu Spannungen führen können, leuchtet ein. Auch hier gilt es, nicht zu ungeduldig zu sein. Am Rande sei erwähnt, dass es kaum eine Region auf der Welt gibt, in der der Anteil der Konfessionslosen so groß ist wie in Ostdeutschland.

Alle vier Punkte lassen sich an einem der heikelsten Themen der jüngeren Vergangenheit studieren. In den 1980ern, einer Zeit, in der weder Auberginen noch Ganztagsschulen in Deutschland mehrheitlich bekannt waren, verließ ich die Schule meist um 13:15 Uhr. Mir kamen kopftuchtragende muslimische Frauen entgegen, die in das Schulgebäude gingen. Das sorgte damals überhaupt nicht für Aufsehen und war offenbar vollkommen okay. Diese Frauen waren eindeutig schlecht integriert, sie hatten keine deutsche Staatsbürgerschaft, sprachen kaum Deutsch, mussten schwere Arbeit verrichten, um die Familie über Wasser zu halten. Das Kopftuch war okay, weil es »Putzfrauen« trugen. In anderen Bereichen waren es Arbeiterinnen in Fabriken. Es war nicht mehr okay, als die ersten Frauen mit Kopftuch studierten und Lehrerinnen wurden. Erst durch die Bedingungen gelungener Integration wurde das Kopftuch zum Problem. Also erst, als sich erstmals eine Frau mit Kopftuch an den Tisch setzte oder es zumindest versuchte.

Ein Beleg dafür ist, dass es in fast allen westdeutschen Bundesländern Verbote und Einschränkungen zum Tragen des Kopftuchs im Schuldienst gab oder gibt, aber in keinem einzigen ostdeutschen Bundesland (Berlin ausgenommen), weil diese Integrationsprozesse im Osten noch nicht oder zumindest kaum stattgefunden haben.

Auch die Vorstellung, das Problem mit dem Kopftuch gebe es erst seit den Terroranschlägen des 11. September 2001, ist geschichtsvergessen. Der prominente Fall von Fereshta Ludin fand in den 1990ern statt. Die junge Deutschlehrerin wurde aufgrund des Kopftuchs vom Schuldienst ausgeschlossen. Sie war in Deutschland aufgewachsen, sprach akzentfrei Deutsch, besaß die deutsche Staatsbürgerschaft und hatte das deutsche Staatsexamen mit Bravour bestanden. Mit Terroranschlägen hatte die Argumentation seinerzeit überhaupt nichts zu tun.

Nun könnte man sagen, dass dieses religiöse Symbol bei Lehrkräften, die mit Minderjährigen zu tun haben, nichts zu suchen hat. Aber: Nonnen haben an staatlichen Schulen damals natürlich durchaus unterrichtet, auch im Ordensgewand. Das war offensichtlich kein Problem. Durch den Kopftuchstreit haben sich dann auch die Möglichkeiten für Nonnen im Schuldienst erheblich verschlechtert. Hinzu kommt, dass sich rechtliche Bestimmungen und Gerichtsurteile unterscheiden und sich in relativ kurzer Zeit wandeln. Denn es handelt sich nicht um ein rein rechtliches

Problem, sondern ein gesellschaftliches Konfliktfeld im Wandel.

Dass sich das für eine Muslimin unfair anfühlen muss, steht außer Frage. Aber gleichzeitig muss klar sein, dass es sich um einen vergleichsweise neuen gesamtgesellschaftlichen Diskurs handelt, für den es Zeit braucht. Auch in einer offenen Gesellschaft kann man zu dem Schluss kommen, dass das Kopftuch und alle anderen religiösen Symbole im Staatsdienst abgelehnt werden. Ja, das kann man durchaus entscheiden. Diese Entscheidung zieht allerdings einen Rattenschwanz nach sich, dem es sich kurz zu widmen lohnt.

Bisher war es fast immer so, dass sich zunächst im öffentlichen Dienst die Teilhabechancen von benachteiligten Personengruppen verbessert haben, so zum Beispiel die Arbeitsmarkt- und Karrierechancen von Frauen oder auch von Menschen mit Behinderung. Später zog dann die freie Wirtschaft langsam nach, nicht zuletzt aufgrund der Vorbildfunktion des öffentlichen Dienstes. Entschließt man sich nun, kopftuchtragende Frauen aus dem hoheitlichen Tätigkeitsfeld des Staates oder gar aus dem öffentlichen Dienst insgesamt auszuschließen, entsteht ein handfestes Problem, denn man schließt damit eine Gruppe systematisch aus. Warum sollten Unternehmen Frauen mit Kopftuch einstellen, wenn es der Staat nicht tut? Man müsste dann neue Wege finden, wie man die Berufschancen verbessert, ohne auf den öffentlichen Dienst, in dem immerhin über 10 % aller Erwerbstätigen in Deutschland beschäftigt sind, und seine Vorbildfunktion, denn diese 10 % sind im Alltag sichtbarer als die übrigen 90 %, zurückzugreifen. Mir fehlt dafür die Fantasie. Die Wahrscheinlichkeit, dass dann rein muslimische Unternehmen, Schulen und Strukturen entstehen, würde steigen, was weder im Interesse von Muslim:innen noch im Interesse von Nicht-Muslim:innen wäre.

Derzeit ist die rechtliche Lage meist eine andere: Das Kopftuch darf kein Ausschlussgrund für eine Einstellung sein. Und für den Schuldienst gilt, dass eine Ablehnung aufgrund des Kopftuchs nur bei hinreichend konkreter Gefahr für den Schulfrieden möglich ist – so das Urteil des Bundesverfassungsgerichts. Die Zukunft wird zeigen, wie diese Formulierung in der Praxis ausgelegt werden wird.

Zudem muss auch kritisch hinterfragt werden, ob das Kopftuch aufgrund der Notwendigkeit der staatlichen Neutralität problematisiert wird, was bei Tätigkeiten im Schuldienst der Fall wäre, oder bei allen wichtigen, verantwortungsvollen und gehobenen Positionen. Wie wäre es bei Ärztinnen, Juristinnen oder Unternehmerinnen, bei Künstlerinnen oder Politikerinnen, Topmodels oder Popstars? Wie war es bei der »halal« Katjes-Werbung und der Kopftuch-Barbie-Puppe? All das gefällt vielen Rechten und einigen Feministinnen und Linken nicht, manch ein Atheist hat damit auch ein Problem wie der eine oder die andere Christ:in und gar nicht so wenige Muslim:innen. Die Grenzlinie verläuft gerade nicht entlang herkömmlicher Kategorien, sondern mitten durch sie hindurch. Die Frage ist: Wer befürwortet diese Öffnungen und wer lehnt sie ab? Wer ist offen für grundlegende Veränderungen der Gesellschaft, auch der Zugehörigkeits- und Dominanzverhältnisse? Vom Namen, Aussehen oder von der Religiosität eines Menschen kann man noch nicht auf die jeweilige Antwort auf diese Fragen schließen. So ist das in offenen Gesellschaften.

Auf das Kopftuch komme ich später wieder zurück.[31] Man könnte nun die gleichen Zusammenhänge auf andere Beispiele übertragen. Der Bau von schönen und repräsentativen Moscheen ist nicht etwa Ausdruck einer Abkapselung, sondern eher ein Zeichen des Teilhabens an und in der Stadtgesellschaft. Aber genau diese Teilhabe wird stärker als störend empfunden als die tatsächliche Abkapselung in »Hinterhofmoscheen«. Auch hier ließen sich Dutzende weitere Beispiele anführen.[32]

Rassismus, Wissen und Vorurteile

Rassismus, so glaubten und hofften viele, sei ein Relikt der Vergangenheit. Abgesehen von ein paar Ewiggestrigen würde sich die Ideologie bald überlebt haben. Und auch diese übriggebliebenen Idioten würden es sich noch anders überlegen, wenn die Integration besser gelänge …

Es wird ganz häufig so getan, als würde der Rassismus zunehmen, wenn Integration misslingt, und abnehmen, wenn Integration gelingt. Was für manche intuitiv logisch klingen mag, ist ein Trugschluss. Wieder haben wir eine falsche Erwartung, weil wir einen Zusammenhang herstellen, der auf Wertungen basiert. Integration ist gut, Rassismus ist schlecht. Also sticht Integration Rassismus. Diese Schlussfolgerung ist gefährlich, nicht nur, weil sie falsch ist, sondern insbesondere auch, weil sie den Rassismus indirekt legitimiert. Es ist viel komplexer.

Kehren wir zurück an den Tisch, an dem immer mehr

ganz unterschiedliche Menschen sitzen. Warum sollte der Rassismus automatisch abnehmen, wenn es mehr Verteilungs- und Zugehörigkeitskonflikte gibt? Es ist völlig absurd anzunehmen, dass gelungene Integration den Rassismus automatisch verringert. Das wäre so, als würde man glauben, dass bei gleich starken Fußballspielern auf einem Spielfeld weniger Fouls gespielt würden. Man kann aber ganz im Gegenteil davon ausgehen, dass es bei zwei gleich starken Mannschaften eher hitzig zugeht. Für unfaires Spiel gibt es dann prinzipiell zwei Gründe: zum einen aus Taktik, also intendiert, zum anderen unbeabsichtigt, weil es im Eifer des Gefechts, zum Beispiel aufgrund der hohen Geschwindigkeit des Spiels, schlicht passiert. Ganz unterschiedliche Gründe, für die es zu Recht eine Rote Karte geben kann.

Ähnlich kann es bei Rassismus sein. Er kann zielgerichtet und beabsichtigt sein. Dann handelt es sich um Rassist:innen mit einem geschlossenen Weltbild. Meist ist er aber unbeabsichtigt und diffus. Hier sind in der Regel Menschen betroffen, die eigentlich nicht rassistisch sein wollen, aber in der Wirkung ihres Denkens und Handelns rassistisch sind. Dieser zweite Typus ist heute viel häufiger als der erste. In keinem Fall ist Rassismus angeboren oder typisch menschlich.

Das bringt uns zu der Frage: Was ist typisch Mensch? Wer kurz darüber nachdenkt, sollte zu dem Schluss kommen, dass Feindseligkeit gegenüber Fremdem nicht die erste Intuition des Menschen ist. Man muss nur Kinder beobachten, um der Antwort näher zu kommen. Eine unbekannte oder gar fremde Situation erzeugt eine gewisse Anspannung, Vorsicht und vielleicht sogar Skepsis. Aus einer Position der

Sicherheit, wenn man also das Gefühl hat, dass die Situation keine unmittelbare Gefahr darstellt, entwickelt sich dann aber Interesse und Forschergeist. Man will das Unbekannte oder Fremde kennenlernen und verstehen. Dieser Wechsel von einem defensiven in ein offensives Verhalten ist idealtypisch und kann entsprechend variieren: Es gibt Menschen, die lieber länger passiv bleiben, andere sind eher Draufgänger. Aber dieses wechselnde Prinzip sichert zuerst das Überleben und ermöglicht anschließend den Fortschritt. Zurückhaltung und Neugier sind innere Regungen, die einem impliziten Abwägungsprozess zwischen Chancen und Risiken folgen. Dieser Abwägungsprozess ist durchaus individuell gefärbt, aber gleichzeitig hätten wir als Spezies Mensch und als Individuen weder überlebt noch gelernt, wenn uns das Fremde oder die Unsicherheit nicht gleichermaßen zu Vorsicht und zu Interesse getrieben hätte.

Das Fremdheitsgefühl kennt jeder: Wenn man als weißer Mensch in einem Land ist, in dem es kaum weiße Menschen gibt, hat man Fremdheitserfahrungen. Die Menschen, denen man begegnet, starren einen an, man selbst fühlt sich unwohl. Genauso ergeht es schwarzen Menschen an Orten, wo nur Weiße sind. Diese Erfahrung von Differenz ist normal. Vorsicht und Neugier sind ebenso normal. Aber die Deutung dieser Differenz als Minderwertigkeit ist es nicht. Das ist Rassismus. Nicht die Fremdheit, sondern die Deutung und Beurteilung der Fremdheit machen den Unterschied aus.

Rassismus blockiert den Wechsel von Vorsicht zu Interesse und ist damit das Gegenteil von Natur. Rassismus ist Kultur. Er unterdrückt Neugier und Interesse, denn er bietet für bestimmte Fremdheiten eine Antwort. Der Fremde ist defizitär, schlecht oder gar schuldig, Schwarze, Jüdinnen und Juden, Muslim:innen oder Roma und Romnija können dann als unzivilisiert, moralisch oder intellektuell minderwertig gelten. Es ist ein Erklärungsangebot, das die Unsicherheit auflöst. Skepsis und die Vermeidung von Unsicherheit mögen typisch menschliche Regungen sein, vielleicht ist sogar auch das Bedürfnis nach Überlegenheit menschlich. Rassismus als Ideologie ist es nicht.

Der moderne Rassismus ist eine in Europa entstandene Ideologie, bei der weiße Christen Zentrum und Spitze bildeten. Zentrum, weil von weißen Christen als Normalfall ausgegangen wurde. Spitze, weil sie zugleich als Menschheitsideal galten. Alle anderen »Rassen« waren im Vergleich zum »weißen Mann« defizitär. Während die Sklaverei in der Antike und im Mittelalter noch eine vergleichsweise »faire« Angelegenheit war, denn alle Kriegsverlierer konnten unabhängig von Hautfarbe und Herkunft versklavt werden, wurde sie mit Beginn der Neuzeit rassistisch. Nicht-Weißen wurde abgesprochen, richtige Menschen zu sein, wodurch Enteignung, Ausbeutung und Versklavung über Jahrhunderte hinweg legitimiert wurden. Die Kolonialisierung weiter Teile des Planeten konnte im Rahmen der Ideologie als ehrenvoller und uneigennütziger Dienst dargestellt werden, da man »kulturlosen Wesen« die Zivilisation brachte. In der europäischen Vorstellung nahm man nicht, sondern man gab vielmehr.

Tatsächlich nahm man aber Menschen nicht nur Land, Ressourcen und ihre Körper, sondern auch das Menschsein. Dabei ist von zentraler Bedeutung, dass das Entmenschlichen von Nichteuropäern zeitgleich mit der Entstehung der Idee des freien Menschen stattfand. In die Epoche des Humanismus fallen auch die Reconquista und die damit verbundene Vertreibung von Juden und Muslimen aus Spanien, die »Entdeckung« Amerikas, die Versklavung indigener Völker und die Deportation afrikanischer Sklaven. Die humanistischen Ideale wurden nur auf Weiße (und Männer) bezogen, während man mit wissenschaftlichen Methoden versuchte, andere als nicht gleichwertig zu kategorisieren.[33]

Diese Ideologie verfestigte sich und wurde mit der Kolonialisierung der Welt global verbreitet. Minderwertigkeitsgefühle haben sehr viele ethnische Gruppen geprägt. Am Rande sei erwähnt, dass die Folgen natürlich noch bis heute wirksam sind: Die nicht von Europa kolonialisierten Staaten haben große Entwicklungssprünge gemacht, während von den ehemaligen europäischen Kolonien kein Land den Sprung in die »erste Welt« geschafft hat.

Während Brutalität und Unmenschlichkeit von Weißen ausging und ganz überwiegend Schwarze Opfer dieser Ideologie wurden, erzählt man bis heute die Geschichte andersherum: Schwarze sind gefährlich und unzivilisiert, Weiße sind friedvoll und kultiviert.

Dieses kulturelle Deutungsmuster wurde früher biologisch begründet. Man ging von biologischen »Rassen« aus, die auf unterschiedlichen hierarchischen Stufen der Entwicklung stünden. Nachdem belegt wurde, dass es keine Rassen gibt und biologische Unterschiede zwischen Menschen keine Minderwertigkeit begründen können, wurde die Ideologie nicht etwa aufgegeben, sondern nur neu begründet. Die konstruierte Minderwertigkeit hatte dann kulturelle Gründe. Man könnte entsprechend von kulturellem Rassismus oder Kulturrassismus sprechen. Aber man kann den Begriff auch einfach beibehalten, denn das Grundprinzip bleibt gleich, während Form und Begründung im Zeitverlauf deutlich variieren, auch heute noch.[34]

Bis heute kann man Rassismus als Prozess folgendermaßen beschreiben: Menschen werden gruppenspezifische Eigenschaften zugesprochen und sie werden anhand biologischer oder kultureller Merkmale als »andere« kategorisiert. Eigenschaften und Kategorie werden dann abgewertet und die so kategorisierten Menschen werden schließlich ausgegrenzt. Während die Kategorisierung der anderen als andere und die Abwertung, die mit der eigenen Aufwertung einhergeht, noch auf der Denk- bzw. Einstellungsebene stattfinden, wird im dritten Schritt durch ein aktives Handeln die Ausgrenzung vollzogen.[35]

Auf der Einstellungsebene, also bei den beiden ersten Schritten, lässt sich feststellen, dass Vorurteile oder Stereotype, die man benötigt, um zu kategorisieren und abzuwerten, praktisch alle erwachsenen Menschen kennen. Aber auch bereits bei Kindern sind Vorurteile weit verbreitet.[36] Ich habe selbst bei Kindern und Jugendlichen in Familie und Verwandtschaft nachgefragt: »Sag mal, was sind typische Vorurteile, die man gegen Muslim:innen haben kann? Ich meine nicht, ob du daran glaubst, sondern nur, welche es gibt.« Danach dasselbe für »Schwarze«, »Roma« und »Juden«. In meiner Zeit als Lehrer im Schuldienst habe ich diese »Befragung« bei Hunderten Schüler:innen durchgeführt. Je älter die Kinder oder Jugendlichen sind, desto mehr »wissen« sie. Unabhängig davon, ob sie diesem Wissen trauen oder nicht, sie kennen im Prinzip alle Vorurteile: aggressiv, faul, emotional, dumm, gierig. Sie verfügen über ein gemeinsames, geteiltes Wissen, das unglaublich übereinstimmend ist. Zu allen anderen Vergleichsfragen herrscht nicht annähernd ein ähnlich weitverbreitetes Wissen, etwa zu Fußballnationalspielern, klassischen deutschen Dichtern und Denkern oder den deutschen Landeshauptstädten. Wenn man nach anderen Zuschreibungen fragt, etwa zu europäischen Christen, werden zu genau denselben Themen die positiven Antonyme genannt: friedlich, fleißig, sachlich, gebildet, sozial.

Dieses Wissen ist wirklich Wissen. Als Vorurteil kann man es dann bezeichnen, wenn man an diese Zuschreibungen wirklich glaubt. Das ist natürlich nur bei einem Teil der Fall. Aber die Tatsache, dass alle Menschen die Vorurteile kennen, berechtigt, von Wissen zu sprechen. Auch rassistisches Wissen ist Wissen. Und dieses Wissen ist offenbar strukturell verankert. Es ist in den Köpfen der Menschen und Institutionen der Gesellschaft.[37] Es ist kulturelles Wissen, das alle erreicht, unabhängig davon, ob man »Juden« oder »Roma« selbst kennt, und auch unabhängig davon, ob man ein hohes oder ein niedriges Bildungsniveau hat. Man könnte also etwas provokant sagen, dass es kein Wissensdefizit gibt, sondern ein Zuviel an Wissen. Denn: Was macht man, wenn sich ein Vorurteil bestätigt?

Dadurch, dass sich die Vorurteile auf typisches menschliches Verhalten und gewöhnliche Eigenschaften beziehen, lassen sie sich immer bestätigen. Aggressiv, dumm, gierig, faul. Ein ganz banales Beispiel: Bekomme ich einen Wissenschaftspreis, dann, weil ich ein deutscher Wissenschaftler bin. Komme ich zu spät zu einem Termin, dann kommt meine arabische Art zum Vorschein. Dass beides damit zusammenhängen könnte, dass ich viel arbeite und viele Termine habe, ist hoch plausibel, aber die Möglichkeit, ein Vorurteil zu bestätigen, scheint eine eigene Kraft zu besitzen. Und die Vorurteile werden sich bestätigen, denn es handelt sich um normales menschliches Verhalten, das beobachtet werden kann, wenn man danach sucht.

Die Frage danach, warum bereits Kinder über dieses Wissen verfügen, woher sie es haben und wann sie daran glauben, ist nicht mit einem Satz zu beantworten. Es wird meist indirekt erlernt, in der Schule, über die Medien, in den Familien usw. Eigene Erfahrungen spielen für den Wissenserwerb kaum eine Rolle.[38]

Gleichzeitig ist es so, dass die meisten Vorurteile nicht vollständig falsch sind. Juden verfügen über ein höheres Durchschnittseinkommen, Roma sind häufiger arm, junge männliche Migranten sind häufiger kriminell – aber all das sind keine Wesensmerkmale der Personen oder Gruppen, sondern leichte Tendenzen, die historische und soziale Gründe haben. Diese Tendenz ist in der Regel Resultat von Ausgrenzung und Unterdrückung – vergleichbar mit dem Vorurteil: Frauen kochen, Männer nicht. Wahrscheinlich ist es tendenziell so, dass Frauen häufiger kochen als Männer. Aber zum einen stimmt es nicht, dass nur Frauen kochen, es wäre lediglich eine leichte Häufung. Zum anderen liegt die Tendenz nicht daran, dass Männer nicht kochen oder Frauen nur kochen können. Gleichzeitig sind die meisten Sterneköche Männer. Es handelt sich um einen Status quo, der eine Geschichte hat – und für diese Geschichte sollte man sich interessieren.[39]

Rassismus kann sich verstärken, weil Integration gelingt

Wir haben den Rassismus in unserem kulturellen Betriebssystem und damit auf unserer kognitiven Festplatte. Er ist nicht angeboren, sondern wird in der Kindheit und Jugend erlernt. Damit er unser Denken und Handeln nicht leitet, muss man aktiv gegenwirken, neugierig bleiben gegenüber Menschen und der Geschichte. Wenn man ihn ignoriert, wird er wirksam. Und gesamtgesellschaftlich müssen massive Unsicherheiten und das Gefühl von Kontrollverlust vermieden werden, denn dann haben es Menschen und Gesellschaften schwer, diese problematischen Wissensstrukturen einzudämmen. In der gesamten Diskussion über die Silvester-Ereignisse in Köln wurde dies deutlich. Aber jede andere krisenhafte Situation kann dieselbe Wirkung haben.

Rassismus war historisch eine explizit formulierte Ideologie, in der die Minderwertigkeit der anderen systematisch begründet wurde. Heute wirkt er stärker verdeckt als Deutungsmuster und Erklärungsangebot für Fremdheit, aber auch für Andersartigkeit. An unserem Tisch sitzen nun sehr viele, die »anders« aussehen. Nicht alle, aber doch so einige haben zudem andere Interessen und Bedürfnisse. Sie sind gewissermaßen Konkurrenten. Und sie stellen Privilegien und Machtverhältnisse infrage. Es entstehen Konflikte, die von vielen als krisenhafte Situation wahrgenommen werden und damit das rassistische Deutungsmuster aktivieren können. Das muss so nicht geschehen, aber in jedem Falle ist nicht davon auszugehen, dass durch den beschriebenen

Prozess der Integration der Rassismus automatisch eingedämmt wird oder verschwindet.

Und es gibt durchaus Hinweise darauf, dass das Gegenteil möglich ist, nämlich, dass der Rassismus sich verstärkt oder gar wiederbelebt wird, wenn Integration gelingt, wenn nämlich Andersartigkeit auffällt und Konflikte entstehen. Es ist ein Trugschluss, dass sich das Denkmuster nur dann aktiviert, wenn es sich um eine »schwache« Gruppe handelt. In der Vergangenheit und Gegenwart gibt es einige Beispiele dafür, dass sich Rassismus tendenziell verschärft, wenn er sich gegen eine »starke« Gruppe wendet oder gegen eine stärker werdende Gruppe.

Ich gehöre zu einer Generation, die in der Schule immer wieder mit einem bestimmten Teil der deutschen Geschichte konfrontiert wurde. Es ist auch eine Geschichte des größten rassistischen Exzesses überhaupt: »Endlösung der Judenfrage«, Holocaust, Shoa. Vielleicht fällt es mir deshalb leichter, nicht in die »Integration schwächt Rassismus«-Falle zu tappen. Wurden Jüdinnen und Juden systematisch ausgegrenzt und verfolgt, weil sie schlecht integriert waren? Wurde versucht, sie industriell zu vernichten, weil sie schlecht Deutsch sprachen und arbeitslos waren? Natürlich nicht, im Gegenteil: Die jüdischen Deutschen waren erfolgreich und vielfach assimiliert. Ihr zum Teil tatsächlicher Erfolg und ihr zum Teil unterstellter Erfolg wurden ihnen zum Verhängnis. Sie galten als intelligent und gut vernetzt. Man sprach gar vom »Weltjudentum«, gegen das man zusammenhalten müsse, um gegen diese elitäre Gruppe eine Chance zu haben.

Damit nicht der Eindruck entsteht, es handele sich um ein rein deutsches Phänomen, kann man fragen: Wann wurde die Tea Party, der rechte Flügel der Republikanischen Partei in den USA, stark? Als ein Schwarzer Präsident wurde und an den Universitäten die weißen Studierenden einen immer geringeren Anteil ausmachten. Und heute sieht man es ganz deutlich: Die Obamas verkörpern in perfekter Weise, was in den USA wichtig ist: Sie sind ein Traumpaar, attraktiv, intelligent – Hollywood im Weißen Haus. Das entspricht den Kennedys. Aber die Obamas sind noch eine Ecke liebenswürdiger: Sie verkörpern den amerikanischen Traum, und was noch unglaublicher ist: Es gibt keine Skandale. Sie scheinen sich wirklich zu lieben. Einfach perfekt – außer der Hautfarbe. Das zu übersehen, deutet auf ein naiv-romantisches Integrationsverständnis hin.[40]

Aber zurück zur aktuellen Situation in Deutschland. Ich habe vor einigen Jahren mit einem Ostdeutschen gesprochen, ich nenne ihn mal Erich. Die Wiedervereinigung von Ost- und Westdeutschland ging für Erich einher mit vielen Demütigungen: Seine Qualifikationen und Berufserfahrungen wurden nicht voll anerkannt, er verlor seinen Arbeitsplatz, seinen Status und zum Teil sogar sein Weltbild. Nichts anderes Positives konnte dies ersetzen. Erich kennt keinen einzigen Migranten – und er hat keine persönlichen Erfahrungen mit Migrant:innen gemacht, weder gute noch schlechte. Sein Bild ist ausschließlich medial vermittelt. Und jetzt wird es interessant. Was stört ihn? Er schaut Nachrichten. Die Nachrichtensprecherin ist Pinar Atalay. Danach schaut er die bekannteste deutsche Krimiserie, den Tatort, und die neue Hauptdarstellerin ist türkeistämmig. Danach will er lachen, aber er wird zornig, denn der türkeistämmige Comedian im Fernsehen macht sich eine halbe Stunde über

Ostdeutsche lustig – dass sich der Comedian danach über die Türkei lustig macht, hilft jetzt nicht mehr. Erich ist sauer, weil diese Menschen für ihn keine Deutschen, aber gleichzeitig sehr erfolgreich sind, reich, berühmt, Meinungsführer. Dann gibt es die zwei Frauen, die eine türkischer Herkunft (Aydan Özoğuz, damals Staatsministerin im Bundeskanzleramt) und die andere palästinensischer Herkunft (Sawsan Chebli, damals Sprecherin des Außenministeriums), die in der Bundespolitik sichtbar werden. Warum geht es ihm als richtigem Deutschen schlecht und diesen – in seinen Augen – Fremden gut? Weshalb haben diese anderen einen besseren Platz am Tisch als er, kommen zu Wort und gestalten die Gesellschaft aktiv mit?

Erich hört von islamistischen Terroristen und sieht permanent erfolgreiche »Ausländer« in den Medien. Zeitgleich wird immer häufiger von Islamisierung gesprochen, ein Begriff, der ähnlich wie »Weltjudentum« eine Mobilisierungskraft hat. Erich wird nun politisch aktiv, erstmals in seinem Leben. Erich will keine gut integrierten Migrant:innen, er will gar keine Migrant:innen mehr. Und das alles vor der Flüchtlingssituation 2015. Nach der Flüchtlingssituation im Jahre 2015 glaubt er an eine Verschwörung. Die USA sind natürlich schuld, ganz besonders Obama – er hat wieder das gleiche Feindbild wie zu DDR-Zeiten. Und heute ist er höchstwahrscheinlich ein Trump-Fan …

Wozu diese Anekdote? Zwischen Rassismus und Integration gibt es ein sehr komplexes Verhältnis. Rassismus kann sich auf Desintegration richten, aber auch auf Integration. »Sie sind arm, dumm und kriminell«, oder »sie nehmen uns unsere Arbeitsplätze weg«, oder »sie nehmen uns unsere

Heimat weg«. Rassistische Äußerungen richten sich sowohl gegen diejenigen, die auf dem Boden, als auch gegen diejenigen, die am Tisch sitzen. Und: Diejenigen, die am Tisch sitzen, können als bedrohlicher wahrgenommen werden. Besonders dann, wenn sie nicht genügsam und bescheiden sind, sondern als selbstverständlicher Teil des Ganzen gelten möchten. Denn dann mischen sie sich in die Rezeptur ein. Rassismus kann sich dann verstärken, zumindest verhärten sich die Ränder.[41]

Besonders schwierig wird die Situation im Zusammenhang mit Integration also deshalb, weil es zugleich Integration und Desintegration gibt. Es entsteht ein komplexes Spannungsfeld: Während in den 1930er-Jahren deutsche Jüdinnen und Juden extrem erfolgreich und unauffällig waren, gab es auch konservative und orthodoxe Juden, die »fremd« wirkten. Während Barack Obama Präsident ist, gibt es weiterhin kriminelle Schwarze. Während es immer mehr erfolgreiche Muslim:innen gibt, gibt es auch islamistischen Terrorismus. Dieses Spannungsfeld ist für rassistisch motivierte Politiker:innen und Populist:innen äußerst attraktiv. Die Desintegrierten können als Sinnbild für die Minderwertigkeit und die eigene Überlegenheit dargestellt werden, den gut Integrierten wird die Unterwanderung des Staates und der Gesellschaft vorgeworfen, womit man Ängste schürt und mobilisiert. Egal was passiert, es passt in die Verschwörung.

Rassistische Vorurteile können also im Diskurs eine größere Rolle spielen, weil die Teilhabechancen steigen. Die gestiegenen Teilhabechancen von Minderheiten deuten aber nicht nur darauf hin, dass es bessere Integrationsmaßnahmen und Integrationsprozesse gibt, sondern darüber hinaus auch weniger strukturelle Diskriminierung.

Das Diskriminierungsparadox: Diskriminierung wird ein Problem, weil es weniger Diskriminierung gibt

Viele Menschen mit internationaler Geschichte sind nach wie vor unzufrieden mit einer als zu langsam empfundenen sozialen Öffnung der Institutionen, etwa der Schulen, Hochschulen, öffentlichen Verwaltung, Polizei, Unternehmen und Politik. Und tatsächlich ist gleiche Teilhabe in all diesen Feldern nicht realisiert. Gleichzeitig gilt es festzuhalten, dass in all diesen Bereichen in kurzer Zeit relativ viel passiert ist.

Im Bildungssystem, auf dem Ausbildungs- und Arbeitsmarkt, dem Wohnungsmarkt, bei der öffentlichen Verwaltung und den Sicherheitsbehörden gehört Diskriminierung nach wie vor zum Alltag. Diskriminierung kann dabei direkt oder indirekt sein. Direkte Diskriminierung meint, dass man bei gleicher Leistung unterschiedlich behandelt wird – etwa wenn systematisch erkennbar ist, dass bei gleichem Leistungsniveau Arbeiterkinder schlechter bewertet werden und andere Schulformen besuchen als Kinder aus privilegierten Familien, wenn bei identischen Bewerbungsunterlagen Ali schlechtere Chancen auf ein Bewerbungsgespräch oder eine Wohnungsbesichtigung hat als Andreas, wenn Frauen auf derselben Position weniger verdienen als ihre männlichen Kollegen. Indirekte Diskriminierung meint hingegen, dass scheinbar neutrale Regeln und Routinen eine spezifische Gruppe besonders benachteiligen.[42]

Auch Selbstdiskriminierung spielt eine Rolle. In den wenigen Fällen, in denen Kinder aus schwierigen Verhältnissen eine Gymnasialempfehlung bekommen, kommt es relativ häufig vor, dass die Eltern ihr Kind nicht an einem Gymnasium anmelden.[43] Ähnliches gilt etwa für geeignete Frauen, die sich nicht in einer Führungsposition sehen, oder Jugendliche mit internationaler Geschichte, die sich nicht für eine Laufbahn im öffentlichen Dienst bewerben. Dieser Selbstausschluss hängt mit versteckten Mechanismen zusammen, die man nicht zwingend als Diskriminierung bezeichnen muss, aber doch auf eine noch zu wenig ausgeprägte soziale Öffnung der Institutionen zurückführen kann. Die Institutionen und Positionen in liberalen Demokratien sind für alle da – das ist ihre Legitimation. Deshalb ist es eine gesamtgesellschaftliche Aufgabe, auch die verborgenen Hürden abzubauen.

Diskriminierung ist in allen gesellschaftlichen Bereichen für nahezu alle in der Vergangenheit benachteiligten Personengruppen nachweisbar. Aber: Durch aktive Gleichstellungs-, Integrations- und Anti-Diskriminierungspolitik sowie durch das Eigenengagement und die Selbstorganisation betroffener Gruppen gibt es in Deutschland genauso wie in den meisten europäischen Staaten sowie in Nordamerika heute weniger Diskriminierung als vor dreißig oder vierzig Jahren. Der bessere Zugang zu verschiedenen Dienstleistungen, die erhöhten Teilhabechancen sowie die Möglichkeiten der politischen Partizipation weisen bereits auf einen eindeutigen Trend hin. Und auch die Diskriminierungsforschung zeigt, dass es immer weniger direkte Diskriminierung gibt und auch der aktive Abbau von indirekten Formen immer stärker forciert wird. Zeitgleich mit dem Rückgang der Diskriminierung findet in der Gesellschaft ein gegenläufiger Prozess statt: Wir diskutieren und streiten über Diskriminierung, als wäre es schlimmer geworden, wodurch sich der Diskurs aus einer anderen Richtung verschärft.

Mehr Menschen als je zuvor berichten über Diskriminierung, weil es immer weniger Diskriminierung gibt. Dieser Zusammenhang wirkt paradox. Um ihn zu verstehen, muss man sich klarmachen, was wahrgenommene Diskriminierung aus der Perspektive einer betroffenen Person bedeutet. Wenn sich ein Mensch diskriminiert fühlt, dann heißt das: Diese Person empfindet eine Handlung oder eine Aussage als illegitime Ungleichbehandlung. Entscheidend ist nicht das Wort Ungleichbehandlung, sondern das Wort illegitim.

Zwei Menschen können dieselbe Situation erleben, aber ganz unterschiedlich deuten. Dieselbe Ungleichbehandlung kann als legitim oder als illegitim interpretiert werden. Für die eine Person kann eine Ungleichbehandlung richtig sein, für die andere Person ist sie okay und für die dritte Person kann dieselbe Situation eine Demütigung darstellen.

Ein persönliches Beispiel: Ich war mit meiner Tochter bei einem Fest. Nur Freunde und Verwandte waren anwesend. Es war eine schöne Atmosphäre, und alle meinten es zweifelsfrei gut miteinander. Jemand fragte mich: »Wie feiert ihr eigentlich bei euch?« Gemeint war bei Arabern und Muslimen. Meine Tochter hat das Wort »ihr« noch tagelang beschäftigt. Sie erzählte mir etwa eine Woche später, dass sie eine ganze Weile gebraucht habe, um zu verstehen, wer oder was mit »ihr« gemeint war. Sie fragte mich, warum ich auf diesen Fehler, der es aus ihrer Sicht eindeutig war, nicht eingegangen sei. Denn ich habe auf die gemeinte Frage geantwortet, wie islamische Traditionen in Syrien gelebt und wie Feste gefeiert werden usw. Ich reagierte, wie immer, nachsichtig auf solche unglücklich gestellten Fragen. Meine Tochter empfand es als ausschließend und übergriffig. Sie hat sich nicht nur über die Frage geärgert, sondern insbesondere über meine »falsche« Antwort. In der Situation selbst sagte sie nichts. Erst Tage später äußerte sie sich dazu beim Abendessen. Ich musste etwas nachdenken, um mich daran zu erinnern, so unspektakulär hatte ich es empfunden.

An diesem Beispiel wird deutlich: Entscheidend ist, ob eine Handlung oder Situation als illegitim wahrgenommen wird. Wer ist »ihr« und wer ist »wir«? Und noch wesentlicher: Wer entscheidet, wer »wir« und »ihr« ist? Während ich die Frage »Wie feiert ihr eigentlich bei euch?« nachsichtig inhaltlich umdeute in »Wie ist es bei Muslimen in Syrien?«, fragt meine Tochter manchmal innerlich, zunehmend aber auch laut zurück: Wer ist mit »ihr« gemeint? Oder in ihren Worten: »Welche Schublade meinst du jetzt?« Ihre Großeltern, also meine Eltern, hätten sich über die Frage »Wie feiert ihr eigentlich bei euch?« regelrecht gefreut und stundenlang erzählt. Tragischerweise werden sie selten, ihre Kinder und Enkel aber umso häufiger genau das gefragt.

Dieselbe Frage trifft hier also auf drei verschiedene Erwartungen, die sich in drei verschiedenen Biografien innerhalb einer Familie mit internationaler Geschichte entwickelt haben. Die Großeltern sind migriert, Deutsch ist nicht ihre

Muttersprache und Deutschland nicht ihr Vaterland. Ich bin Migrantenkind, aber kein Migrant. Deutsch ist zwar meine Muttersprache, aber ich bin bei meinen Eltern aufgewachsen und habe damit eine Zwischenposition. Zumindest habe ich biografische Bezüge zu diesem anderen »Wir«, d. h. somit auch zu dem »Ihr«. Meine Tochter akzeptiert die vordefinierte Wir-Ihr-Differenz nicht mehr. Gleichwohl hat sie es in Deutschland leichter als ich, ich habe es leichter als meine Eltern.

Was ist da über die Generationen hinweg geschehen? Zurück an den Tisch: Voll integrierte Menschen, die nun am Tisch sitzen, wollen als gleichwertig betrachtet werden. Sie sind gleichberechtigter Teil des Ganzen und haben die Erwartung, als solcher anerkannt zu werden. Sie haben hohe Ansprüche an Teilhabe und Zugehörigkeit. Die gesellschaftlichen Rahmenbedingungen sind besser geworden, sogar deutlich besser. Aber die Erwartungen steigen immer schneller als die deutlich trägeren realen Verhältnisse, und Erwartungen können viel schneller geweckt werden, als sie erfüllt oder befriedigt werden können. Wer auf dem Boden sitzt, ist schlechter integriert, hat wenige Teilhabechancen und wird vielleicht viel stärker ausgeschlossen. Aber: Diese Menschen empfinden dies seltener als diskriminierend, weil sie aus verschiedenen Gründen gar keinen hohen Teilhabe- oder Zugehörigkeitsanspruch entwickelt haben. Und diejenigen, die am Tisch sitzen, die also deutlich weniger ausgegrenzt werden, sind viel sensibler und akzeptieren immer weniger, dass andere darüber entscheiden, wer sie sind und zu welchem Wir sie gchören.

Auch hier handelt es sich um einen Erwartungseffekt:

Die Erwartungen ehemals benachteiligter Gruppen steigen schneller, als sich die Realität verbessert. Erwartungen und objektive Verhältnisse steigen also unterschiedlich schnell, wodurch die Differenz größer wird. Diese Differenz führt dazu, dass etwas als illegitim wahrgenommen wird, und bildet damit die Grundlage für das Gefühl der Diskriminierung.[44]

Dieser Zusammenhang lässt sich auf unterschiedliche Gruppen und in verschiedene Bereiche übertragen. Innerhalb eines Landes und innerhalb einer Minderheit können wir das messen: Schwarze Amerikaner:innen fühlen sich aufgrund ihrer Hautfarbe umso häufiger diskriminiert, je erfolgreicher sie sind. Je höher das Bildungsniveau und das Einkommen, desto häufiger berichten sie über Diskriminierung. Schwarze Menschen, die enorm benachteiligt sind, fühlen sich seltener diskriminiert. Eine andere Perspektive, diesmal international vergleichend: Je besser die Teilhabechancen in Europa – in den skandinavischen Ländern sind sie für Minderheiten am besten –, desto häufiger wird über Diskriminierung geklagt; je schlechter die Teilhabechancen – in vielen osteuropäischen Staaten sind sie sehr schlecht –, umso seltener wird von Minderheitenangehörigen über Diskriminierung berichtet. Wir können auch verschiedene benachteiligte Gruppen vergleichen: Frauen haben viel bessere Teilhabechancen als beispielsweise Menschen mit Behinderung, Frauen fühlen sich aber auch viel häufiger diskriminiert als Menschen mit Behinderung. Und Frauen fühlten sich vor vierzig oder fünfzig Jahren seltener diskriminiert als heute, dabei sind heute ihre Teilhabechancen aber um ein Vielfaches höher.[45]

In allen vier Vergleichen wird ein kontraintuitiver Zusammenhang deutlich, weil es nicht um eine objektive Größe geht, sondern um das Verhältnis zwischen Erwartungen und Ansprüchen auf der einen und der erlebten gesellschaftlichen Wirklichkeit auf der anderen Seite. Wahrgenommene Diskriminierung entsteht erst durch die Bewertung: Nur dann, wenn eine Ungleichbehandlung als illegitim bewertet wird, fühlen sich Menschen diskriminiert. Als illegitim bewerten sie Handlungen und Situationen dann, wenn die Diskrepanz zwischen Erwartung und Realität zu groß wird, wenn also die Realität zu weit von den Erwartungen abweicht. Die Paradoxie hat also nicht mit einem statischen Befund, sondern mit einer dynamischen Relation zu tun, nämlich mit einer ungleichen Entwicklung von Realität und Erwartung.[46]

Im Übrigen heißt das für Pädagog:innen, dass sie sich freuen sollten, wenn ein Jugendlicher über Diskriminierung berichtet. Das bedeutet nämlich, dass dieser Mensch mehr möchte, als bisher möglich erscheint, mehr als den derzeitigen Status quo. Man muss natürlich prüfen, was genau vorgefallen ist. Aber es handelt sich zunächst um eine ideale Situation für pädagogische Arbeit, weil diese Äußerung Aktivität und Ambition dokumentiert. Schlecht wäre das Gegenteil: eine schlechte Behandlung hinzunehmen und dies als legitim zu bewerten, ist ein Zeichen für Resignation und Ohnmacht – die mit Abstand schwierigsten Rahmenbedingungen für pädagogische Arbeit. Sagt man einem Jugendlichen, der sich diskriminiert fühlt: »Jetzt übertreib mal nicht. Sei nicht so empfindlich«, dann sagt man genau genommen: »Senke deine Ansprüche. Akzeptiere, was du hast. Erwarte nicht mehr.« So entsteht Resignation oder Rebellion. In diesem Falle würden die Probleme maßgeblich verschärft. Resignation und Rebellion können zudem der Nährboden für Radikalisierung sein.

Integration führt zu einer stärkeren Wahrnehmung und Thematisierung von Diskriminierung. Ein paradoxer Effekt, den man aber überall wiedererkennt. Die Teilhabechancen verbessern sich, und gleichzeitig wird viel mehr über Diskriminierung geklagt und diskutiert als vorher. Nicht obwohl, sondern weil sich die Situation verbessert hat. Gut Integrierte haben also ganz deutlich höhere Teilhabe- und Zugehörigkeitserwartungen als Menschen, die auf dem Boden sitzen, und betrachten die Zuschreibungen und Behandlungen, die für ihre Großeltern noch gut und ihre Eltern befriedigend waren, als mangelhaft. Das sind drei verschiedene Noten für dieselbe Sache.

Das ist Wandel und Fortschritt, hat aber überall auf der Welt folgenden Effekt: Dort, wo Diskriminierung bekämpft wird und die Chancen von benachteiligten Gruppen sich bessern, wird am intensivsten über Diskriminierung diskutiert. Hinter diesem Diskriminierungsparadox steckt ein Grundprinzip menschlicher Gemeinschaften: Wenn man ein Problem schon erfolgreich bearbeitet hat und auf einem guten Weg ist, streitet man umso mehr über das kleiner gewordene, verbleibende Restproblem. Hierbei handelt es sich um eine Variante des Tocqueville-Paradoxes, oder mit den Worten Sigmund Freuds: Das ist der Narzissmus der kleinen Differenzen.[47]

Das hat Auswirkungen auf die Sprache und den Diskurs insgesamt. Begriffe und Zugehörigkeiten werden neu ausgehandelt, was die Spannungen steigern und die Wahrscheinlichkeit für Konflikte weiter erhöhen kann. »Political correctness« oder diskriminierungskritische Sprache steht genau dafür: Die Sprache wird komplexer, weil die Gesellschaft komplexer geworden ist. Mit dem alten Sprachgebrauch wird man den gesellschaftlichen Verhältnissen nicht mehr gerecht. Politisch korrekte Sprache macht den Diskurs anspruchsvoller, aber es ist ein Irrtum zu glauben, dass dadurch viele Themen nicht angesprochen werden könnten. Eher ist das Gegenteil der Fall: Mehr Menschen können am Tisch über ihre Themen sprechen, wenn die Sprachregeln angepasst werden. Begriffe, die in der Vergangenheit unproblematisch waren oder nicht problematisiert wurden, schließen heute einen Teil der am Tisch Sitzenden aus. Daher verändern sich mit den Verhältnissen auch die Worte und (manchmal auch) umgekehrt.

Die Meinungsfreiheit ist dadurch ganz sicher nicht in Gefahr. Viele Menschen sagen, es gäbe keine Meinungsfreiheit mehr, meinen aber eigentlich, dass sie kaum noch etwas sagen können, ohne dass ihnen jemand widerspricht. Meinungsfreiheit meint aber, dass man unendlich vieles sagen darf und damit unendlich viele Gelegenheiten für Widerspruch bestehen. Die Tatsache, dass heute widersprochen wird, wo dies in der Vergangenheit nicht der Fall war, ist ein starkes Indiz für *mehr* Meinungsfreiheit – und zugleich anstrengend für jene Menschen, die damals das Privileg hatten, unwidersprochen zu bleiben.[48]

Migrant:innen und ihre Kinder: Dilemmata und Konflikte in Familien

Die Spannungsfelder einer offenen Gesellschaft verlaufen keineswegs zwischen der sogenannten Mehrheitsbevölkerung und den Minderheiten. Die Grenzlinien kreuzen alle Schubladen, die man sich vorstellen kann. Viele Alteingesessene begrüßen die wachsende Tischgesellschaft. Manche wünschen sich eine weitere Öffnung und fördern diese. Manche ersehnen sich die ehemals geschlossene Gesellschaft zurück. Und ähnlich komplex ist es innerhalb der Minderheiten. Insbesondere die Zugehörigkeiten sind hoch umstritten und führen innerhalb der Communitys und insbesondere in den Migrantenfamilien zu Konflikten. Es gibt also ein weiteres Konfliktfeld, das überhaupt nur durch Integrationsprozesse entsteht.

Zunächst zu den Migrant:innen selbst. Diese Menschen sind außergewöhnlich risikobereit und deshalb sind sie sowohl hoch motiviert als auch zunehmend konservativ.[49] Das sind widersprüchliche Eigenschaften, die mit der Widersprüchlichkeit der Migration zusammenhängen. Risikobereit sind sie allein schon deshalb, weil sie entschieden haben, ihre Heimat zu verlassen. Das gilt für alle Migrant:innen in vergleichbarer Weise. (Bei Flüchtlingen kommen lebensgefährliche Situationen und grundlegende Menschenrechtsverletzungen bei der Überschreitung von Staatsgrenzen hinzu.) Migrant:innen gehen diese Risiken nicht ein, um zu scheitern. Sie wissen, dass sie nach der Migration ganz neu anfangen müssen. Daher sind sie – das zeigen zahlreiche internationale Studien – überdurchschnittlich motiviert.[50] Ein

Mensch geht das Risiko der Migration nicht ein, weil er mit sich selbst, sondern weil er mit seinen Lebensumständen oder der Situation im Heimatland unzufrieden ist. Meist fehlt eine Perspektive aufgrund schwieriger ökonomischer oder politischer Rahmenbedingungen. Mit der Risikobereitschaft geht eine andere Eigenschaft einher: Migrierende Menschen werden durch die Migration konservativer.[51]

Die Menschen verlassen das Land, in dem ihre Sprache gesprochen wird. Sie trennen sich von ihren Freunden und Verwandten und – noch entscheidender – sie verlieren ihren Status. In ihrer Heimat waren sie jemand, am Zielort fangen sie bei null an und erfahren kaum Anerkennung. All das ist enorm problematisch. Sprache, soziale Netzwerke und Status sind wichtige identitätsstiftende Aspekte, die durch die Migration infrage gestellt werden, was entsprechend psychischen Stress und eine Identitätskrise verursacht. Das Gefühl einer stabilen Identität ist für Menschen enorm wichtig. Menschen müssen sich selbst wiedererkennen. Sie müssen das Gefühl haben, dieselbe Person zu sein wie gestern, wie letztes Jahr, wie vor zwanzig Jahren. Wenn so viele Elemente der personalen Identität verloren gehen, halten sich Menschen an den Elementen fest, die sie noch haben.

Migrant:innen konservieren deshalb zunächst all das, was sie bei sich tragen: Erinnerungen, Traditionen, kulturelle Eigenheiten, die Religion, das Nationalbewusstsein. Nach der Migration beschäftigen sie sich beispielsweise mit der Geschichte des Herkunftslandes, obwohl sie sich vor der Migration dafür nicht interessiert haben. Vor der Migration schaute man vielleicht in der Türkei oder in Russland keine Nachrichten; nach der Migration, in Deutschland, verfolgt man türkische oder russische Nachrichten. Die nationale Identität als Syrer, als Vietnamese oder als Brasilianer wird in Deutschland wichtiger, als sie noch in Syrien, Vietnam oder Brasilien war. Das Eigene wird in der Fremde besonders wichtig. Was genau konserviert wird, unterscheidet sich natürlich erheblich: Es macht einen deutlichen Unterschied, ob die Migrant:innen aus Damaskus, Hanoi oder São Paulo kommen oder aber aus ländlichen Regionen. Wie stark das Konservieren ausgeprägt ist und wie lange es sich aufrechterhält, hängt dann von den Strukturen und Prozessen im Ankunftsland ab: von Teilhabechancen und dem Gefühl, angenommen zu werden.

Diesen Konservatismus und Traditionalismus sehen wir überall dort, wo es Migration gibt. Traditionalismus ist kulturunabhängig und somit migrationsspezifisch; was genau konserviert wird, hängt ab von Kultur und Bildungsniveau sowie von den Lebensverhältnissen des Menschen sowohl vor als auch nach der Migration. Dieser Mechanismus ist überall in der Welt erkennbar und erscheint nachvollziehbar, wenn man sich bemüht, ihn zu verstehen. Kulturelle Assimilation ist bei den Migrant:innen selbst deshalb praktisch unmöglich und erfolgreiche Integration schwierig. Aber wie sieht es bei ihren Kindern aus, insbesondere jenen, die in Deutschland geboren wurden?

Häufig wird gesagt, die Kinder würden in zwei Welten leben. Vielleicht ist es präziser, von zwei Sphären einer Welt zu sprechen. In der inneren Sphäre, also in ihrem Zuhause, erleben sie den Traditionalismus aus einer anderen Kultur, aber auch sehr enge soziale Bindungen. Auch das ist typisch: In der Fremde rücken Menschen enger zusammen. Und in der äußeren Sphäre, spätestens in den Bildungsinstitutionen, erleben sie eine ganz andere, komplexe Gesellschaft, die sie weitgehend eigenständig verstehen lernen müssen. In beiden Sphären erleben sie verschiedene Formen des »richtigen« Lebens, verschiedene Regeln und ganz unterschiedliche soziale Beziehungen. Es handelt sich im wörtlichen und metaphorischen Sinne um zwei Sprachen, bei denen sich die Heranwachsenden als Sprecher:innen und Übersetzer:innen zugleich üben müssen. Das ist in der Regel aber unproblematisch. Kinder und auch Jugendliche schaffen das spielend. Aber die Kinder sehen sich darüber hinaus mit widersprüchlichen Erwartungen aus diesen Sphären konfrontiert.[52]

Die Eltern, die hoch motiviert und konservativ sind, übertragen diese Eigenschaften in Form von Erwartungen auf ihre Kinder. Sie erwarten, dass ihre Kinder in dem »neuen« Land erfolgreich sind, und gleichzeitig erwarten sie, dass sie den »alten« Vorstellungen vom guten Leben gegenüber loyal bleiben, also so bleiben, wie die Eltern sind. Werde Arzt oder Anwalt, bleib aber im Hinblick auf deine Identität so wie wir. Die Kinder werden von den Eltern geschubst, »werde erfolgreich, wohlhabend, anerkannt«, und sie werden von den Eltern gezogen, »bleib, wie wir sind, bleib bei uns, bleib deiner Herkunft treu«. Aus der inneren Sphäre kommen sehr hohe Erwartungen an Erfolg und Loyalität.[53]

In der äußeren Sphäre passiert Ähnliches. Einerseits werden Fragen gestellt wie »Wo kommst du her? Erzähl mal, wie ist das bei euch?«, was impliziert, »Du gehörst zu den anderen«. Das kann sowohl wohlwollend und interessiert als auch ablehnend und skeptisch gemeint sein. Andererseits wird Anpassung gefordert, »Bei uns wird es so gemacht«, will meinen, »Trenn dich von diesem Fremden«. Von zwei Sphären kommen jeweils widersprüchliche Erwartungen und Anforderungen, beide Seiten schubsen und ziehen. Die Kinder erleben diese Erwartungen in der Regel als doppeltes Dilemma. Man könnte auch sagen: Es handelt sich um zwei widersprüchliche Erwartungspaare, die lediglich in ihrer Widersprüchlichkeit zusammenpassen. Dazu kommen regelmäßige Fremdheitsgefühle und handfeste Diskriminierungserfahrungen. Migrantenkinder wachsen also in einem komplexen Spannungsfeld auf.

Für Kinder und Jugendliche in Migrantenfamilien lässt sich das gefühlte Dilemma folgendermaßen zuspitzen: »Wenn ich erfolgreich bin, kann ich nicht loyal sein; wenn ich loyal bleibe, kann ich in Deutschland nicht erfolgreich sein.« Das ist aus der Perspektive der Kinder und Jugendlichen ein großes Problem, zumindest zeitweise. Hier muss eine Balance gewahrt werden. Die Herausforderung ist hochgradig komplex und kann kaum konfliktfrei gelöst werden. Ähnliches zeigt sich im Übrigen auch in anderen Einwanderungsländern, das zeigt etwa die kanadische Forschung. Das Dilemma zu bewältigen mag im Laufe des Lebens in Kanada leichter fallen, weil die Gesellschaft insgesamt diverser und vielleicht auch in mancher Hinsicht offener ist. Aber die Widersprüchlichkeit zeigt sich auch in Kanada bei ganz unterschiedlichen Migrantengruppen.[54]

Assimilation ist Blödsinn

Die Erfolgserwartungen der Migrant:innen an ihre Kinder sind positiv, denn sie führen dazu, dass die Kinder fleißig sind. Die starken Loyalitätserwartungen könnte man als Problem wahrnehmen, zumindest aber als Assimilationshindernis für die Kinder. Daher die Frage: Kann man den Eltern die Loyalitätserwartungen abgewöhnen? Machen wir ein Gedankenexperiment:

Stellen Sie sich vor, Sie würden morgen Ihre Heimat verlassen, auf Dauer, vielleicht für immer. Die Dauer ist nicht ganz klar, denn man kann nie genau wissen, ob man sich am Zielort wohlfühlt und ob man dort überhaupt dauerhaft bleiben darf. Stellen Sie sich vor, Sie müssten morgen nach Japan ziehen – ein vom Lebensniveau mit Deutschland vergleichbares Land. Dabei ist es egal, ob Sie Ihre Heimat verlassen, weil Sie ein gutes Jobangebot dort haben oder weil Sie verfolgt werden und flüchten müssen. Das Motiv für die Migration spielt keine große Rolle. Sie verlassen Deutschland Richtung Japan und haben zwei Möglichkeiten:

Variante 1: Sie wünschen sich, dass Ihre Kinder, die in Japan aufwachsen werden, richtige Japaner werden. Ihre Kinder sollen ausschließlich oder zumindest hauptsächlich japanisch sprechen, die Traditionen Japans übernehmen, denken wie Japaner und glauben wie Japaner. Ihre Kinder sollen assimilierte Japaner werden. Da Sie sich selbst gut integrieren wollen, werden Sie die Sprache lernen und mit Ihren Kindern nur noch Japanisch sprechen.

Variante 2: Sie wünschen sich, dass Ihre Kinder in Japan erfolgreich werden, aber gleichzeitig so viel wie möglich mit

Ihnen gemeinsam haben. Sie sollen Ihren Glauben (oder Nicht-Glauben) teilen, Ihre Sprache, Ihre Kultur, Ihre Vorstellungen vom guten Leben.

Sie haben die Wahl: Variante 1 oder Variante 2?

Sie entscheiden sich natürlich für Variante 2. Denn Variante 1 ist ein Hinweis auf eine psychische Störung – bevor Sie nach Japan auswandern, sollten Sie einen Arzt aufsuchen. Menschen, die sich für ihre Kinder etwas völlig anderes wünschen, als sie selbst sind, haben ein ernsthaftes Problem. Typisch ist das Bedürfnis nach weitgehender habitueller Übereinstimmung. Elternschaft macht ansonsten keinen Sinn.

Wir müssen uns noch mal folgende Banalität verdeutlichen: Wäre man mit sich selbst unglücklich, würde die Migration überhaupt keinen Sinn ergeben. In der Regel sind Migranten mit sich persönlich, mit ihrer Identität und mit ihrer Kultur sehr zufrieden. Ansonsten wäre der Weg in eine Psychiatrie kürzer und hilfreicher als die internationale Migration. Migrant:innen sahen in ihrem Herkunftsland, also in ihrem Umfeld, ein Problem und haben das Umfeld gewechselt. Sich selbst, ihren Lebensentwurf und ihren Glauben finden sie in der Regel prima. Gesunde Menschen migrieren nicht, um eine andere Identität anzunehmen, und auch nicht, damit ihre Kinder dies tun. Wenn wir nur Migranten nach Deutschland lassen würden, die sich Assimilation für ihre Kinder und sich selbst wünschen, dann bräuchten wir vorab viel mehr psychiatrische Zentren.

Wir würden uns also alle so verhalten, wie es Migranten weltweit tun – ganz unabhängig von der Herkunftskultur. Das ist ein Migrationsspezifikum. Da sich die Hoffnungen und Träume, die sie mit der Migration verbunden haben, in der Regel nicht erfüllen, übertragen Eltern ihre Hoffnungen in verstärkter Form auf ihre Kinder: »Der ganze Stress, den wir ertragen haben, hat sich nur gelohnt, wenn du erfolgreich wirst.« Die Bilanz der Biografie der Eltern hängt maßgeblich von dem Erfolg der Kinder ab. Dadurch, dass sich die Eltern lange Zeit fremd fühlen, ist es ihnen ein besonderes Bedürfnis, dass sich ihre Kinder nicht von ihnen entfremden. Die Eltern klammern deshalb häufig (zu) stark. Ihnen das deutlich zu machen, fällt dabei überhaupt nicht leicht. Sobald Eltern das Gefühl bekommen, jemand – zum Beispiel ein Lehrer – versucht, ihnen ihr Kind zu entreißen, ziehen sie nur noch stärker. Die pädagogische Arbeit mit den Eltern ist dennoch sinnvoll, aber gleichzeitig hoch anspruchsvoll. Denn bei einer zu wenig sensiblen Herangehensweise besteht die Gefahr, dass man die Loyalitätserwartungen unbeabsichtigt steigert. Die sinnbildliche Botschaft, »Lassen Sie doch bitte Ihre Kinder los«, kann sich wie ein Todesstoß anfühlen, wenn man sich im Moment an nichts anderem mehr festhalten kann als an den Kindern.

Aus der Perspektive der Eltern hatte der ganze Stress der Migration nur Sinn, wenn beide Erwartungen erfüllt werden. Und Kinder wollen ihre Eltern natürlich nicht enttäuschen. Aber sie können beide Erwartungen nicht gleichzeitig vollständig erfüllen. Auf verschiedenen Ebenen kommt es zu Konflikten innerhalb der Migrantenfamilien.

Es wird aber noch komplizierter. Die Heranwachsenden müssen mit den beschriebenen Spannungsfeldern umgehen und tragen häufig eine viel größere Verantwortung, als es Gleichaltrige tun, deren Eltern nicht selbst migriert sind. Denn häufig ist es so, dass die Kinder nicht nur die Amtssprache besser sprechen und daher für die Eltern Gespräche übersetzen und Formulare ausfüllen, sondern zusätzlich permanent ihren Eltern die neue Heimat erklären, Orientierung bieten und sie manchmal trösten müssen. In Migrantenfamilien sind die Rollen zwischen Kind und Eltern weitgehend anders verteilt: Die Kinder kennen mehr Menschen im neuen Land, sie kennen sich auch in vielen Bereichen besser aus und ihre Eltern sind genauso stark auf sie angewiesen wie umgekehrt. Wer verstehen will, weshalb Migrantenkinder ihren Eltern treu bleiben, die Welt nicht ganz eigenständig erkunden, nicht so stark oder nicht so früh wie andere nach Selbstverwirklichung streben, muss verstehen, dass diese Kinder für die Stabilität der Familie Mitverantwortung tragen. Deshalb halten sie den Eltern zuliebe sehr lange selbst dann noch an Regeln fest, wenn sie selbst nicht (mehr) von ihnen überzeugt sind. Sie tragen Verantwortung. Dann hat es tatsächlich Sinn, an Regeln und Idealen festzuhalten, die aus einer anderen Zeit und einem anderen Land stammen, selbst dann, wenn man weiß, dass diese Regeln im Hier und Jetzt keinen Sinn ergeben. Gleichzeitig müssen Regeln und Ideale nach und nach verschoben werden, um im Hier und Jetzt handlungsfähig zu bleiben. Dies geschieht häufig langsam und im Verborgenen. Lange wird nach innen der Schein gewahrt und nach außen experimentiert. Zu Konflikten kommt es dennoch, denn es ist praktisch unmöglich, alle Erwartungen zeitgleich vollständig zu erfüllen.

Zugleich erleben Heranwachsende ähnlich widersprüchliche Erwartungen auch in der äußeren Sphäre, die sich als

Differenzdemonstration auf der einen und als Anpassungsaufforderung auf der anderen Seite skizzieren lässt.[55] So werden etwa regelmäßig interkulturelle Events veranstaltet, bei denen sich bereits Kinder aufgefordert fühlen, ihre Differenz zu demonstrieren. Am Beispiel eines interkulturellen Frühstücks lässt sich dies illustrieren: Eine Erzieherin fordert die Kinder auf, für das geplante interkulturelle Frühstück Typisches aus der Heimat mitzubringen. Das Frühstück verläuft gut, die Erzieherin ist zufrieden. Eine anschließende Befragung der Kinder ergibt: Manche Kinder wussten nicht, was in der Heimat der Großeltern gefrühstückt wird, andere wissen, dass in der Heimat gar nicht gefrühstückt wird, viele frühstücken selbst am liebsten Nutella oder Cornflakes – dennoch bringen die Kinder Schafskäse, Oliven, gefüllte Weinblätter usw. mit, um die nette Pädagogin nicht zu enttäuschen. Sie sind es also nicht nur gewohnt, ihre Differenz zu demonstrieren, sondern sie haben gelernt, Erwartungen der Differenz zu erfüllen. Für manche Kinder ist das ambivalent, für andere ist es positiv, weil sie das Gefühl haben, wahrgenommen zu werden. Das Frühstück und die Botschaft dieses Frühstücks sind nicht das Problem. Das Problem ist, dass sich diese Maßnahmen lediglich auf die gemütliche Seite der Differenz beziehen, nicht aber auf die negativen Folgen der Differenz.

Die Vielfalt wird nämlich von Kindern und Jugendlichen nicht selten als Fremdheit, Ausschluss oder Diskriminierung erlebt. Diese negativen Seiten der Differenz lassen sich weniger leicht, regelmäßig und institutionalisiert zur Sprache bringen, sind aber ähnlich prägend und bedeutsam. Die unscheinbare Frage etwa »Wo kommst du (eigentlich) her?«

meint »Du bist ein Anderer«, kann aber entweder wohlwollend gemeint sein und aus einem authentischen Interesse herrühren oder negativ konnotiert bis ausgrenzend gemeint sein. Letzteres mündet dann nicht selten in diffuse Anpassungsaufforderungen. Die Demonstration von gewünschter Differenz und Aufforderung zur Angleichung bleiben häufig gleichermaßen abstrakt und diffus.

Von zwei Sphären kommen jeweils widersprüchliche Erwartungen und Anforderungen, beide Seiten schubsen und ziehen gleichermaßen. Die Heranwachsenden erleben diese Erwartungen in der Regel als doppeltes Dilemma. Man könnte auch sagen: Es handelt sich um zwei widersprüchliche Erwartungspaare, die lediglich in ihrer Widersprüchlichkeit zusammenpassen. Diese paradoxe Situation, die den Charakter eines doppelten strukturellen »Double Bind« hat, bildet den Kern des Migrationsspezifischen für Heranwachsende.

Die Erfolgreicheren sind ihren Eltern gegenüber weniger loyal, sie müssen neue Wege gehen. Die weniger Erfolgreichen bleiben loyaler, aber auch sie reproduzieren nicht einfach nur das Leben ihrer Eltern. Manche Eltern schaffen es mit der Zeit, neue Wege zu gehen, andere nicht. Die zweite Generation ist anders als die Migrant:innen, aber sie ist auch anders als die gleichaltrigen Alteingesessenen, weil sie unter anderen Rahmenbedingungen aufgewachsen ist. Und gleichzeitig ist die zweite Generation sehr heterogen. Und die dritte Generation umso mehr.

Gerade die gut Integrierten haben viele Konflikte mit der Familie und der konservativen Community in Kauf genommen, haben sich in bestimmten Bereichen angepasst, in anderen nicht. Sie sind gewissermaßen Hybride. Sie haben in verschiedenen Sphären gelebt, in einem doppelten Dilemma eine Balance gefunden und sind handlungsfähig geblieben. Diese Balance kann sehr unterschiedlich aussehen. In jedem Fall haben sie Konflikte und Herausforderungen in der inneren und äußeren Sphäre bewältigt, haben sich an den Tisch gesetzt und wollen nun dazugehören.

Da die Rezeptur des Kuchens und die Tischregeln nicht auf ihre Bedürfnisse, auf ihren Geschmack eingestellt sind, mischen sie sich ein. In Deutschland ist das beispielsweise die Frage: Was ist deutsch? Wer ist deutsch? Gehört der Islam zu Deutschland? Was bedeutet Heimat? Sie mischen sich also in die Selbstbeschreibung und in die nationale Identität ein. Sie haben die Identität ihrer Herkunft teilweise aufgegeben. So entsteht etwas Neues. Passt dieses Neue nicht zu dem Bestehenden, gibt es Neuaushandlungen darüber, wie Rezeptur und Regeln aussehen sollen. Das Wir wird ausgehandelt. Es geht um die Selbstbeschreibung der Gemeinschaft von Menschen, die am Tisch sitzen. Fühlen sie sich am Tisch nicht willkommen und »ebenbürtig«, verursacht dies regelrechten Schmerz. Am Tisch tun Ablehnung und Ausgrenzung mehr weh als auf dem Boden.[56] Wer Loyalitätserwartungen der Herkunft enttäuscht und Mühen auf sich genommen hat, muss hohe Erwartungen an Teilhabe haben. So schließt sich der Kreis.

Identitäten verändern sich

Für die in Deutschland geborenen und aufgewachsenen Migrantenkinder stellt sich die Identifikation mit dem Herkunftsland ihrer Eltern auf der einen Seite und ihrer eigenen Heimat auf der anderen Seite ganz unterschiedlich dar. Entsprechend variieren die nationalen Identitäten in der zweiten Generation. Die folgenden Aussagen stehen exemplarisch für typische Haltungen und Gefühle.

Typus 1: »In die Schule zu gehen, zu den Deutschen, das war 'ne Pflichtveranstaltung. Wo ich mich wohlgefühlt habe, das war immer bei meinen Schwarzköpfen in meiner Straße. Türkische Kanaken halt!«

Typus 2: »Dann habe ich gesagt: Leute, ich bin Türke aus dem Ruhrpott. Türke ist Identität, Pott is Heimat. Feierabend!«

Typus 3: »Als ich länger in Kanada war … war schon komisch. Zum Beispiel habe ich dort mit Türken geredet, das war cool. Und dort waren Deutsche, das war auch cool. Ich bin wie die und wie die. Irgendwie auch nicht. Versteht man nich …«

Typus 4: »Ich bin kein Biodeutscher, aber trotzdem bin ich Deutscher, aber wie soll das gehen, wenn man das nicht sagen kann. Wenn ich sage ›Ich bin Deutscher‹, dann kommt die Frage: ›Und wo kommst du wirklich her?‹ Manchmal antworte ich: ›Also ich war viermal in der Türkei, dreimal in Spanien und bestimmt zwanzigmal in Holland. Und ich bin in Deutschland geboren und habe immer hier gelebt. Und du weißt, dass ich Kemal heiße. So, sag du mir doch, was ich bin!‹ Das ist bescheuert, oder? Es geht besser zu sagen: ›Ich bin Türke.‹ Wenn ich sage: ›Ich bin Deutscher‹ – das finden die türkischen Leute nicht gut. Und die Deutschen lassen das nicht richtig zu. In diesem Land stimmt doch was nicht! Alle wollen es einfach, es ist aber nicht einfach!«

Typus 5: »Und weißt du, irgendwann reicht's. Es entscheidet niemand darüber, wer oder was ich bin. Ich bin Deutscher, wenn ich das sage. Und wenn sich einer wundert und mir so kommt ›Sie sprechen aber gut Deutsch‹ oder ›Wo kommen Sie denn her?‹, dann sag ich: ›Sach ma, wo kommst du denn her? Wo warst du die letzten fünfzig Jahre?‹ Deutschland ist kein Museum.«

Diese fünf Typen bilden exemplarisch die gesamte mögliche Bandbreite zwischen »türkisch« und »deutsch« ab. Von einer Abgrenzung zu und Abwertung von Deutschen (1) über mehr oder weniger diffuse oder verbindende Zwischenformen (2–3) bis hin zu einer aktiven Mitgestaltung dessen, was deutsch ist (4–5). All das ist möglich. Keine dieser Aussagen kann von Menschen ohne internationale Familiengeschichte kommen. Sie können selbstverständlich »halt deutsch« sagen und es genauso selbstverständlich meinen. Und genau dieses »halt deutsch« fehlt in der Skala der Internationalen.

Noch entscheidender ist aber, dass all diese Typen auch in einer Person möglich sind. Alle fünf Aussagen kommen nämlich von ein und demselben Menschen und spiegeln eine einzige Biografie wider. Ich nenne ihn Kemal. Kemals nationale Identifikation lässt sich an den fünf Aussagen chronologisch zeigen. Zuerst die Kindheit, dann die frühe und spätere Jugend, schließlich als junger Erwachsener und zuletzt als Erwachsener. Kemal hat sich immer wieder neu gefunden, manchmal ohne gesucht zu haben. Konfliktreich waren die beiden letzten Schritte. Und insbesondere für den letzten Schritt muss er sich bei der Bestimmung einmischen, was deutsch ist, damit es passt. Der letzte Schritt ist kein großer mehr, aber wahrscheinlich der schwierigste.

Die meisten Angehörigen der zweiten Generation »starten« bei Typus 1 und bewegen sich im Zeitverlauf »vorwärts«. Kaum jemand bleibt bei 1 stehen, bei Weitem nicht alle kommen bis 5, aber es werden zunehmend mehr. Wir reden hier von der Champions League der Integration: die emotionale Integration.

Dass das Wort emotional hier wirklich genau richtig ist, habe ich selbst erlebt. Bis zum Anfang meines Studiums hätte auch ich nie gesagt: »Ich bin Deutscher.« Dann sagte einer meiner besten Freunde zu mir: »Ey, jetzt hör doch auf mit dem Theater. Du bist doch Deutscher wie alle anderen auch.« Dieser unscheinbare Satz machte mich aggressiv. Es entstand ein kontroverses Gespräch, und ich blieb dabei, dass ich kein Deutscher sei. Wir saßen in unserem Wohnzimmer. In der Wohngemeinschaft in Bochum lebten wir zu viert – zwei »Biodeutsche« und zwei »Araber«. Anlass für das Gespräch war irgendein Fußballspiel der deutschen Nationalmannschaft. Ich war gegen Deutschland. Nicht, weil ich für die andere Mannschaft gewesen wäre, sondern weil ich einfach gegen Deutschland war. Es war egal, wer gegen Deutschland spielte.

Dieses Gespräch hat mich noch Monate beschäftigt. Natürlich hatte mein Freund und Mitbewohner irgendwie recht: Geburtsort, Staatsangehörigkeit, Sprache, Abitur, Wehrdienst und Lebensmittelpunkt – alles deutsch.

Kognitiv sprach alles für deutsch, aber emotional fast nichts. Es dauerte dann noch mal ein paar Jahre, bis ich so weit war wie Kemal. Ansonsten habe ich kaum Gemeinsamkeiten mit ihm. Kemal ist ein Gastarbeiterkind, ich bin eher privilegiert aufgewachsen. Unsere Eltern unterscheiden sich in der Konfession, der Religiosität und der nationalen Herkunft. Seine Eltern kommen aus der Türkei, und Religion spielt in seinem Elternhaus keine Rolle. Meine Familie ist ziemlich religiös. Wir sind in verschiedenen Städten aufgewachsen und haben uns auch erst mit Anfang dreißig kennengelernt. Diese starke Gemeinsamkeit bei so vielen Differenzen hat mit der Migration unserer Eltern und den Verhältnissen in Deutschland zu tun.

In den gemeinsamen Gesprächen ist uns noch etwas aufgefallen. Unsere Eltern haben immer von ihrer Heimat gesprochen, als sei sie ein Paradies. Und über Jahrzehnte hinweg hielten sie an der Idee fest, dass die gesamte Familie eines Tages in diese Heimat zurückkehren würde. Sowohl die Idealisierung der Herkunft als auch die Rückkehroption sind typisch für Migrant:innen – nicht nur für Gastarbeiter.innen, auch wenn es auf sie besonders zutrifft.[57] Dadurch fällt der Stress weniger schwer, denn es gibt einen Ausweg, einen guten Plan B. Für die Kinder wird es dadurch sicher nicht leichter, denn sie folgen sehr lange der Doppelorientierung ihrer Eltern, während sie ein weitgehend anderes Leben und insbesondere eine andere Kindheit leben.

Einige Migranten kehren irgendwann tatsächlich in die Heimat zurück. Sehr viele jedoch nicht. Mein Onkel, der jahrzehntelang in Berlin lebte, zog die Rückkehrkarte mit dem Eintritt ins Rentenalter. Nach einem Jahr kehrte er zurück und sagte: »Berlin ist der schönste Ort der Welt. Ich bin Deutscher«, und lachte laut. Er ist der erste Mensch, den ich kenne, der erst im Erwachsenenalter nach Deutschland gekommen ist und den zweiten Satz sagt. Um zu erkennen, was seine Heimat ist, musste er als Rentner in die alte Heimat zurück. Dieser Realitätscheck hat nur zu einem kleineren Teil damit zu tun, dass sich die alte Heimat verändert hat. Viel stärker hat er sich verändert: Das erste Drittel seines Lebens verbrachte er in Syrien und danach doppelt so viele Jahre in Deutschland. Was aber zeigt das Lachen? Lachen ist eine Form der Distanzierung. Er sagt den zweiten Satz, aber muss laut lachen, weil die Aussage ansonsten zu absurd klingt. Ist es Ironie oder Ernst? Es ist ein Hybrid, sowohl als auch und weder noch. Es ist Ausdruck eines schwierigen Lebens, das durch Migration geprägt ist, das sich gleichzeitig gelohnt und sehr viel gekostet hat.

Selbstorganisationen

Migrant:innen sind anders als Nicht-Migrant:innen. Migrantenkinder sind anders als Nicht-Migrantenkinder. Es gibt innerhalb der Migrantengruppen gemeinsame Erfahrungen und ähnliche Konflikte, die einem totalen Aufgehen in Deutschland im Wege stehen. Diese haben mit den Familien und der deutschen Gesellschaft gleichermaßen zu tun. Daher finden sich Menschen mit internationaler Geschichte häufig zusammen, haben gemeinsame Interessen und organisieren sich.

Damit ist aber noch nicht gesagt, nach welchem Kriterium sie sich organisieren und mit welchen Zielen oder Standpunkten. So gibt es kaum große Verbände, aber Tausende kleinere Zusammenschlüsse. Dazu zählen die zahlreichen »typischen« national oder ethnisch strukturierten Migrantenselbstorganisationen, wie etwa türkische, kurdische, marokkanische, italienische, russische, griechische, iranische, portugiesische, bosnische, koreanische oder tamilische Vereine. Nicht selten sind sie weiter gefasst, so etwa arabische oder afrikanische Vereine. Viele Gruppierungen sind religiös orientiert, wie etwa alevitische, hinduistische, jesidische, jüdische, schiitische, sunnitische oder islamische Gemeinden. Daneben gibt es spezifische Kombinationen, wie etwa Vereine für arabische Christen, syrische Ärzte, türkisch-deutsche Studierende und Akademiker:innen, vietnamesische Unternehmer:innen oder Jugendliche ohne Grenzen, einen Zusammenschluss von jugendlichen Flüchtlingen. Man geht davon aus, dass es bundesweit mehr als 20.000 solcher Migrantenselbstorganisationen gibt.[58]

Immer stärker bilden sich übergreifende Vereine, in denen alle Deutschen gemeinsam an den Zielen der Migrationsgesellschaft arbeiten, etwa Deutscher.Soldat. e. V., DeutschPlus e. V., Initiative Schwarzer Menschen in Deutschland Bund e. V. oder Neue Deutsche Medienmacher. Sie selbst bezeichnen sich als Neue Deutsche Organisationen und grenzen sich damit von dem Prinzip ab, dass Menschen mit internationaler Geschichte in Migrantenselbstorganisationen gehören und Menschen mit nationaler Geschichte in deutsche Vereine. Wieder andere sind in den etablierten politischen Parteien, Gewerkschaften, Kultur-, Unternehmer- und Berufsverbänden aktiv und organisieren sich innerhalb dieser gewachsenen Strukturen in Untergruppen, um ihre Interessen zu bündeln.

All diese verschiedenen Organisationen und Gruppen spiegeln die verschiedenen Bedürfnisse und Interessen von in Deutschland lebenden Menschen wider. Dazu gehören die Kulturpflege mit Tanz, Musik, Literatur, Sprache und Ernährung, die organisierte Begegnung, Beratung und Pflege von sozialen Netzwerken, die Sport- und Freizeitgestaltung, die Stärkung der religiösen Gemeinschaft oder auch nur die organisierte Selbsthilfe in bestimmten Lebenslagen. Andere legen den Schwerpunkt auf Unterstützungsnetzwerke und wechselseitige Förderung in bestimmten Branchen oder Berufsfeldern.

Diese enorme Vielfalt an Organisationen und Interessen repräsentiert nicht nur die Realität der Migrationsgesellschaft, sondern belegt zudem den Prozess der Integration. Denn zum einen wird hier dem Motto »Treffen sich drei Deutsche, gründen sie einen Verein« gefolgt und immer professionellere Vereins-, Verbands- und Lobbyarbeit im deutschen Stil gemacht. Man muss dabei immer bedenken, dass es eine solche Tradition des institutionalisierten Zusammenschlusses in den meisten Herkunftsländern nicht gibt. Zum anderen lässt sich in nahezu allen Organisationen eine zunehmende Verlagerung der Ausrichtung von den Herkunftsländern hin zu dem Ankunftsland, also Deutschland, erkennen. Die Schwerpunktverschiebung ist dabei natürlich unterschiedlich stark ausgeprägt. Während bei den Neuen Deutschen Organisationen die Arbeit vollständig auf das Leben in und die Zugehörigkeit zu Deutschland ausgerichtet ist, bewegen sich die klassischen Migrantenselbstorganisationen von einem ethnisch oder kulturell geprägten Ausgangspunkt immer stärker auf das Leben in Deutschland zu. Beides – die Selbstvertretung und der Bezug zu Deutschland – ist heute um ein Vielfaches stärker als noch vor zwanzig Jahren, als aufgrund fehlender Selbstvertretungen etwa noch Claudia Roth die Interessen von Minderheiten vertreten musste.

Die Interessenvertretungen kommen also dadurch zustande, dass Menschen, die zuvor nicht Teil des Ganzen waren, nun dazugehören wollen, nach Anerkennung streben und sich aktiv beteiligen. Gleichzeitig sind diese »Neuen« höchst unterschiedlich, was durch die Sammelbezeichnung »mit Migrationshintergrund« verschleiert wird. Verschiedene Herkünfte, verschiedene Sprachen, verschiedene Bildungsniveaus, verschiedene Generationen, verschiedene Interessen, verschiedene Wohnorte und Regionen kommen in unterschiedlich gut organisierten Gemeinschaften zusammen. Und gleichzeitig gibt es sehr viele, die sich aus Überzeugung oder aus der fehlenden Notwendigkeit nicht organisieren und einen eigenen Weg gehen. Alles ist möglich.

Gerade diejenigen, die sich nicht organisieren, stört es häufig, wenn in der Öffentlichkeit der Eindruck erweckt wird, bestimmte Organisationen sprächen für »die« Migranten oder »die« Minderheiten oder »die« Muslime. Die Problematik, dass wir in Deutschland ein historisch gewachsenes System von organisierten Interessenvertretungen haben, in dem Kollektive und Institutionen für alle verhandeln, wird uns noch viele Jahre beschäftigen.

Schließungstendenzen aus allen Richtungen

Zusammenschlüsse von Minderheitenangehörigen sind in der Regel konventionell. Organisationsform und Stoßrichtung sind auf Teilhabe in der Gesellschaft ausgerichtet. Es geht manchmal darum, einen Platz am Tisch zu bekommen, und nicht selten auch darum, herkunftsunabhängige Koalitionen am Tisch zu bilden. Gleichzeitig gibt es Gegenbewegungen aus allen Richtungen. Diese Bewegungen sind manchmal nationalistisch, manchmal religiös-fundamentalistisch, manchmal beides. Sie könnten im Kern nicht unterschiedlicher sein, aber dennoch teilen sie eine zentrale Gemeinsamkeit: Sie zweifeln an der Legitimation des Tisches. Es sind nicht Gruppierungen, die Teil der offenen Gesellschaft sein wollen, sondern Akteure, die sich gegen die offene Gesellschaft positionieren.

Die Reichsbürgerbewegung zweifelt an der Existenz eines souveränen deutschen Staats, die Identitäre Bewegung geht von einer geschlossenen europäischen Kultur aus. Salafistische Gruppen orientieren sich an der Gründerzeit des Islams. Es ließen sich weitere nationalistische Strömungen aus dem In- und Ausland nennen oder auch antisäkulare Gruppen verschiedener Religionen, etwa Evangelikale.

All das sind radikale Richtungen, weil sie soziale Bewegungen der Schließung in der offenen Gesellschaft sind. Radikal lässt sich als »ein Problem an der Wurzel packen« begreifen. Während in geschlossenen Gesellschaften, also in der Vergangenheit, die radikalen Bewegungen liberal waren und nach Offenheit strebten, muss es in offenen Gesellschaften andersherum sein: Als radikal erscheint eine

Bewegung nur, wenn sie die Offenheit kategorisch ablehnt oder wenn sie mit radikalen Mitteln, insbesondere mit Gewalt, operiert. Besonders bedrohlich wird es, wenn beides der Fall ist. Hingegen erscheinen Bewegungen und Akteure, die ohne den Einsatz von Gewalt nach mehr Offenheit streben oder die offene Gesellschaft weiterentwickeln wollen, als harmlos oder gar sympathisch – man denke an die Occupy-Bewegung, die Piraten-Partei oder Studentenproteste gegen Studiengebühren. Solche Bewegungen ersticken unter Sympathiebekundungen von allen Seiten.[59]

Bewegungen gegen die offene Gesellschaft müssen im Kern demokratiefeindliche Elemente haben, sie sind aber nicht zwingend gewaltorientiert oder gar illegal. In der Regel sind sie international vernetzt, da die offene Gesellschaft ein internationales Phänomen ist, und haben hoch motivierte Mitglieder, weshalb sie oft mehr Aufmerksamkeit erlangen, als es ihre Größe und Bedeutung rechtfertigen würde. Die Überrepräsentanz im öffentlichen Diskurs hat dann aber indirekt doch einen starken Einfluss. Nationalistische Tendenzen haben auch die gesellschaftliche Mitte und damit den gesamten Diskurs nach rechts verschoben. Religiös fundamentalistische Tendenzen haben entsprechend auch Einfluss auf die religiöse Mitte.

Salafismus als Jugendprotest

Da rassistische Tendenzen, die als Triebfeder für rechte und nationalistische Schließung verstanden werden können, bereits ausführlich thematisiert wurden, möchte ich das Prinzip von Schließungstendenzen am Beispiel der salafistischen Jugendbewegung darstellen. Ich selbst habe mich vor einigen Jahren verblüfft gefragt: Wie kann es sein, dass eine Ideologie, die es seit einer gefühlten Ewigkeit gibt, gerade heute bei Jugendlichen in Westeuropa einen Aufschwung erlebt? Warum sehnen sich junge Männer und Frauen mit internationaler und ohne internationale Geschichte ins frühe Mittelalter zurück und bilden damit eine der dynamischsten gegenwärtigen Jugendbewegungen?[60]

Jugendliche neigen dazu, sich von Vorgängergenerationen abzugrenzen. Dabei können extreme Gegenpositionen zutage treten. Ein veränderter Lebensstil ist hierfür typisch. Kleidung, Frisuren, Drogen und Musik sind häufig sinnlich wahrnehmbarer Ausdruck von Abgrenzung und Provokation. So war es bei der Studentenbewegung, den Punks, der Hip-Hop-Kultur. Es handelte sich um soziale Bewegungen oder Subkulturen, die sich gesellschaftskritisch für eine Öffnung der Gesellschaft einsetzten. Und heute? Jugendliche haben kiffende Lehrer:innen und Eltern mit Piercings und gefärbtem Haar. Adelige Bundesminister gehen auf Heavy-Metal-Konzerte, First Ladys sind tätowiert. Sex, Drugs and Rock'n' Roll – dieser in die Jahre gekommene Spirit der Rebellion lässt sich heute bestenfalls noch auf Ü-40-Partys finden. Alle Kombinationen von Sex, Rauschmitteln und Musik hat es schon gegeben.

Worin steckt heute das größte Provokationspotenzial? Es sind Schließungstendenzen, die sich in der religiös-fundamentalistischen Szene durch Gesellschaftskritik, Askese und Nostalgie ausdrücken. Strenge Kleiderordnung, reglementierte Sexualität und Konsumverzicht – in unserer Vorstellung müsste das eigentlich reines Gift für eine Jugendbewegung sein. Die salafistische Ideologie basiert auf einer Rückbesinnung auf die Gründerzeit des Islams. Askese und Nostalgie gepaart mit einem selbstbewussten kollektiven Auftreten bedeuten heute Rebellion. Mit einer eigenen Ästhetik und großer Technologieaffinität ist es aber keine vollständige Reproduktion des Gewesenen. Es gibt Alltagsrituale und große Events. Auch Islamseminare mit jugendspezifischen Inhalten werden angeboten. Dagegen sehen die etablierten Islamverbände derzeit blass aus: Sie sind Institutionen der Erwachsenen – konventionell, defensiv und langweilig.

Die salafistische Bewegung ist für einige Jugendliche in Deutschland attraktiv. Diskriminierungs- und Ausgrenzungserfahrungen auf der persönlichen Ebene, aber auch nationale und internationale Entwicklungen spielen zusammen. Muslime sind international zu Feindbildern geworden. Sich über sie auszulassen, ist selbstverständlich. Das zwingt viele Muslim:innen in eine defensive Haltung, in der sie ihre Religion klarstellen und zurechtrücken müssen – ein mühsames Geschäft, das einem niemand dankt und das bei dieser Gemengelage vielleicht sogar zum Scheitern verurteilt ist. Die anderen, häufig kaum religiösen, aber als Muslim:innen optisch wahrgenommenen »Fremden« treibt es in die Offensive. »Wenn schon, denn schon« oder »Jetzt erst recht!« – das sind jugendtypische Reaktionen auf ablehnende Fremdzuschreibungen.

Vor dem Hintergrund persönlicher Erlebnisse werden dann nationale und globale Ereignisse wahrgenommen. Muslime sind die Bösen, solange sie kein Buch gegen den Islam schreiben oder wichtige Geschäftspartner sind. In Syrien und im Irak wurde der »Westen« erst richtig aktiv, als Nicht-Muslime bedroht oder ermordet wurden. Ein Beispiel einer »Predigt« eines deutschen Salafisten vor Jugendlichen vor einigen Jahren:

> Brüder, eure Eltern, das sind doch nette Menschen. Die haben niemandem was getan. Haben die das verdient, behandelt zu werden wie Abschaum? Haben diese alten Menschen verdient, arm zu sein, kein Geld, kein Ansehen und einen kaputten Rücken von der ganzen Arbeit zu haben? Guckt euch doch an, was eure Eltern sich für Mühe gegeben haben, was sie alles geleistet haben. Und jetzt, liebe Brüder, wo stehen sie jetzt? Ist das gerecht? Erklärt mir das! Aber, Brüder, wir brauchen nicht über eure Eltern zu sprechen. Ihr selbst seid doch nette Menschen. Alle Geschwister, wie sie hier sitzen. Und jetzt erklärt mir, warum alle meinen, mit euch würde etwas nicht stimmen. Brüder, erklärt mir, wie es sein kann, dass ihr alle in der Schule oder beim Arbeitsamt oder in der Ausbildung irgendwie vielleicht zurechtkommt. Aber, Brüder, werdet ihr mit Respekt behandelt? Macht ihr in eurem Leben etwas Sinnvolles? Braucht ihr dieses ganze dumme Zeugs, teure Uhren, Schuhe, Goldketten? So viele Brüder nehmen Drogen und dealen. Schlafen mit Frauen für Geld. Brüder, das ist doch kein Leben. Guckt euch diese Leute an, die sind alle

älter als ihr. Sind die glücklich? Sagt mir, sehen die glücklich aus? Brüder, sagt mir bitte, sind das Vorbilder? Was ist das für eine Gesellschaft? Alles dreht sich um Geld. Verkauf Drogen, du bekommst Geld. Verkauf deinen Körper, du bekommst Geld. Verkauf deine Seele, du bekommst Geld. Wofür das Geld? Damit du dir dieses überflüssige Zeug kaufen kannst, was dich nur noch unglücklicher macht. Und dann sind überall auf der Welt Menschen, die hungern. Egal, wir machen hier weiter. Egal, wir zerstören so unseren Planeten. Jeder für sich alleine. Keine Gemeinschaft, kein Sinn, keine Würde. Egal, egal, alles egal. Die Leute werden betäubt damit. Brüder, die Menschen kriegen gar nicht mehr mit, dass etwas falsch läuft. Wenn ihr euch dabei unwohl fühlt, wenn ihr das Gefühl habt, dass hier etwas nicht richtig läuft. Wenn ihr meint, hier stimmt doch was nicht. Wenn ihr das fühlt, dann lebt eure Seele noch. Dann seid ihr noch gesund in dieser kranken Gesellschaft. Nicht mit euch stimmt was nicht. Hier stimmt was nicht. Brüder, überall, wo wir Muslime dieses Spiel mitspielen, werden wir schwach. Überall werden wir verarscht. Warum? Weil wir das Spiel der Ungläubigen mitspielen. Aber das ist nicht unser Spiel. Wir müssen zurück zu unserem Glauben. Wir müssen uns ernst nehmen. Gemeinschaft und Glaube, meine Brüder. Das ist die Botschaft Gottes. Das hat uns stark gemacht. Seitdem wir das nicht mehr ernst nehmen, sind wir schwach. Und die anderen sagen, wir wären gefährlich. Warum meinen die das? Weil wir sagen, dass wir dagegen sind, dass Menschen ihren Körper, ihre Seele verkaufen? Weil wir sagen, dass wir dagegen sind, dass Menschen ihren Körper und ihre Seele betäuben. Deswegen sind wir gefährlich? Was ist hier bitte los, Brüder? Da beschimpft jemand Allah und seinen letzten Propheten. Was passiert? Er wird ein Superstar, Brüder, in dieser Gesellschaft wird er ein Superstar. Er wird reich, bekommt Anerkennung, er ist beliebt. Und wir sind gefährlich, wenn wir die Probleme unserer Brüder ansprechen? Was? Wir sind den Leuten egal. Muslime sind denen egal. Wenn unsere Brüder in Tschetschenien sterben, in Syrien, im Irak, wen hat das interessiert? Ich frage euch, was haben sie getan? Wenn irgendwo in der Welt zwei europäische Christen sterben, sind die Fahnen auf halbmast. Wenn 2000 unserer Brüder sterben, es interessiert doch niemanden. Ihr interessiert niemanden. Aber ihr solltet euch für euch und eure Brüder interessieren. Wir alle müssen zurück zu unserem Glauben, zur Wahrheit, zum wahren Islam. Wir müssen uns ernst nehmen. Gemeinschaft und Glaube, meine Brüder. Das ist die Botschaft Gottes. Das hat uns damals stark gemacht, und das macht euch heute wieder stark.

Eine Argumentation gegen die offene Gesellschaft würde bei in Deutschland aufgewachsenen Jugendlichen kaum fruchten. Daher wird die offene Gesellschaft hier nicht direkt und allgemein abgelehnt. Auch das Grundgesetz wird in keiner Weise angegriffen. Vielmehr werden gesellschaftliche Probleme angesprochen und islamfeindliche Tendenzen in den Vordergrund gestellt. Es geht um Doppelmoral und um die Bereiche, in denen es tatsächlich noch Handlungsbedarf gibt. Während die Darstellung der Situation zwar einseitig, aber nicht falsch ist – deshalb fühlen sich die Jugendlichen angesprochen –, wird es hoch problematisch bei der

Auflösung der Argumentation. Der Kern der Überzeugungskraft lässt sich folgendermaßen zuspitzen: Heute sind Muslime schwach, werden ausgegrenzt und obendrein kritisiert. Warum ist das so? Weil sie ihre Religion nicht ernst nehmen. Wann waren Muslime stark? Als sie ihre Religion ernst nahmen. Was ist zu tun? Zurück zum Glauben finden.

Gerechtigkeitsdefizite sind der zentrale Kern der Ansprache. Es handelt sich zunächst um eine Gesellschaftskritik, die nicht die offene Gesellschaft per se infrage stellt, sondern bestimmte Verhältnisse innerhalb der offenen Gesellschaft. Genau diese Aspekte sprechen sehr viele Jugendliche an. Erst der Gegenentwurf wendet sich gegen die offene Gesellschaft und erscheint dann nur noch für einen Bruchteil von jungen Menschen attraktiv. Und der Gegenentwurf der Salafisten ist denkbar einfach: In der Vergangenheit liegt der Generalschlüssel – eine neue Zukunftsidee gibt es nicht. Der Salafismus besitzt aber für Orientierungssuchende eine kollektive Strategie aus einem Guss: zurück in die Zeit, in der alles vermeintlich gut war, zurück zu den Wurzeln: klare Regeln, eindeutige Zugehörigkeiten, nicht hinterfragbare Wahrheiten und gar der sichere Weg ins Paradies. Das sind Dinge, für die es sich – aus der Perspektive einiger Jugendlicher – einzusetzen lohnt. Das gibt eine starke Orientierung und kanalisiert den jugendtypischen Handlungsdrang in eine bestimmte Richtung: das Missionieren, ein göttlicher Auftrag. Wer heute mitmacht, der gehört zur Avantgarde eines sich selbst als progressiv verstehenden globalen Projekts.

Für junge Frauen kann der Einstieg in die salafistische Szene auch auf das Bedürfnis nach Emanzipation hinweisen. Häufig wachsen Mädchen in konservativen, aber kaum religiösen Familien auf, in denen ihren Brüdern sehr viele Freiheiten eingeräumt werden, während man von ihnen Sittlichkeit und Zurückhaltung erwartet. In der salafistischen Szene gelten hingegen strenge Regeln für Mann und Frau. Daher erleben viele junge Frauen in dieser Jugendbewegung ein höheres Maß an Gleichstellung als in ihren zum Teil resignierten Herkunftsmilieus. Dann ist es tatsächlich ein Mehr an Gleichstellung, auch wenn es eine Gleichstellung »nach unten« ist.

Diese fundamentalistische Bewegung hat für die meisten Jugendlichen einen gewissen Bezug zur eigenen Herkunft. Gleichzeitig wird die Religion deutlich strenger praktiziert, als es die eigenen Eltern tun. Und: Die Salafisten sprechen Deutsch, viele als Muttersprache. Wie so häufig sind auch hier Konvertiten besonders engagiert, genießen aber nicht nur deshalb einen besonderen Stellenwert. In ihnen steckt das größte Provokationspotenzial, wodurch sie für die Öffentlichkeitsarbeit unverzichtbar werden. Zugleich prallt der schräge Desintegrationsdiskurs an ihnen gänzlich ab.

Die historisch seltene Konstellation, als junger Mensch mit radikaler Askese und Nostalgie provozieren zu können, bietet einen Resonanzboden für Jugendliche, die sich ausgegrenzt oder nicht zugehörig fühlen: Aus der Not wird eine Tugend. Wer sich ausgegrenzt fühlt, gibt nicht viel auf, wenn er sich einer radikalen Gruppe anschließt. Im Gegenteil: Aus dem Gefühl der Ohnmacht werden Selbstbestimmtheit und Stärke. Entsprechend lässt sich vermuten, dass ungleiche Teilhabechancen auf der einen und Islamfeindlichkeit auf der anderen Seite das Provokationspotenzial steigern und dadurch zu einer anhaltenden Attraktivität salafistischer Gruppen beitragen. Vor diesem Hintergrund spielen sich Salafisten und islamfeindliche Gruppen also die Bälle gegenseitig zu – im Spiel gegen die offene Gesellschaft.

Die meisten salafistischen Gruppen verfolgen eine religiös-fundamentalistische Ideologie, die durchaus politisch ist, sie sind aber nicht zwingend gewaltbereite oder terroristische Organisationen. Ähnliches lässt sich auch über die islamfeindlichen und nationalistischen Tendenzen in Deutschland sagen. Religiös begründeter Terrorismus ist zweifelsfrei ein Sicherheitsproblem – Gleiches gilt für rechtsextremen Terrorismus, der viel zu selten als Terrorismus bezeichnet wird. Für die offene Gesellschaft können aber die nicht gewaltbereiten religiösen, nationalistischen und rassistischen Bewegungen eine Gefahr darstellen, insbesondere deshalb, weil eine offene Gesellschaft solche Schließungstendenzen aushalten muss, sofern keine justiziablen Vergehen nachweisbar sind. Daher besteht dauerhaft die Gefahr, dass sich durch die kleinen, aber lauten Ränder der Gesellschaft die Stimmung in der Mitte verschiebt – und irgendwann auch die Position der Mitte. Das könnte man dann Rechtsruck nennen. Ich nenne es lieber Schließungstendenz, denn eine solche muss nicht zwingend von rechts ausgehen, sie kann durchaus von links kommen.[61]

Der Islam in der offenen Gesellschaft

Der kleinere Teil der Muslim:innen, nämlich der radikale, profitiert von Schließungstendenzen und Islamfeindlichkeit, die zum Teil sogar absichtsvoll befeuert werden. Die Muslim:innen innerhalb Europas zu isolieren, ist seit den 1990ern ein zentrales Ziel internationaler Terrorgruppen. Diese Strategie war bemerkenswert erfolgreich. Zu wenig wurde bisher gesellschaftlich reflektiert, weshalb diese Strategie so gut funktioniert hat. Pointierter ausgedrückt: Wie konnte aus einer Höhle in Afghanistan in relativ kurzer Zeit mit relativ geringen Mitteln ein solch großes Ziel erfolgreich umgesetzt werden? Die Antworten darauf sind komplex und lassen sich zunächst in drei Aspekte unterteilen: Erstens ist der Islam selbst derzeit anfällig für Schließungstendenzen, zweitens ist die offene Gesellschaft leicht verwundbar und damit anfällig für Spaltungsversuche und Diskursverschiebungen, drittens müssen Islam und offene Gesellschaft eine Phase des Fremdelns notwendigerweise überstehen. Die Auflösung dieses Spannungsverhältnisses mag irritieren: Die Muslim:innen müssen vom Rand in die Mitte der Gesellschaft – oder um im Bild zu bleiben: vom Boden an den Tisch. Doch der Reihe nach.

Der Islam ist derzeit anfällig für Extreme – zumindest in Europa, aber ich denke, auch darüber hinaus. Wir sehen sowohl eine starke Radikalisierung und eine Überidentifikation von Menschen mit ihrer Religion auf der einen Seite sowie eine Tendenz der Entfremdung und Abwendung von Muslimen gegenüber ihrer Religion auf der anderen Seite. Diese Extreme, Überbetonung und Bedeutungsverlust der Religion, lassen sich auf ein zentrales Spannungsverhältnis zurückführen. Die islamische Religion beruft sich der Überlieferung nach auf die letzte Botschaft Gottes – desselben und einzigen Gottes der Juden, Christen und Muslime. Entsprechend schwingt die Idee einer Vollendung mit und damit auch das latente Gefühl der Überlegenheit. Gleichzeitig zeichnen sich die realen Verhältnisse national und international gerade nicht durch Vollendung und Überlegenheit aus, sondern eher im Gegenteil: Je nachdem, wohin man schaut, erleben Muslime ihre Situation eher als schwach, unterlegen, krisenhaft oder chaotisch. Die enorme Differenz zwischen Ideal und Realität lässt zwei Interpretationen und damit auch zwei Reaktionsweisen zu: Auf der einen Seite kann man schlussfolgern, dass die Differenz zwischen dem unterstellten Anspruch der Religion und der erlebten Wirklichkeit der Muslime aus einer zu geringen Religion resultiert – dass also die Religion selbst zu Frieden und Gerechtigkeit führt, sie aber nicht angemessen praktiziert wird. Auf der anderen Seite kann man ableiten, dass die Religion selbst zur Schwäche der Muslime beiträgt – etwa indem der Glaube an die moralische Überlegenheit qua Religionszugehörigkeit Leistungsbereitschaft und Selbstkritik schwächt. Beide Extreme sind besonders laut. Der Diskurs wird immer wieder geprägt von Fundamentalisten und Islamkritikern, was der besonnenen und reflektierten Mitte der Muslime das Leben enorm erschwert und sie regelrecht unter Druck setzt. Diese knappe Beschreibung ist nichts weniger als die Schilderung eines zentralen Elements der epochalen Krise des Islams in der Gegenwart.[62]

Die offene Gesellschaft ist verwundbar und anfällig für panische Diskurse. Wenn man davon ausgeht, dass sich der Islam in einer handfesten Krise befindet, ist es umso erstaunlicher, dass diese Krise in der Regel als Erstarken interpretiert wird. In Europa geht ein Gespenst um: Es ist die Islamisierung des Abendlandes. Weder quantitativ noch qualitativ lässt sich der Begriff der Islamisierung rechtfertigen. Zu den etwa 5 Millionen Muslim:innen in Deutschland – das entspricht etwa 6 % der Gesamtbevölkerung – werden auch die Menschen gezählt, die ihre Religion kaum oder gar nicht praktizieren, und selbst jene, die sich von ihrer Religion abgewendet haben. Zudem werden alle Konfessionen zusammengefasst, also insbesondere Sunniten, Schiiten und Aleviten. Diese Muslime sind zudem im Hinblick auf ihre nationale Herkunft sehr vielfältig. Sie stammen aus Südosteuropa, dem Nahen und Mittleren Osten, Nordafrika, aber auch aus dem zentral- und südostasiatischen Raum. Darunter sind Deutsche und Ausländer, Migrierte und in Deutschland Geborene, Praktizierende und Nicht-Praktizierende, Menschen aus Familien mit islamischer Tradition und Konvertierte. Aus den Schätzungen – eine korrekte Erhebung der Muslime gibt es nicht – kann kaum etwas anderes abgeleitet werden, als dass es sich um eine Minderheit handelt, die deutlich diverser ist als die Mehrheit der Christen.[63]

Von der Islamisierung kann keine Rede sein, wohl aber von einem Bedeutungsgewinn von Menschen muslimischen Glaubens oder muslimischer Herkunft – ohne dass dabei gesagt ist, welche Rolle die Religion spielt. Wie gesagt: Es wachsen die Extreme, eine Überidentifikation mit der Religion auf der einen Seite und ein Bedeutungsverlust bis hin zur Abwendung von der Religion auf der anderen Seite.

Man versetze sich in die Lage von vielen jüngeren Muslim:innen, die sich für Teilhabe und Anerkennung in Deutschland einsetzen: Sie erleben einerseits eine diffuse Situation der Schwäche und Zerrissenheit der Muslime. Andererseits werden Einheit und Dominanz des Islams propagiert, und zwar sowohl von Islamgegnern, z. B. durch die behauptete Islamisierung Deutschlands und des Abendlandes, als auch von religiösen Fundamentalisten.[64] Dazu kommen Terrorgruppen und terroristische Strategien, die durch unberechenbare Anschläge darauf setzen, dass es zu einer zunehmenden Spaltung zwischen Muslimen und Nicht-Muslimen kommt. Fanatisch im Glauben und unberechenbar in der Handlung ist die Botschaft: Jeden kann es treffen, nicht nur Promis oder Funktionsträger, sondern insbesondere die einfachen Leute in Alltagssituationen, selbst Muslim:innen, die ja ohnehin bisher am häufigsten Opfer der Terroranschläge waren. Die Ziele der Strategie sind klar benennbar: Panikmache und eine zunehmende Infragestellung der offenen Gesellschaften und damit ein Trend zur Schließung. Mit dieser Strategie kann der Terrorismus die offenen Gesellschaften nicht zerstören, wohl aber uns dazu verleiten, sie aufzugeben. Das A und O des Umgangs mit Extremismus ist es, genau dies nicht zuzulassen.

Gleichzeitig ist unter diesen Bedingungen die notwendige kritische Diskussion über die Religion äußerst schwer umsetzbar. Religionskritik gegenüber dem Islam ist genauso notwendig, wie sie es einst gegenüber dem Christentum war. Sie kann jedoch nicht in gleicher Weise vollzogen werden, denn sic stcht vor grundlegend anderen Herausforderungen. Man kann die Kritik nicht an eine hierarchisch organisierte Institution richten, da die islamische Tradition diese zentrale Organisationsform nicht in vergleichbarer Weise kennt – das gilt für Muslim:innen in Europa in ganz besonderer Weise. In den größeren Verbänden ist lediglich ein Bruchteil der in Deutschland lebenden Muslime organisiert. Die Kritik hat also keinen primären Adressaten und läuft daher immer Gefahr, zu wenige oder zu viele zu erreichen. Denn Muslime sind äußerst divers (positiv formuliert) bzw. gespalten (negativ formuliert). Kritisiert man den Islam insgesamt, dann kritisiert man sehr viele Menschen zu Unrecht und erweckt den Eindruck der »Sippenhaft«, wodurch man insbesondere liberale Kräfte in eine defensive Position drängt. Kritisiert man hingegen nur die extremsten Auswüchse, dann findet in aller Regel eine kritische Auseinandersetzung gar nicht statt, etwa mit dem Hinweis, diese hätten mit dem Islam gar nichts zu tun.

Darüber hinaus handelt es sich bei den Muslim:innen in Deutschland quantitativ um eine Minderheit, die tendenziell in Deutschland und Europa sozial benachteiligt ist. Die Kritik richtet sich also nicht nur gegen einen Teil einer quantitativen Minderheit, sondern zugleich auch gegen eine tendenziell marginalisierte Gruppe.

Diese Rahmenbedingungen weichen grundlegend von jenen vergangener Zeiten ab, wohingegen es für die inhaltliche Kritik sehr viele Überschneidungen gibt. Die Anwendung gängiger Methoden der (öffentlichen) Religionskritik kann kaum von Islamfeindlichkeit und Rassismus unterschieden werden. Allein schon die diversen Begrifflichkeiten, wie etwa »Islamophobie«, »Islamfeindlichkeit« oder »Muslimenfeindlichkeit« sowie »antimuslimischer Rassismus«, allesamt

Konzepte mit unterschiedlichen Schwerpunktsetzungen und plausiblen Herleitungen, lassen sich auf die komplexen und diffusen Rahmenbedingungen zurückführen. Religionskritik im herkömmlichen Sinne läuft derzeit Gefahr, zu weiterer Ausgrenzung zu führen, wodurch sich die Lage zusätzlich verschärfen kann. Dies gilt unabhängig davon, ob die inhaltliche Kritik berechtigt ist oder nicht. Eine ungünstige Reaktion kann sein, dass Religionskritik ausbleibt.[65]

Eine konstruktive Strategie wäre es, den Muslim:innen mehr Raum zu geben und damit den innerislamischen Dialog in Deutschland zu stärken. Durch die Einführung des islamischen Religionsunterrichts sowie der islamischen Theologie an deutschen Universitäten ist hier schon ein erster Schritt geleistet worden. Der nächste wäre eine weitergehende rechtliche Anerkennung des Islams, die aufgrund fehlender Organisationsstrukturen eine hoch komplexe Herausforderung darstellt. Ein regelmäßig stattfindender öffentlicher Deutscher Muslim:innentag, in dem sich Gemeinsamkeiten und Vielfalt der Menschen, der Positionen und der Konfessionen abbilden, wäre ein Weg zu mehr Teilhabe und Diskurs.[66] Auf diese Weise könnten Muslime und Islam in einer repräsentativen Form in der Öffentlichkeit stattfinden, wodurch sich der wechselseitige Verständigungsprozess fördern ließe.

Kopftuch oder Emanzipation?

Das Kopftuch ist lediglich ein Stück Stoff. Es gibt weiße, schwarze, graue und bunte Kopftücher und verschiedene Varianten, die häufigste ist der Hidschab (der das Gesicht freilässt), die umstrittensten und zugleich seltenen sind Nikab (lässt die Augen frei) und Burka (verschleiert eine Frau völlig). Die Debatte ist derart symbolisch aufgeladen, dass die Reaktionen auf das Kopftuch – bei allen Unterschieden – unglaublich viele Ähnlichkeiten mit den punkigen Irokesen in den 1970ern aufweisen: Man wird unmittelbar erkannt, erntet skeptische Blicke, vielleicht offene Ablehnung und tiefe Verachtung und erzeugt manchmal sogar Angst. Sehr schlimm, wenn es unter Zwang geschieht, überaus funktional, wenn man die Öffentlichkeit und die eigenen Eltern provozieren möchte. Für einen Teil der jungen Frauen spielt dies eine Rolle.

Und gleichzeitig gilt auch hier: Die Motive für oder gegen religiöse Symbole sind höchst unterschiedlich. Für manche kann das Kopftuch das Bedürfnis nach Sicherheit stillen, für andere ist es Ausdruck von Frömmigkeit, für wieder andere ist es Tradition, manchmal aber eben auch Emanzipation und Provokation. Andersherum können muslimische Frauen das Kopftuch ablegen oder nicht tragen, weil sie nicht religiös sind oder weil sie es als nicht notwendig oder nicht mehr zeitgemäß einstufen, weil sie es als unterdrückend empfinden oder weil es den Alltag zu anstrengend und beschwerlich macht.[67]

Aber zweifelsfrei kann es auch deshalb getragen werden, weil man nicht nachvollziehen kann, dass ein Minirock

Emanzipation der Frau bedeutet und das freiwillige Bedecken automatisch als Unterdrückung gedeutet wird. Und so gibt es zunehmend einen islamischen Feminismus, der von kopftuchtragenden Frauen geprägt wird. Warum auch nicht? Es handelt sich um einen Beitrag zum innerislamischen Diskurs.

Um auch hier nicht falsch verstanden zu werden: Über das Kopftuch darf man diskutieren und auch streiten. Den durchaus möglichen Zwang und die patriarchale Unterdrückung der Frau muss man thematisieren. Aber gleichzeitig befreit man Musliminnen nicht, wenn man ihnen vorschreibt, das Kopftuch abzulegen. Es kommt darauf an, ob es selbstbestimmt oder erzwungen ist.

Ich habe mit mehreren Frauen gesprochen, die das Kopftuch über viele Jahre trugen und es dann irgendwann aus unterschiedlichen Gründen abgelegt haben. Ich empfand das, was ich in diesen Gesprächen erfuhr, als äußerst spektakulär. Diese Musliminnen fühlten sich ohne Kopftuch weniger stark wahrgenommen, sie fühlten sich zum Teil inkognito. Kaum jemand guckte sie mehr an. Und das lag keineswegs daran, dass sie unattraktiv wären, sondern weil sie nun nicht mehr auffielen.

Das Kopftuch wirkt auf viele Nicht-Muslim:innen zunächst so, als müsste es Frauen entmündigen, schüchtern und ängstlich halten. Das ist das klassische Vorurteil. Im Iran oder in Saudi-Arabien mag das so sein. Eine kopftuchtragende Frau ist dort eine anonyme Ameise im Ameisenhaufen. Aber in Deutschland ist sie eher das auffällige schwarze Schaf. Schutz- und Unterdrückungsfunktionen, die die Kopfbedeckungen in manchen Staaten de facto haben, sind in Deutschland wesentlich schwächer wirksam. Eine junge Muslimin, die hierzulande ein Kopftuch trägt, fällt auf, wird beobachtet, angegafft und zum Teil offen angefeindet. Sie wird in Diskussionen mit fremden und in der Regel skeptischen Menschen verstrickt und muss sich permanent rechtfertigen. Das Tuch schützt in diesen Fällen nicht. Im Gegenteil: Es gehört eine gehörige Prise Selbstbewusstsein dazu und man muss hart im Nehmen sein, wenn man dieses Symbol trägt. Es ist ein religiöses Symbol, wobei die Motive, sich für oder gegen ein Kopftuch zu entscheiden, vielfältig sein können.

Es gibt selbstverständlich die Fälle von Zwang und jene, in denen es um politische Strategien geht. Darüber muss man sprechen. Dies gelingt aber nicht durch Pauschalurteile. Häufig genug tragen junge Musliminnen Kopftuch, während ihre Mütter dies nicht tun, was zeigt, dass es auch ein Zeichen von Selbstbestimmung, Selbstbewusstsein, Emanzipation und auch von gelungener Integration sein kann. Es sollte uns zu denken geben, dass das Kopftuch hierzulande insbesondere dann kritisch diskutiert wird, wenn es Musliminnen mit hoher Bildung und in gehobenen Positionen tragen, wie etwa Lehrerinnen, Ärztinnen oder Anwältinnen, und die Kritiker gleichzeitig davon ausgehen, dass es sich um ein Symbol der Unterdrückung handelt.[68] Dieser Widerspruch wird dann nochmals zugespitzt, wenn es um Berufsverbote für kopftuchtragende Musliminnen geht. Noch deutlicher: Frauen mit Kopftuch streben nach Bildung und Berufstätigkeit, und wir verbieten es ihnen mit dem Hinweis auf Unterdrückung. Wer findet den Fehler?

Auf diese Weise führt man natürlich keinen den Herausforderungen angemessenen Diskurs. Will man, dass das Kopftuch lediglich ein religiöses Kleidungsstück ist und kein Symbol für Unterdrückung oder eine politisierte Religion, dann schafft man dies nicht dadurch, dass man pauschal ausgrenzt. Davon wären lediglich gut Integrierte betroffen. Eine demokratische Gesellschaft kann entscheiden, dass religiöse Symbole aus hoheitlichen Zuständigkeiten des Staates ausgeschlossen bleiben. Dies hat dann aber weitreichende Folgen, die bereits angesprochen wurden.

Gehört der Islam zu Deutschland?

Gehört der Islam zu Deutschland?[69] Die Antworten auf diese seltsame Frage, die seit einigen Jahren periodisch wieder aufgeworfen wird, gehen in alle erdenklichen Richtungen: Von einem kategorischen »Nein« bis zu einem absoluten »Ja« ist alles dabei. Was auch immer die Frage bezwecken soll und wie auch immer die Antworten gemeint sind, dieses Thema beschäftigt die Gemüter. Spannend sind ganz besonders die Schattierungen. Etwa: »Der Islam nein, aber die hier lebenden Muslim:innen ja« oder »der politische Islam nein, der liberale Islam ja«.

Wann gehört etwas zu Deutschland? Wenn es historisch eine besondere Bedeutung hat? Wenn es heute sehr positiv bewertet wird? Oder reicht schlicht die Existenz? Wird eine Konkurrenz zwischen Islam und christlicher Tradition gesehen? Gehören nicht die Religionsfreiheit, die Gleichstellung von Mann und Frau sowie die Freiheit des Einzelnen zu Deutschland? Und sind diese drei nicht gegen die christlichen Traditionen hart erkämpft worden? Man könnte nun weitere Fragen zur europäischen Kulturgeschichte stellen, aber zurück zur eigentlichen Frage:

Gehört der Islam zu Deutschland? Bevor man die Frage als Aufforderung, eine Antwort zu geben, versteht, sollte man den zeitdiagnostischen Gehalt, der darin steckt, erkennen. Versetzen wir uns in die 1990er-Jahre. Vor zwanzig Jahren wäre niemand, wirklich niemand auf die Idee gekommen, diese Frage überhaupt zu stellen. Und wenn doch, dann war es irgendwas zwischen Comedy und absurdem Theater. Nach einem kurzen Schmunzeln hätte sich nur Augenblicke später niemand daran erinnert. Dass die Frage zehn Jahre später und bis heute auf diese enorme Resonanz stößt, muss man erst mal verstehen. Die Resonanz ist enorm, die Positionierungen im Hinblick auf die Frage sehr unterschiedlich. Das ist eine beachtliche Veränderung, ein Fortschritt. Wer das nicht sieht, versteht nichts von Gesellschaft. Wie schizophren wäre es, wenn man nach einigen Jahrzehnten der Ignoranz auf einmal jubelnd schreien würde: Ja, der Islam gehört zu Deutschland. Wie narzisstisch wäre es, wenn, nachdem seit über einem halben Jahrhundert Muslim:innen in Deutschland leben, alle meinten: Nein, der Islam gehört nicht zu Deutschland. Die erste Antwort grenzt an naive Romantik, die zweite an hegemoniale Herrschaft. Heute gibt es sehr viele Positionen dazwischen, ich möchte meinen, die meisten. Und das ist hochgradig plausibel und der Situation angemessen.

Wie schrecklich wäre es andererseits, wenn die vielen Muslim:innen in Deutschland gleichgültig auf diese Diskussion reagieren würden? Dass sich viele Muslime daran stören, dass Uneinigkeit darüber herrscht, ob ihre Religion ein Bestandteil Deutschlands ist, ist ein Beleg dafür, dass sie sich zunehmend zugehörig fühlen und anerkannt werden wollen. Selbst in meiner Familie herrscht Uneinigkeit bezüglich dieser Frage.

Während vor zwanzig Jahren die meisten Menschen bestätigt hätten, dass weder Muslim:innen noch der Islam zu Deutschland gehören, würden heute die meisten das genaue Gegenteil meinen. Muslim:innen waren sie auch schon vor zwanzig Jahren. Gewandelt hat sich das Zugehörigkeitsgefühl, insbesondere der Jüngeren. Eine Entwicklung, die, wenn man sie wirklich verstehen will und ernst nimmt, eigentlich nur positiv bewertet werden kann.

Die Tatsache, dass heute betont wird, dass die Muslim:innen dazugehören, aber nicht per se der Islam, ist ein ebenso enormer Fortschritt im Vergleich zu vergangenen Zeiten. Dazu gehört die sehr häufig konkretisierte Frage: Welcher Islam gehört zu Deutschland? Hier geht es dann nicht mehr um das Ob. Wir sind zunehmend in einer Phase, in der wenig eindeutig ist, vieles differenziert wird, irgendwie alles anstrengend wirkt. Wir sind in einer Phase des Zusammenwachsens. Es sind anstrengende Aushandlungsprozesse, die kein Symptom von Spaltung, sondern im Gegenteil von einem Sichnäherkommen sind. Gespalten waren Muslim:innen und Nicht-Muslim:innen in der Vergangenheit. Kaum Kontakt, wenig Interesse, ein Leben nebeneinander irgendwo zwischen Ignoranz und Gleichgültigkeit. Heute erleben wir einen Prozess der wechselseitigen Annäherung. Und dieser Prozess stößt auf Widerstände, weil er für alle – auch für Muslim:innen – anstrengend ist. Alles wird hinterfragt, damit passend gemacht wird, was bisher nicht zusammenpasste. Wir erleben ganz konkret: Zusammenwachsen tut weh!

Noch bis in die späten 1990er waren Muslim:innen und ihre Religion eher ein Fremdkörper als ein zentraler Bestandteil der deutschen Gesellschaft. Für das Selbstbild Deutschlands spielten sie überhaupt keine Rolle. Die Frage, ob der Islam dazugehört, war verrückt. In den 2030er-Jahren wird die Frage vielleicht keine Resonanz mehr erfahren, weil sie in die andere Richtung verrückt ist, weil jedem und jeder klar sein wird, dass der Islam ein positiver Teil der Gesellschaft ist – weil er es auch tatsächlich geworden ist. Dazwischen liegt die Zeit des Aushandelns, des Diskutierens, auch des Streitens.

Konflikte bringen eine Gesellschaft voran

Integration steigert das Konfliktpotenzial in einer Gesellschaft. Es gibt aufgrund gelungener Integration Konflikte, die es ohne Integration nicht gegeben hätte. Aber man muss an dieser Stelle den zentralen und noch nicht hinreichend genannten Aspekt verdeutlichen: Konflikte können etwas Wunderbares sein, sie können der Treibstoff für Fortschritt und Innovation sein. Es gibt prinzipiell zwei Arten von Konflikten. Wir denken meist an die erste Art, nämlich Konflikte, die die Spaltung von zuvor Vereintem markieren. Etwa wenn zwei Freunde, zwischen die kein Blatt Papier passte, aufgrund eines Streits auseinandergehen. Es gibt aber eine zweite Art: Konflikte, die überhaupt nur entstehen, weil man eine Gemeinsamkeit entwickelt, die es zuvor nicht gab. Diese Konflikte sind ganz anders zu bewerten. Ein Konflikt aufgrund gelungener Integration entsteht nur deshalb, weil zwei Seiten, die zuvor nichts miteinander zu tun hatten, nun in einem wechselseitigen Verhältnis zueinander finden müssen. Das gelingt in aller Regel nicht reibungslos. Im Gegenteil: Der Konflikt kann zwischenzeitlich an Intensität gewinnen. Von verschiedenen Seiten können Widerstände und Trotzreaktionen kommen. Man erlebt krisenartige Phasen, die durchaus das Gefühl vermitteln, es gehe rückwärts und bergab. Der Konflikt markiert aber ein Zusammenkommen. Alle an einem Tisch. Zusammenwachsen tut weh.

Es handelt sich dabei um einen typischen Mechanismus in Gesellschaften, insbesondere in offenen. Das Zusammenwachsen von Ost- und Westdeutschland wurde genauso von schmerzhaften Reibungen begleitet. Zunehmend beteiligen sich heute Ostdeutsche am Diskurs. Viel zahlreicher als noch vor zwanzig Jahren. In den neuen Bundesländern hat sich unheimlich viel seit der Wiedervereinigung verbessert. Das meiste geht in die richtige Richtung, und deshalb wird es anstrengender. Zwischen Menschen aus Ostdeutschland und Menschen mit internationaler Geschichte gibt es weitere Parallelen: Es sind etwa gleich große »Minderheiten«, die sich gegenüber der absoluten Mehrheit der »Westdeutschen« nur mit großer Mühe Gehör verschaffen können; ostdeutsche und internationale Biografien sind speziell und je nach Alter, Generation und Lebenssituation divers; es gibt nicht »den Ossi« oder den Menschen mit Migrationshintergrund, aber beide Gruppen sind durch biografische und familiengeschichtliche Rahmenbedingungen sehr deutlich von »Ur-Wessis« zu unterscheiden. Je länger man darüber nachdenkt, desto größer sind die Gemeinsamkeiten zwischen Menschen aus den neuen Bundesländern sowie Migranten und ihren Nachfahren: Neben sozialen Benachteiligungen und Diskriminierungserfahrungen gibt es auch hier eine Neuorientierung, zwischenzeitliche Ohnmachtsgefühle, biografische Brüche und biografischer Stress, Statusverlust und Bevormundung bis hin zur Nicht-Anerkennung von Lebensleistungen und Qualifikationen. Nicht zuletzt können auch die fehlende Sicherheit oder zumindest die fehlende Natürlichkeit, zu wissen, wo und wie man sich zugehörig fühlt, Gemeinsamkeiten sein. Aber auch zunehmend bessere Partizipationsmöglichkeiten und stärkere Zugehörigkeitsgefühle.[70]

Das vereinte Deutschland ist ein anderes als das geteilte. Anders als in vielen anderen Nationen leben hier Menschen mit eigenen oder familiären Migrationsbiografien aus ganz unterschiedlichen Weltregionen, wir haben ostdeutsche Biografien mit ganz unterschiedlichen Problemlagen und wir haben bundesrepublikanische Biografien, die sich selbstverständlich auch zwischen Flensburg und Passau wesentlich unterscheiden können. Zunehmend gibt es Überschneidungen zwischen diesen drei Kategorien, und die nachwachsenden Generationen lassen sich ohnehin immer weniger durch diese Unterschiede fassen.

Wenn man darüber reden wollte, was typisch deutsch ist, dann ist es diese Vielfalt, die sich durch Zusammenwachsen ausdrückt, zwischen den alten und neuen Bundesländern, zwischen den alten und neuen Deutschen, zwischen Teilung, Wiederaufbau, Wiedervereinigung und Weiterentwicklung. Kein anderes Land, das früher Kaiserreich, nationalsozialistische und sozialistische Diktatur war, ist heute eine liberale Demokratie und offene Gesellschaft. Deutschland hat eine der dynamischsten Einwanderungsgesellschaften, auch wenn ein komplexer Wiedervereinigungsprozess vollzogen werden musste, und stellt heute den Anker dar, an dem die gesamte Europäische Union Halt findet. Wenn man die Brüche und den Wandel allein in den letzten hundert Jahren bedenkt, muss man sich schlicht ehrfürchtig darüber wundern, wie gut die deutsche Gegenwart ist. Diese Entwicklung rechtfertigt einen positiven Patriotismus, der sich sowohl aus der Demut gegenüber der Geschichte als auch aus der Überzeugung, von der Offenheit profitiert zu haben, speist. Dass von allen Seiten genörgelt und gehadert wird, mag auch typisch deutsch sein, aber es kann keinen Zweifel geben, dass es im historischen Vergleich keine bessere Zeit gab und es im globalen Vergleich keine bessere Situation gibt.

Und aus welcher Historie kann man besser lernen, dass das Zusammenwachsen anstrengender ist als das Getrenntsein? Die verbesserte Teilhabe verschiedener Gruppen führt zu zunehmenden Forderungen. Alle an einem Tisch: Menschen mit Behinderung, Frauen, Nicht-Heterosexuelle, Muslime, Nicht-Weiße, Ossis – alle sind dabei. Der Tisch ist noch lange nicht paritätisch besetzt, die Chancen sind noch lange nicht gleich, es ist eindeutig nicht perfekt, aber es ist besser als je zuvor. Meine Familie lebt nun seit 45 Jahren in Deutschland. In diesem Zeitraum haben sich Land und Gesellschaft umfassend gewandelt. Noch in den 1990ern war die Tischgesellschaft eine wesentlich andere. Was in 25 Jahren passiert ist, rechtfertigt es, von einem neuen Jahrtausend zu sprechen.

Nun gibt es Frauen, die noch mehr Gleichstellung im Hinblick auf die Lebenschancen und die Geschlechterrollen wollen, und Frauen, die lieber wieder einen Schritt zurückgehen.[71] Es gibt Eltern, die für ihre körperlich oder psychisch beeinträchtigten Kinder mehr Inklusion wollen, und solche, die das überfordert. Es gibt jene Ostdeutschen, die nicht wollen, dass Ostdeutschland zu »westlich« wird, und solche, die es befürworten oder ohnehin im Westen leben. Es gibt Homosexuelle, die sich über die gleichgeschlechtliche Ehe gefreut haben, und solche, für die dieses Novum keine Bedeutung hatte oder die eher für die Abschaffung der Institution Ehe plädieren. Es gibt Muslim:innen, die überhaupt nicht über die Religion sprechen wollen, und solche, für die ihre Religion ein zentraler Bestandteil ihres Lebens ist. Es gibt Menschen mit internationaler Geschichte, die sich als Deutsche, deutschplus, Europäer, Kosmopoliten begreifen, oder die ihre Herkunft betonen. All diese Menschen können nicht ignorieren, welchen Körper, welches Geschlecht, welche Hautfarbe und welche Herkunft sie haben, aber diese unterschiedlichen Merkmale können ganz unterschiedliche Prägungen bei einem Menschen bewirken. Es handelt sich nicht nur um eine äußere Vielfalt, sondern insbesondere auch um eine innere Vielfalt. Manche sind zufrieden, andere wollen Veränderung, manche wollen gefragt, andere wollen in Ruhe gelassen werden. Nicht alles ist möglich, aber doch unglaublich viel. Was hält unter dieser Vielfalt und Unterschiedlichkeit die Gesellschaft noch zusammen?

Die Antwort ist an Trivialität nicht zu überbieten und zugleich ist sie in der Konsequenz eine Zumutung. Es ist der Tisch selbst, der alles zusammenhält. Die offene Gesellschaft ist überhaupt nicht perfekt. Sie ist offen. Sie ermöglicht es, geschützt durch den Rechtsstaat miteinander zu streiten. Die Konflikte selbst sind es, die liberale Gesellschaften zusammenhalten.[72] Die Vielheit in der Bevölkerung wird durch Aushandlungen und Streit zu einer Einheit. Keine essenzielle Einheit, nicht die Einheit aus vergangenen Zeiten, die überhaupt nur durch Zwänge und Unterdrückung erzeugt wurde. Durch den Austausch selbst wird das Viele in eins gebracht.

Das habe ich mir alles nicht selbst ausgedacht. Meine These ist lediglich eine Fortentwicklung der deutschen Theorietraditionen von Karl Marx über Georg Simmel bis zu Max Weber. Sie alle wussten, dass wir noch auf den Bäumen sitzen würden, wenn die Menschheit nicht Krisen und Konflikte selbst erzeugt und sie irgendwann konstruktiv bewältigt hätte. Nach dem Zweiten Weltkrieg konnten selbst Wissenschaftler – aus nachvollziehbaren Gründen – Konflikten nichts Gutes mehr abgewinnen. Stattdessen hat man sich stärker an sozialer Ordnung und Planung orientiert und Konflikte nur indirekt mitgedacht. Durch Lewis Alfred Coser und Ralf Dahrendorf kehrte das Verständnis der besonderen Bedeutung von sozialen Konflikten wieder in die Soziologie, nicht aber in die gesellschaftliche Öffentlichkeit zurück.[73]

Welche sozialen Innovationen oder sozialen Fortschritte wurden nicht durch Konflikte erstritten und erkämpft? Der Sozialstaat, die Demokratie, die Geschlechtergerechtigkeit, die sexuelle Befreiung, die Menschenrechte – alles, was heute wie selbstverständlich im Grundgesetz steht, ist das Ergebnis von Konflikten und ihrer – irgendwann – konstruktiven Bewältigung.

Konflikte zu unterdrücken, führt zu einer unkontrollierten Entladung und zu einem destruktiven Umgang. Konflikte nur als negative Ereignisse wahrzunehmen oder gar passiv und ohnmächtig zu beobachten, erschwert es enorm, die positiven Funktionen von Konflikten zu erkennen. Konflikte sind es, die die offene Gesellschaft zusammenhalten. Dann ist Streitkultur die beste Leitkultur. Streitkultur und Konfliktfreudigkeit führen zu konstruktiven Konfliktlösungsstrategien. Konsens oder Kompromisse stellen sich nicht von allein ein. Es geht um das Bewusstsein, dass Offenheit und Konflikte unsere Stärken waren und sind. Es geht also darum, wie wir mit den Konflikten umgehen, ob und wie wir es schaffen, die positiven Seiten eines Konflikts herauszufiltern. Es geht um die konstruktive Bewältigung von Konflikten. Schon für die deutschen Klassiker der Soziologie war dies ein Synonym für sozialen Fortschritt und soziale Innovation. Ihnen war aber auch klar, dass das harte Arbeit bedeutet und dass es Rückschritte geben wird, wenn man nicht aufpasst. Die offene Gesellschaft ist nicht selbstverständlich.

Was sich die Klassiker nicht hätten vorstellen können, ist eine offene Gesellschaft, wie sie heute besteht. Ich kann gewissermaßen die ihnen unbekannte Gegenwart des liberalen Einwanderungslandes auf ihren Schultern beobachten.

Identitätspolitik und enthemmte Diskurse

Allgemein wird mit dem Integrationsbegriff die Erwartung von Harmonie, Gleichgewicht und Konfliktfreiheit verbunden. Allerdings ist kaum erklärbar, wie sich unter diesen Voraussetzungen erstens Teilhabezuwächse von Benachteiligten und Ausgeschlossenen, zweitens eine zunehmende Pluralität und die Anerkennung von Differenz sowie drittens soziale Innovationen und notwendiger sozialer Wandel beschreiben lassen sollen. Genau genommen können harmonische Gleichgewichte in offenen Gesellschaften als die unwahrscheinlichsten Konstellationen gelten.

Es sind gerade emanzipatorische Bewegungen, die durch den Anspruch auf Gleichheit in der Differenz die Erwartungen bei Minderheiten und benachteiligten Gruppen deutlich erhöhen, insbesondere die Erwartungen an Teilhabe und Zugehörigkeit. Die erhöhte reale Teilhabe von Minderheiten und benachteiligten Gruppen führt wiederum (notwendigerweise) zu Verteilungskonflikten und in der Folge zu Infragestellung und Neuaushandlung von Privilegien. Dies wiederum kann zu einem (gefühlten) Verlust von Ressourcen und Privilegien bei den dominanten Gruppen führen.

Genau an dieser Stelle werden Identitätspolitiken von verschiedenen Seiten wahrscheinlicher. Minderheitenangehörige können sich am Tisch zusammenschließen, um ihren jeweiligen (spezifischen) Interessen Nachdruck zu verleihen. Dominate Gruppen können hingegen ihre Privilegien zu sichern versuchen. So kann es – bildlich gesprochen – zu vielschichtigen Gruppenbildungsprozessen am

Tisch kommen. Sich widerstreitende Interessen können in den Gruppen Schließungstendenzen begünstigen, die dann mit Grenzziehungen im Hinblick auf Herkunft oder Identität einhergehen können.

Die Übergänge zwischen einer gesellschaftsbezogenen Selbstorganisation und Interessenvertretung auf der einen Seite und einer identitätspolitischen Bewegung auf der anderen Seite sind fließend. Das zunehmende Aufkeimen von Identitätspolitiken aus ganz unterschiedlichen Richtungen repräsentiert den paradoxen Effekt, dass eine spezifische Herkunft oder Identität eine immer geringere Rolle für Stellung und Chancen einer Person in der Gesellschaft spielt, aber gleichzeitig im öffentlichen Diskurs einen immer größeren Raum einnimmt. Offene Gesellschaften ermöglichen Verdichtung und Spaltung gleichermaßen. Erst wenn alle mit am Tisch sitzen (Verdichtung), kann es am Tisch zu Differenzierungen kommen (Spaltung). Eine solche Spaltung in der Verdichtung muss nicht grundsätzlich problematisch werden. Sie wird es dann, wenn die offene Gesellschaft und die liberale Demokratie zur Disposition gestellt werden.

Identitätspolitik hat auf die Gesellschaft als ganze sehr unterschiedliche Auswirkungen, je nachdem, ob sie von benachteiligten Gruppen bzw. Minderheiten ausgeht oder von dominanten Gruppen bzw. Mehrheitsangehörigen. Was in Deutschland und Europa als »Rechtsruck« bzw. Populismus, in Nordamerika als *backlash* bezeichnet wird, ist Ausdruck einer solchen identitätspolitischen Bewegung sozialer Schließung – eine Bewegung gegen die offene Gesellschaft von Teilen der dominanten Bevölkerungsgruppen. Hierbei wird in der Regel das Ziel der gesellschaftlichen Restauration verfolgt, während es bei identitätspolitischen Bewegungen von benachteiligten Gruppen eher um das Ziel einer Verbesserung der gesellschaftlichen Position handelt. Identitätspolitische Zuspitzungen von Teilhabekonflikten bergen gewisse Risiken, lassen sich aber wahrscheinlich (zumindest zwischenzeitlich) nicht vermeiden.[74]

Das Einwanderungsland als Erfolgsmodell

Deutschland ist ein Einwanderungsland. Das ist ein Befund, der sich im Bewusstsein noch nicht in allen Regionen gleichermaßen durchgesetzt hat, auch deshalb, weil Migration nicht überall gleichermaßen das Zusammenleben und den Alltag prägt. Es gibt Landesteile, in denen Abwanderung eine große Rolle spielt, und solche, in denen weder Einwanderung noch Auswanderung eine Rolle spielen. Einwanderungsland zu sein ist vergleichbar mit Industrieland zu sein. Zweifelsfrei ist Deutschland ein Industriestaat, aber nicht überall ist unser Land durch Industrie geprägt.

Wirtschaftsstarke Industriestaaten sind meistens auch Einwanderungsländer. Japan bildet da, wie bereits beschrieben, eine der seltenen Ausnahmen. Die wenigen Migranten kommen aus Ost- und Südostasien, Flüchtlinge werden praktisch nicht aufgenommen: Bei einer Bevölkerungsdichte von über 120 Millionen werden regelmäßig weniger als 100 Flüchtlinge und Asylsuchende jährlich aufgenommen. Dort, wo es an Arbeitskräften fehlt, werden Roboter eingesetzt. Interessanterweise ist Japan eines der krisenanfälligsten Länder weltweit: verkrustete Strukturen, eine Frauenerwerbsquote, die eher einem Entwicklungsland entspricht, eine demografische Entwicklung, die noch deutlich problematischer ist als in anderen Industriestaaten, sowie ein gebremster sozialer Wandel und eine Dominanz von Konservativen und Traditionalisten. Dazu kommt eine Abneigung gegenüber Migration. Kann all das miteinander zusammenhängen?

Man könnte nun normativ argumentieren, dass Staaten, die durch die ökonomische Offenheit Gewinne erzielen, auch offen sein sollten für Migration – Menschen folgen gewissermaßen dem Geld und den Arbeitsplätzen. Normative, also an Wertmaßstäben orientierte, Argumente überzeugen jedoch nur Menschen, die bereits die zugrunde gelegten Werte teilen. Wäre es überhaupt möglich, Japan zu kopieren? Nun, man muss sich wohl von dieser Fantasie verabschieden. Denn Japan hat zum einen eine andere Geschichte und zum anderen eine andere geografische Lage. Noch entscheidender ist aber: Japan kann sich überhaupt nur deshalb gegen Migration entscheiden, weil die meisten anderen Staaten einen anderen Weg gehen. Würden alle ihre Grenzen dichtmachen, klappte es bei keinem – aber zur globalen Migration später. Im Übrigen profitierte Japan in der Vergangenheit zum einen von den im Ausland lebenden Japanern und zum anderen von den vielen Studierenden, die für Auslandsstudien oder Auslandssemester in Einwanderungsländer geschickt wurden.

Noch wichtiger ist es, die positiven funktionalen Aspekte von Migration für Einwanderungsländer zu thematisieren. Eine nationale Gesellschaft, die selbst ähnlich komplex ist wie die Welt, hat enorme Vorteile. Globalisierungsgewinner leben von ihrer inneren Globalität. Einwanderungsländer sind genauso vielfältig, dynamisch und komplex wie die Welt. Das Erfolgsgeheimnis von Einwanderungsgesellschaften liegt darin, dass sie alle Kompetenzen der Welt innerhalb ihrer eigenen Gesellschaft schon haben, dass sie alle Probleme und Konflikte, alle Denk- und Handlungsmuster, die es gibt, schon kennen. Das ist nicht gemütlich, aber es macht enorm handlungsfähig und robust. Man hat die Welt zu Hause – oder genauer: Es existiert Globalität vor Ort. Homogene Gesellschaften beschäftigen sich hingegen eher mit den eigenen Problemen, Konflikten und Kompetenzen, haben dadurch einen überschaubaren – man könnte sagen, provinziellen – Horizont. Vielfalt gibt es nicht nur in Hinsicht auf das Äußere, sondern auch auf Problemlösungsstrategien. Es werden differenzierte und variable Verhaltensregeln und Orientierungsmuster »normal«. Es kommen immer wieder »neue« Menschen, die fleißig und innovativ sind, die sich aufs Neue beweisen müssen, die aber auch immer wieder aufs Neue die Sprache lernen müssen und andere Sichtweisen, Lebensweisen und Kompetenzen mitbringen. Die Gesellschaft verändert sich permanent, und gleichzeitig wiederholen sich die Herausforderungen permanent. Man ist nie fertig.

Das fördert eine Dynamik, die jedes Jahr aufs Neue zur Reflexion zwingt. Regelmäßig muss sich die Gesellschaft hinterfragen: Was wollen wir bewahren, was hält den Fortschritt auf, welche Traditionen und Werte müssen wir überdenken? Dies betrifft insbesondere die konservativen Milieus, die für den sozialen Wandel und die Möglichkeiten von Gleichstellung von größter Bedeutung sind. Auffällig war etwa, dass nach dem langen Sommer der Migration im Jahr 2015, also der sogenannten Flüchtlingskrise, prominente männliche CSU-Politiker sich selbst zu Anführern der Frauen- und der Queer-Bewegung ernannten. Typisch deutsch wurde dann auch, dass selbst die Konservativsten die Gleichstellung von Mann und Frau sowie die Akzeptanz von Homosexualität forderten. Bereits 2016 heißt es im Grundsatzprogramm der CSU:

»Auch in gleichgeschlechtlichen Partnerschaften werden Werte gelebt, die grundlegend für unsere Gesellschaft sind. Das verdient Anerkennung. Es ist richtig, dass der Staat mit der eingetragenen Lebenspartnerschaft eine eigene Institution dafür vorhält. Jegliche Form von Diskriminierung gegenüber diesen Partnerschaften, auch die personenstandsrechtliche, lehnen wir entschieden ab.«[75]

Ein halbes Jahr später wurde die gleichgeschlechtliche Ehe im Bundestag beschlossen. Die Flüchtlinge, die durch Bayern gezogen sind, haben diese Entwicklung entscheidend begünstigt, zumindest deutlich beschleunigt.[76] Ganz ähnlich verhält es sich mit anderen Problemen, die ohnehin existierten, aber erst durch Migration ins Bewusstsein rückten, etwa dass man es Jahrzehnte versäumt hatte, sich um einen sozialen Wohnungsbau, bezahlbaren Wohnraum und die soziale Durchmischung von Stadtteilen zu kümmern. Auch Waffenexporte, Zölle und die Umweltverschmutzung werden intensiver diskutiert. Neben solchen offensichtlichen Aspekten sind es aber besonders die weichen Themen, auf die sich der Reflexionszwang bezieht: Wer sind wir, was ist deutsche Kultur, was ist deutsche Identität, was ist deutsch und was gehört zu Deutschland?

Das ist sehr anstrengend, macht die Gesellschaft keineswegs harmonisch, gemütlich und konfliktfrei. Migration bedeutet für beide Seiten Stress – für die Migrant:innen und die aufnehmende Gesellschaft. Migrant:innen geben Heimat und Status auf und müssen bei null anfangen, die Gesellschaft muss mit Herausforderungen, sozialen Konflikten und einem beschleunigten sozialen Wandel zurechtkommen. Aber genau deshalb sind liberale Einwanderungsgesellschaften die innovativsten, dynamischsten und erfolgreichsten Gesellschaften überhaupt.

Migrationsgesellschaften müssen fast schon zwangsläufig chaotisch sein, ihnen geht schlicht die Ordnung verloren. Denn es gibt eine Ungleichzeitigkeit von Entwicklungen und eine Gleichzeitigkeit von Vielfalt. Globalität auf der einen Seite, Provinzialität auf der anderen Seite, Menschen, die noch mehr Globalität wollen, und Menschen, denen es zu viel wird. All das ist die gleichzeitige Realität in Migrationsgesellschaften. Und entsprechend muss man sich durchaus mit Themen beschäftigen, die altmodisch klingen. Wie können wir Geschichte und Traditionen bewahren? Und: Wie können wir die nationale Einheit bewahren? Das sind zwei wesentliche Fragen, und es ist wichtig, dass es zwei unterschiedliche Fragen sind. Sie sind nicht deckungsgleich.

Wer ist »Wir« und was ist Heimat?

Es gibt die Geschichte, die man im Museum bestaunen kann, und es gibt Geschichte, die gelebt wird. Wenn wir in fremde Länder reisen, dann wollen wir in der Regel auch etwas über die Geschichte dieser Länder erfahren. Am liebsten auf eine Weise, die greifbar und erlebbar ist: nationale Kultur und Tradition. Nun ist es offensichtlich, dass es in Einwanderungsländern deutlich schwieriger ist, Traditionen zu bewahren. Aber warum eigentlich? Der folgende Satz, der dem Franzosen Jean Jaurès zugeschrieben wird, hat mein Denken nachhaltig geprägt:

»Traditionen zu pflegen heißt nicht, die Asche zu bewachen, sondern die Glut anzufachen.«

Traditionen, Sitten und Bräuche müssen gelebt werden, ansonsten gehen sie verloren oder werden im Museum »bewacht«. Eines der größten Missverständnisse ist, dass es Migrant:innen wären, die für den Verlust an Tradition und Kultur oder gar Heimat verantwortlich wären. Wie könnten Migranten dafür verantwortlich sein, dass konservative Werte und Traditionen nicht mehr gelebt werden, wo sie doch die besten Verbündeten sind, wenn es um die Bewahrung von Kultur und Traditionen geht? Wenn Weihnachtsmärkte zu Wintermärkten werden, dann entweder deshalb, weil Christen darauf hinweisen wollen, dass Konsum nicht dem weihnachtlichen Gedanken entspricht, oder weil Atheist:innen und Agnostiker:innen sich daran stören, oder aber, weil durch die kommunale Verwaltung zu vermeiden versucht wird, dass auch Muslime religiöse Feste im öffentlichen Raum feiern – in keinem Falle aber handelt es sich um ein Entgegenkommen gegenüber Muslim:innen oder Migrant:innen.

Ähnlich verhält es sich mit dem Osterhasen, der tatsächlich eher ein Traditionshase ist, als dass er mit der Auferstehung Christi zu tun hätte. Häufig sind es pragmatische Gründe, die dazu führen, dass es in Kindertageseinrichtungen und Schulen kein Schweinefleisch gibt. Ich kann mich noch daran erinnern, dass ich als Kind ein eigenes Gericht bekommen habe, wenn Schweinefleisch auf dem Plan stand. Und dann passierte, was passieren musste: Andere Kinder wollten auch diese »Extrawurst« und fühlten sich benachteiligt. Zwei oder mehrere Gerichte für alle anzubieten, ist allerdings teuer und aufwendig. Heute wünschen sich Eltern mehr vegetarische und gesunde Kost für ihre Kinder und lehnen Schweinefleisch oft aus gesundheitlichen Gründen ab.

In Großstädten wurden Traditionen nie besonders bewahrt. Dass sie in kleineren Orten und in ländlichen Gebieten nicht mehr gelebt werden und diese Regionen unter Abwanderung leiden, ist auch nicht Migrant:innen zuzuschreiben. All das ist eher durch die Einheimischen verursacht, die »zu« offen sind für Neues, durch junge Menschen, die in der Optionenvielfalt etwas Positives sehen, oder aber auch dadurch, dass es kaum wirklich konservative Diskurse und konservative Intellektualität gibt. Konservative Positionen treten im öffentlichen Diskurs überhaupt nur noch als alberne und eher unseriöse Provokationen auf.

Auch der gefühlte Heimatverlust hat eher mit Digitalisierung, Strukturwandel und der politischen Vernachlässigung des ländlichen Raums zu tun als mit Migranten. Den meisten Migrant:innen ist die offene Gesellschaft selbst zu chaotisch und zu unbeständig.

Von Migrant:innen werden Zusatzangebote platziert, die manchmal als attraktiver wahrgenommen werden als das Altbekannte. Traditionen und Kultur zu pflegen bedeutet, Traditionen und Kultur zu leben, attraktiv zu halten. Das ist etwas völlig anderes, als Migrant:innen auszugrenzen. Die Sehnsucht nach der Vergangenheit oder nach historischen Luftschlössern ist nicht attraktiv. Junge Menschen heute – und auch die meisten Älteren – würden es keine zwei Wochen im Deutschland der 1960er aushalten. Zu autoritär, zu verschlossen, zu naiv, zu bieder, zu ordnungsverliebt und zu langweilig. An den guten alten Zeiten war das meiste nicht gut. Solch eine folkloristische Nostalgie führt nicht weiter. Es bedarf einer ernsthaften Auseinandersetzung, die – leider – auch anstrengend sein wird, auch deshalb, weil sie wirklich anspruchsvoll ist, will man nicht in die Falle tappen, die Schuld den Migrant:innen in die Schuhe zu schieben.

Schnell wird in diesem Zusammenhang der Ruf nach einer Leitkultur laut. Dahinter verbirgt sich die Sehnsucht danach, sowohl Kultur und Tradition als auch Zugehörigkeiten und Identität auf einen Punkt zu bringen. Wie soll das funktionieren?

Eine Leitkultur, die sich in die private Lebensführung einmischt oder gar das Ablegen eines religiösen Bekenntnisses fordert, ist verfassungswidrig. Auch das Gerede von der abendländischen Kultur ist nicht zielführend. Die Gleichstellung der Geschlechter ist weder deutsche noch christliche Tradition, sondern wurde gegen die deutsche und christliche Tradition erkämpft. Ähnlich verhält es sich mit der Religionsfreiheit und all den anderen Grund- und Menschenrechten. Sie sollen gerade ermöglichen, dass sehr unterschiedliche Menschen nebeneinander und miteinander leben können. Es sind Ideale und Werte mit universellem Anspruch, die nicht einer Gruppe gehören. Die offene Gesellschaft ist für alle da, auch um das friedliche Zusammenleben verschiedener konfessioneller Gruppen und Konfessionsloser zu ermöglichen. Aber dass regelmäßig darüber intensiv diskutiert wird, ist begrüßenswert: Die einen betonen das christliche Abendland, die anderen betonen die vorchristliche Philosophie und die europäische Aufklärung, wieder andere sprechen über moderne und postmoderne Migrationsgesellschaften. Ein Selbstverständigungsprozess, der außerordentlich wichtig ist.

Sobald man den Versuch unternimmt, eine konkrete deutsche Leitkultur zu definieren, wird es schnell lächerlich. Dazu gehört ein 2017 im Bundesinnenministerium mit heißer Nadel gestricktes Papier, in dem es etwa heißt: »Wir zeigen unser Gesicht« und »Wir geben uns die Hand« oder auch »Wir sind nicht Burka«. Dieser grammatikalisch problematische Duktus lädt zu polemischen Kommentaren ein: »Zählt die Getto-Faust auch als Handgeben?«, »Ich gebe lieber ein Begrüßungsküsschen, geht das auch?« oder »Für 7 Milliarden Menschen gilt, dass man keine Burka trägt und sich die Hand gibt. Gehören die jetzt auch dazu? Ist das eine Einladung zur Einwanderung?«.[77]

Eine Diskussion darüber, wie die ältere und neuere Geschichte zusammen mit der Gegenwart und einer positiven Idee von der Zukunft zu einer Selbstverständigung führt, ist natürlich notwendig. Eine solche Selbstverständigung kann nur über Debatten, vielleicht auch über Streit vollzogen werden. Ob man dies Leitkultur, Leitbild oder Vision nennt, ist nicht entscheidend. Die zentrale Notwendigkeit ist hingegen, dass Geschichte, Gegenwart und Zukunft zusammen gedacht und Menschen und Gruppen nicht per se ausgeschlossen werden. Kultur, Identität und Bewusstsein sind schon lange nicht mehr einfach da, sondern müssen hergestellt werden. Es geht darum, was wir sind und wer das Wir ist. Das sind anstrengende und wichtige Diskurse, die zeigen, dass wir viel weiter sind, als man bei einer Betrachtung der oberflächlichen Diskussionen glauben würde.[78]

Dass wir diese Diskurse führen, ist der reinste Beleg dafür, dass wir es mit einer offenen Gesellschaft zu tun haben. Jeder hier lebende Mensch ist eingeladen, dazuzugehören, mitzumachen und mitzustreiten. Dabei muss man sich an Regeln halten, man kann aber auch dazu beitragen, sie zu verändern. Ansonsten kann jeder Mensch so leben, wie er will, solange keine anderen Menschen oder Gemeinschaften zu Schaden kommen. Das ist schnell gesagt, aber schon anstrengend genug.

Offene Gesellschaften sind Migrationsgesellschaften. Sie sind offen und bieten von sich aus relativ wenig Orientierung. Es gibt offenere Milieus, weniger enge Bindungen, aber dafür mehr Freiheit und Gestaltungsspielraum, Optionenvielfalt und Dynamik. Orientierungen sind nicht mehr »natürlich« gegeben, sondern müssen innerhalb der offenen Gesellschaft genauso entwickelt werden wie auch Solidarität, Zugehörigkeit und Zusammenhalt. Diese Werte waren, wenn man ehrlich ist, in vergangenen Jahrhunderten aufgrund von krassen Unterdrückungsverhältnissen, Diskriminierungen und Zwängen stärker ausgeprägt als heute, klar. Aber positiv war das nicht. Diskriminierungen und Zwänge wurden ja nicht ohne Grund bekämpft. Die offene Gesellschaft ist im Fluss, sie ist eine Aufgabe, ein Spielfeld. Spielen muss man aber noch.

Selbstverständlich wird es immer wieder Schließungstendenzen in einer immer offener werdenden Gesellschaft geben. Innovation und Fortschritt stehen auf der einen Seite, Abwehr und Schließung gehören auf der anderen Seite genauso dazu. Den Ankerpunkt bilden soziale Konflikte zwischen Menschen, Gruppen und Interessen, die es überhaupt nur gibt, weil Integrationsprozesse gelungen sind. Beendet ist dieser Prozess wahrscheinlich nie. Dynamik, Spannung und ein bisschen Chaos gehören dazu.

Desintegration führt zu sozialen Problemen, die es in jeder Gesellschaft gibt, die aber in Einwanderungsgesellschaften besonders intensiv beobachtet und bearbeitet werden müssen. Gelungene Integration führt zu sozialen Konflikten, woraus sich ein beschleunigter sozialer Wandel entwickelt, der wiederum zu neuem Potenzial für Konflikte führt. Die Konflikte in der offenen Gesellschaft haben mit der Offenheit selbst zu tun. Der Zugang zum Tisch ist offen – es ist keine geschlossene Gesellschaft, weder nach innen noch nach außen. Am Tisch sind sich verschiedene Gruppen nähergekommen. Das ist das Gegenteil von Spaltung – auch wenn es sich ähnlich anfühlt. Wenn man den Begriff Spaltung verwenden möchte, dann kann man von gespaltenen Einstellungen dazu, wie man das Zusammenwachsen aktuell erlebt, sprechen. Es geht also sowohl um unterschiedliche Wahrnehmungen der Realität als auch um Unterschiede in Hinblick auf die Erwartungen. Wie erlebt jemand die derzeitige Situation, und wie wünscht sie oder er sie sich eigentlich? Da die Gesellschaft kein Wunschkonzert ist, sind das zentrale Fragestellungen, die in einem Aushandlungsprozess im Raum stehen. Und da die Gesellschaft kein exklusiver Golfklub ist, müssen sich alle daran beteiligen dürfen.

Dadurch sitzen so viele und so unterschiedliche Menschen am Tisch wie noch nie. Bevor man jedoch am Tisch historische Seminare über die deutsche und europäische Geschichte abhält, was ich für außerordentlich wünschenswert halte, was aber offenbar derzeit nicht wirklich funktioniert, sollte man sich darüber verständigen, wie man sich streitet. Die Gesetze allein reichen nicht. Sie sind notwendige, aber nicht hinreichende Bedingung. Denn Gesetze erlauben es, beleidigt zu sein, gewinnen zu wollen oder Dominanz zu suchen. Gesetze sagen auch nichts über Anerkennungs- und Zugehörigkeitsgefühle aus. Es bedarf also einer Streitkultur, die zumindest übergangsweise das wichtigste Element einer Leitkultur ist. Konfliktfreude und Verständigungsbereitschaft sind zentrale Aspekte, die aber rechtlich nicht vorgeschrieben werden können.

Ein Kennzeichen offener Einwanderungsgesellschaften ist es, dass alle, die wollen, zum Wir gehören können. Nicht Migration macht die offene Gesellschaft aus, denn auch in Russland und Saudi-Arabien findet beträchtliche Migration statt, sondern Integration und Teilhabe. Das ist es, was unter anderem die USA, Kanada, Australien, Österreich und Schweden gemeinsam haben. Und daraus entwickeln sich vergleichbare Konflikte und Schließungstendenzen. Während Integration die Offenheit nach innen darstellt, steht

Migration – neben anderen Dimensionen der Globalisierung – für die Offenheit nach außen. Innere und äußere Offenheit sind nicht dasselbe, sie lassen sich aber mit den gleichen Begriffen und Mechanismen begreifen – sogar mit der Tisch-Metapher.

IV ÄUSSERE OFFENHEIT, ÄUSSERE KONFLIKTE

Die Welt schrumpft zusammen

Die äußere Offenheit ist ein zentrales Kennzeichen moderner Gesellschaften. Diese Offenheit hat den Soziologen Niklas Luhmann bereits vor über dreißig Jahren dazu veranlasst, Gesellschaft nur noch im Singular, nämlich als eine Weltgesellschaft, zu begreifen.[79] Die Entwicklung hin zur Weltgesellschaft, die Globalisierung, ist zu komplex, um sie auf einen einfachen Nenner zu bringen. Dennoch lohnt es sich, einige Prozesse und Mechanismen zu beschreiben, um auch besser verstehen zu können, weshalb sehr viele Entwicklungen global sehr ähnlich verlaufen, wie stark alles miteinander verstrickt ist und wie man zumindest versuchen kann, einen Überblick zu behalten.

Der ehemalige Bundestagspräsident Norbert Lammert, bei dem ich in Bochum studieren durfte, hat immer wieder folgenden Satz zitiert: »Globalisierung ist für die Wirtschaft das, was die Schwerkraft für die Physik ist.« Die Schwerkraft ist hoch problematisch – jeder Bandscheibenvorfall, alle Gelenkbeschwerden und jeder Flugzeugabsturz werden letztlich von der Schwerkraft verursacht. Man muss die Schwerkraft nicht toll finden, man darf sie sogar ablehnen, aber man sollte mit ihr rechnen – idealerweise sehen wir sie als selbstverständlich an oder erinnern uns daran, dass ohne Schwerkraft auch kein Leben existieren würde. Und so ist es auch mit der Globalisierung. Tatsächlich muss man diesen Vergleich weit über die Wirtschaft hinaus ausweiten. In nahezu allen Bereichen des Lebens kann die Entwicklung hin zur Globalisierung beobachtet werden. Sie ist fast ein Naturgesetz.

Es fängt schon damit an, dass wir Menschen an einem Ort »entstanden« sind, höchstwahrscheinlich in Afrika, und uns dann in alle Richtungen global ausgebreitet haben. An verschiedenen Orten dieser Welt entwickelten sich dann unterschiedliche biologische und kulturelle Ausprägungen von Populationen, die immer wieder mal in Kontakt gekommen sind, aber weitgehend isoliert voneinander blieben. Die Welt wurde also durch die Spezies Mensch erschlossen, aber das ist noch keine Globalisierung.

Nicht nur, aber ganz besonders von Europäern ausgehend, wurde die Welt ab dem Ende des 15. Jahrhunderts erneut erschlossen. Der Migrationshintergrund vieler Nahrungsmittel ist uns kaum noch bewusst. Die Kartoffel kommt ursprünglich aus Südamerika, Orangen aus China – das Wort »Apfelsine« bedeutet »Apfel aus China« – und Kaffee aus Afrika. Noch vor 500 Jahren waren diese Nahrungs- und Genussmittel in Europa gänzlich unbekannt. Auch wenn schon länger in Europa beheimatet, geht man heute selbst beim Apfel davon aus, dass er ursprünglich aus Asien stammt.

Nachdem sich die Spezies Mensch unkoordiniert über Jahrtausende hinweg auf dem Planeten verbreitete, was viele andere Lebewesen auch taten, begann Globalisierung insbesondere durch die Schifffahrt vor einigen Hundert Jahren und veränderte die Welt. Europäer erschlossen sich alle Kontinente und nahmen Einfluss auf das natürliche und soziale Gefüge in vielen Weltregionen. Durch die Übertragung von Krankheiten, durch Krieg und durch Verdrängung wurden ganze Ethnien und Gemeinschaften vernichtet. Gleiches lässt sich für Tierarten und Wälder zeigen. Und man muss sich immer wieder vor Augen führen, dass die meisten Menschen, die heute nicht dort leben, wo sie ursprünglich »ethnisch« ihre Wurzeln haben, weiße Europäer sind, die heute in allen Ländern der Welt beheimatet sind, aber insbesondere in Australien, Nord- und Südamerika sowie im Süden Afrikas. Auf Platz zwei der Liste derjenigen, die heute nicht dort leben, wo sie ursprünglich herkommen, sind die Afrikaner, die jedoch von Europäern deportiert wurden.

Vor über 500 Jahren begann der Prozess, den wir heute Globalisierung nennen. Vielleicht müsste Globalisierung nicht wie ein Naturgesetz betrachtet werden, es ist durchaus eine Welt ohne Globalisierung denkbar. Aber es wäre eine Welt ohne Schifffahrt und Tourismus, ohne Weltmeisterschaften und Internet, ohne Kartoffel und Kaffee. Wer gegen Globalisierung ist, um sich und sein Leben zu schützen, muss sich dessen bewusst sein, dass ohne Globalisierung praktisch nichts Schützenswertes existieren würde. Man kann sich die Welt ohne Globalisierung vorstellen, aber es wäre eine gänzlich andere Welt, in der kaum etwas so wäre, wie es heute ist. Durch Neugier, Wettbewerb, europäisches Bevölkerungswachstum und Machtinteressen ging die Globalisierung von Europa aus – und bis heute sind die Europäer die Hauptprofiteure der Globalisierung, auch jene ursprünglich aus Europa stammenden Menschen in Amerika, Australien und Afrika.

Nach dieser – zugegebenermaßen eurozentrischen – Skizzierung eines halben Jahrtausends kommen wir zur Gegenwart. Vor fünfzig Jahren war das heutige Ausmaß an globaler Vernetztheit und globaler Abhängigkeit kaum absehbar. Die Welt wächst zusammen – und auch hier tut Zusammenwachsen weh. Die Globalisierung hat gegenläufige Effekte: Die Welt wird immer kleiner und zugleich immer größer. Wie kann das sein?

Die Bewegungen von Geld, der Transport und die Produktion von Waren, die Bereitstellung von Dienstleistungen und die Kommunikation von Menschen kennen keine Grenzen mehr. Praktisch jeder Gegenstand des Alltags ist über die Rohstoffe, die Herstellung und den Transport ein Weltprodukt. Keiner überblickt und durchdringt mehr dieses megakomplexe weltumspannende System, das trotzdem – oder eher: deshalb – unglaublich gut funktioniert. Interessant ist darüber hinaus, dass es den Staaten desto besser geht, je stärker sie Teil der globalen Vernetzung sind, und andersherum: Die Länder, deren Entwicklung stagniert, etwa Nordkorea und einige Staaten Afrikas, leiden an zu wenig Globalisierung und nicht an zu viel. Auf die hoch problematische Wirtschaftspolitik der reichen Staaten komme ich noch zu sprechen.

In weniger als 24 Stunden kann man jeden Ort der Welt erreichen. In Sekunden kann man global Informationen abrufen oder bereitstellen, mit Menschen (fast) überall auf der Welt kommunizieren. Schifffahrt, Luftverkehr, Datenströme und mobile Kommunikation haben sich wie ein feinmaschiges Netz um den Planeten gespannt und aus der Welt ein Dorf gemacht. Alles geht immer schneller, und deshalb sind wir uns näher gekommen. Raum und Zeit schrumpfen, Grenzen spielen eine immer geringere Rolle. Wir nehmen immer mehr wahr, was in anderen Weltregionen passiert, und gleichzeitig wird alles, was wir machen, beobachtet – multimedial und in Echtzeit.

Dies führt dazu, dass sich Konsum und Alltag langsam, aber zunehmend ähneln. Eine solche Trans- oder Hyperkultur wirkt irgendwie westlich, aber das kann ein Wahrnehmungsfehler oder eine Fehlinterpretation sein, weil die westliche Kultur der Einwanderungsländer eine sehr globale ist. Um nur ein Beispiel zu nennen: Während die Islamisierung des Abendlandes befürchtet wird, klagen andere über die Verwestlichung des Morgenlands. In allen Ländern, die ich bisher besucht habe, klagen oder freuen sich Menschen über den gleichen Mechanismus: Wir kommen uns näher und wachsen zusammen, was bedeutet, dass man Neues erfährt und übernimmt, aber auch Traditionelles aufgibt oder vergisst. Was in Einwanderungsländern passiert, lässt sich weltweit – wenn auch deutlich langsamer – erkennen.

Nationale Grenzen spielen also praktisch kaum noch eine Rolle – außer für einige Menschen oder genauer: für bestimmte Menschen. Während man mit einem deutschen Reisepass praktisch weltweit reisen darf und vergleichsweise unproblematisch migrieren kann, gilt dies für die meisten Menschen nicht. Neben dem »richtigen« Reisepass fehlt den meisten Menschen auch das Geld zum Reisen. Während es immer mehr kurzfristige Bewegungen von Menschen gibt, also Tourismus, ist die dauerhafte Migration auf vergleichsweise geringem Niveau. Aber dazu später.

Die Welt wächst und wächst

Die Welt ist klein geworden, unser Planet ist zu einem Dorf zusammengeschrumpft, gleichzeitig ist die Welt unfassbar gewachsen. Heute leben 7,8 Milliarden Menschen auf der Erde. Als vor etwa 500 Jahren die Globalisierung begann, waren es etwa 500 Millionen, also 7 Milliarden weniger als heute. Um das Jahr 1500 lag die Weltbevölkerung bei unter 7 % des heutigen Niveaus oder anders ausgedrückt: Heute gibt es 15-mal mehr Erdenbewohner als vor einem halben Jahrtausend.

Um das Jahr 1800 lebten erstmals 1 Milliarde Menschen auf der Erde, in den 1920er-Jahren wurden es bereits 2 Milliarden, im Jahr 1960 waren es dann schon 3 Milliarden, 4 Milliarden im Jahr 1970, bereits 1987 5 Milliarden, 1999 6 Milliarden und im Jahr 2011 7 Milliarden Menschen. Derzeit steigt die Anzahl jährlich ziemlich genau um die Einwohnerzahl Deutschlands. In den 2050er-Jahren wird die 10-Milliarden-Marke erreicht werden.[80]

Derzeit leben 500 Millionen Menschen in der Europäischen Union – so viele wie um das Jahr 1500 weltweit. Mit etwa 740 Millionen Einwohnern ist heute ziemlich genau jeder zehnte Erdbewohner ein Europäer. 60 % der Weltbevölkerung entfallen auf Asien, 16 % auf Afrika, 14 % auf Nord- und Südamerika. Während sich in absoluten Zahlen

Vervielfachungen ergeben haben, ist die anteilsmäßige Verteilung der Weltbevölkerung – anders als allgemein angenommen – vergleichsweise stabil. Um Christi Geburt war der Anteil Asiens mit 70 % und Europas mit 18 % höher als heute, während der Anteil Afrikas mit 10 % etwas und der Anteil Amerikas mit 3 % erheblich niedriger waren. Die allgemeine Wahrnehmung, dass Indien und China neuerdings aufgrund der Bevölkerungszahl eine immer größere Rolle spielen, ist irreführend. Während heute jeder dritte Mensch in Indien oder China lebt, war es zur Zeitenwende und auch im Mittelalter mehr als jeder Zweite. Die veränderte Bedeutung von Indien, China und anderen Weltregionen hat weniger mit der Bevölkerungsgröße, sondern vielmehr mit der Globalisierung selbst zu tun.

Was sich ganz deutlich verändert hat, ist das Durchschnittsalter der Bevölkerung. Während in manchen Erdteilen das Durchschnittsalter sinkt, steigt es in den wohlhabenden Staaten. In den Staaten der Welt, in denen heute die Einwohnerzahl wächst, handelt es sich um relativ junge Bevölkerungen. Als die Bevölkerung in Europa wuchs, startete von hier aus die Globalisierung, und Europäer erschlossen sich die Welt. Bei einem deutlichen Bevölkerungswachstum wird Auswanderung wahrscheinlicher, denn es gibt – zumindest übergangsweise – keine Lebensperspektiven für einen Teil der jüngeren Menschen.[81] Heute stagniert die Bevölkerungszahl in Europa, während sie in allen anderen Teilen der Welt steigt. Das macht Migration in Zukunft wahrscheinlicher, bedeutet aber auch, dass wir uns für die ökonomische und soziale Entwicklung außerhalb Europas interessieren müssen. Das nachhaltige europäische Eigeninteresse besteht ganz zentral darin, nicht kurzfristigen Interessen zu folgen.

Die Bevölkerung wird in Europa zum Teil erheblich altern, aber sie wird in den Einwanderungsländern nicht schrumpfen. Über Jahrzehnte wurde propagiert, dass wir älter und weniger würden. Das Erste stimmt, das Zweite ist schlicht falsch. Ohne Einwanderung würde die Bevölkerungszahl in Deutschland und anderen Staaten tatsächlich zurückgehen. Die Parole aus dem vergangenen Jahrhundert, wir müssten die Geburtenzahlen steigern, damit dies nicht geschieht, ist heute nicht mehr gültig. Denn die Eltern (insbesondere die potenziellen Mütter), die wir dafür bräuchten, sind seit den 1980ern gar nicht geboren worden. Um die Bevölkerungszahl stabil zu halten und damit auch die gesamte Infrastruktur, benötigen wir Einwanderung. Durch Einwanderer kann die Bevölkerungszahl stabilisiert und die Alterung der Bevölkerung verlangsamt werden.[82]

Die Welt wird kleiner und größer. Die soziale Welt ist kleiner geworden, weil wir uns näherkommen und zusammenwachsen. Die Welt ist größer geworden, weil die Menschheit wächst und wächst. Und gleichzeitig ist der Planet noch derselbe. Letzteres stimmt nicht ganz. Die größten Probleme, die wir derzeit haben, sind die Verfassung der Erde und der voranschreitende Klimawandel. Dafür, dass die Weltbevölkerung derart angestiegen und die Menschheit gleichzeitig miteinander verflochten ist, kann die globale Situation als vergleichsweise günstig beschrieben werden. Einzige Ausnahmen sind zweifelsohne die Umweltverschmutzung und der Umgang mit den natürlichen Ressourcen. Aber viele andere relevante Entwicklungen gehen in die richtige Richtung.

Es wird alles besser – und deshalb nimmt die Migration zu

Die globale Situation ist nicht nur außerordentlich komplex, sondern insbesondere geprägt durch paradoxe Zusammenhänge. Die meisten Wechselwirkungen werden auch deshalb nicht erkannt, weil eine ganze Reihe positiver globaler Entwicklungen nicht ins öffentliche Bewusstsein dringen, sich dafür aber einige Mythen nachhaltig in öffentlichen Diskussionen halten.[83]

Entgegen der öffentlichen Wahrnehmung steigen Durchschnittseinkommen und durchschnittliche Lebenserwartung in nahezu allen Staaten weltweit. Dies hängt auch mit einer deutlichen Verringerung von Anzahl und insbesondere Anteil der von Hunger bedrohten bzw. absolut armen Menschen zusammen (allerdings gab es hier in den letzten Jahren wieder einen leichten Anstieg). Die Alphabetisierungsrate und der Zugang zu Bildung haben sich enorm verbessert. Selbst die Anzahl von Kriegen und kriegerischen Konflikten sowie von Kriegsopfern liegt unterhalb des durchschnittlichen Niveaus der zweiten Hälfte des vergangenen Jahrhunderts. All diese positiven Entwicklungen finden statt, während sich die Weltbevölkerung vervielfacht. Das ist zunächst mal erstaunlich.[84]

Der signifikante Anstieg der Flüchtlingszahlen weltweit – mit dem aktuellen Höchstwert seit dem Zweiten Weltkrieg – hängt mit dem syrischen Bürgerkrieg zusammen. Allerdings steigt das Flüchtlingsaufkommen etwa seit Ende der 1990er-Jahre – damals knapp 35 Mio. Menschen – kontinuierlich an. Bei den weltweit über 65 Mio. Flüchtlingen 2015 und 2016 handelt es sich überwiegend um Binnenflüchtlinge (ca. 40,8 Mio.), also um Menschen, die sich innerhalb des eigenen Landes auf der Flucht befinden. Während sich die Anzahl der Binnenflüchtlinge im Laufe der letzten zwanzig Jahre etwa verdoppelt hat, erhöhte sich die Anzahl der internationalen Flüchtlinge weniger stark. Etwa 24,5 Mio. flüchteten ins Ausland, meist in Nachbarländer. Lediglich 6 % der Geflüchteten insgesamt befinden sich in Europa, fast 70 % in Afrika und im Nahen Osten.[85]

Zunächst lässt sich festhalten, dass sich die Anzahl der Flüchtlinge kontinuierlich erhöht hat. Dies gilt im Übrigen auch für Migration im Allgemeinen (inklusive Flüchtlingen): Während im Jahr 1965 ca. 75 Mio. Menschen außerhalb ihres Herkunftslandes (ausgehend vom Geburtsort) lebten, waren es im Jahr 2000 bereits 173 Mio. Bis 2015 stieg der Wert auf 244 Mio. weiter deutlich an. Etwa ein Drittel (76 Mio.) von diesen internationalen Migranten lebt derzeit in Europa, allein in Deutschland sind es ca. 12 Mio. Damit belegt Deutschland hinter den USA (47 Mio.) Platz 2 weltweit. Dieser hohe Wert für Deutschland ist weitgehend unbekannt. Kaum jemand wird vermuten, dass auf Platz 3 Russland und auf Platz 4 Saudi-Arabien folgen.[86]

In den vergangenen Jahrzehnten haben sich also einige zentrale Indikatoren weltweit tendenziell positiv entwickelt, weniger Armut und Hunger, höhere Lebenserwartung und steigendes Durchschnittseinkommen, eine enorm gestiegene Alphabetisierungsrate und eine erhebliche Steigerung des Zugangs zu Bildung.[87] Gleichzeitig aber steigt die Anzahl von Migrant:innen im Allgemeinen und Flüchtlingen im Speziellen. Wie lässt sich dieser kontraintuitive Zusammenhang erklären?

Die absolute Zahl an Migrant:innen und Flüchtlingen ist enorm gestiegen, aber nicht der relative Anteil: Im Jahr 1965 waren etwa 2,5 % der Weltbevölkerung Migrant:innen, also Menschen, die selbst im Laufe ihres Lebens dauerhaft international migriert sind. Bis Ende des Jahres 2015 stieg dieser Wert auf etwa 3,5 %. Es handelt sich also um einen Anstieg um einen Prozentpunkt in Relation zur Weltbevölkerung, die sich im Laufe dieser fünfzig Jahre aber mehr als verdoppelt hat. Im Verhältnis zur Weltbevölkerung hat sich der Anteil der Menschen, die auf der Flucht sind, etwas stärker erhöht (von 0,6 % auf 0,9 %). Aus dieser Perspektive erscheinen die Dimensionen jedoch keineswegs so hoch, wie man es für das Zeitalter der Globalisierung vermuten müsste. Tatsächlich hat sich die Globalisierung noch nicht so stark auf Migration ausgewirkt, wie dies in vielen anderen Bereichen der Fall ist. Vielmehr lassen sich Migration im Allgemeinen und Flucht im Speziellen als relativ stabile Phänomene mit moderaten Zuwächsen beschreiben – im Hinblick auf Flucht mit zum Teil erheblichen Ausreißern aufgrund von gewaltsamen Konflikten sowie sich verschärfender politischer Instabilität, die zu akuten humanitären Krisen führen. Am Rande sei erwähnt, dass etwa 40 % der Migrant:innen weltweit aus Schwellenländern in reichere Länder migriert ist. Diese sogenannte Süd-Nord-Migration ist also nicht der Regelfall. Es gibt beträchtliche Süd-Süd-Migration, zum Beispiel von Bangladesch nach Indien, und Nord-Nord-Migration, etwa von Deutschland nach Dänemark oder Kanada.

Die Daten sind keinesfalls so dramatisch und überwältigend, wie dies häufig suggeriert wird. Demgegenüber hat die unmittelbare Betroffenheit in Deutschland deutlich zugenommen. Anders als in vergangenen Jahrzehnten haben sich mehrere Krisenherde an der Peripherie Europas etabliert (Türkei, Syrien, Ägypten, Libyen, Ukraine), die zum einen Elend und Not erzeugen und zum anderen der europäischen Abschottungspolitik die Grundlage entziehen. Die nun entstandene extrem erhöhte Aufmerksamkeit begünstigt eine verzerrte Wahrnehmung. Zudem werden heute durch das sich verstetigende Bewusstsein, ein Einwanderungsland zu sein, bestimmte Problemstellungen und Herausforderungen, die sehr lange ignoriert wurden, eher überbetont.

Am bedeutsamsten erscheint jedoch ein allgemeiner Zusammenhang: Verbessern sich Lebensniveau und Lebenserwartung in einem Entwicklungsland, steigert das – zumindest zeitweise – die Auswanderung aus diesem Land. Derzeit verzeichnen wir praktisch keine Zuwanderung aus den ärmsten Ländern der Welt. Dies hängt damit zusammen, dass die Migration – insbesondere nach Europa – eine große Herausforderung für die Migrierenden darstellt. Migration über weite Strecken erfordert ein vergleichsweise hohes Maß an Fitness, viel Geld und gute Netzwerke. Menschen, die krank, unter- oder mangelernährt sind, sind den Strapazen der Migration in aller Regel nicht gewachsen. Dies gilt für alle Formen der Migration und führt etwa im Bereich der Fluchtmigration dazu, dass besonders schutzbedürftige und besonders verletzliche Personengruppen wie etwa Mädchen, Schwangere, alte Menschen und Menschen mit Behinderungen oder schweren Kriegsverletzungen (etwa Amputationen) praktisch kaum eine Möglichkeit haben, nach Europa einzureisen. Sie sind entsprechend in Deutschland (enorm) unterrepräsentiert. Die europäische Grenzpolitik stellt weitere Anforderungen an die geistige und körperliche Fitness von Flüchtlingen und verschärft diesen ohnehin bestehenden Zusammenhang deutlich. Es kommen nicht die Ärmsten und Schwächsten, und die meisten wandern nicht aus den ärmsten Ländern aus, sondern überwiegend aus Schwellenländern.

Es lässt sich also zum einen plausibel erklären, dass nicht trotz, sondern zum Teil aufgrund positiver Trends die Migrationsbewegungen moderat zunehmen. Zum anderen lässt sich eine zunehmende Bedeutung von Flucht innerhalb des Feldes Migration verzeichnen, was auch mit der Verstetigung von Krisen in der geografischen Nähe Europas zusammenhängt. Zum Dritten lässt sich festhalten, dass nationale Grenzen für bestimmte Menschen noch eine entscheidende Rolle spielen, während sie für Güter, Geld und Kommunikation de facto kaum mehr existieren.

Migrationsursachenbekämpfung – eine Illusion?

Der Grund dafür, dass Menschen migrieren, hängt fast immer mit einem Mangel zusammen. Meist handelt es sich um einen Mangel an physischer Sicherheit oder einen Mangel an Zukunftsperspektiven. Dauerhafte Migration einfach nur aus Spaß oder aus Leichtsinn findet praktisch nicht statt.

Eindrückliche Beispiele zeigte die Fernsehsendung »Die Auswanderer«, die in den 2000er-Jahren ausgestrahlt wurde. Hier wurden eine ganze Reihe von Personen und Familien aus Deutschland gezeigt, die in der Regel nicht aus Not, sondern aufgrund mehr oder weniger illusorischer Vorstellungen die Absicht hegten, Deutschland zu verlassen. Die Vorstellung war: Ich werde glücklicher, wenn ich eine Strandbar in Portugal oder Thailand eröffne. Mal wurde das schlechte Wetter in Deutschland, mal die schlechte Stimmung hierzulande als Begründung für die Auswanderung genannt. Meer, Strand, Cocktails – was kann es Schöneres geben? Migration auf die leichte Schulter zu nehmen, hat Folgen. Kurze Zeit später gab es eine neue Sendung: »Die Rückkehrer«. Migration aus Spaß währt nicht lange.

Als Ursachen, weshalb Menschen ihre Heimat verlassen, sogenannte Push-Faktoren, gelten ökonomische, politische und ökologische Gründe, insbesondere Arbeits- und Perspektivlosigkeit, Krieg, Verfolgung und Diskriminierung sowie Naturkatastrophen und Klimaveränderungen.[88] Es ist anzunehmen, dass durch sogenannte Klimaflüchtlinge in den kommenden Jahrzehnten die weltweite Migration deutlich erhöht wird. Ebenso werden die anderen Gründe, seien sie politisch oder ökonomisch, durch ein starkes Bevölkerungswachstum dauerhaft bestehen bleiben.

Ob und inwieweit Europa oder gar Deutschland die Einhaltung von Menschenrechten in verschiedenen Weltregionen durchsetzen, das Bevölkerungswachstum oder gar den Ausbruch von Kriegen und den Klimawandel verhindern können, ist durchaus fraglich. Hierfür wären umfassend veränderte und langfristig ausgerichtete Strategien der internationalen Beziehungen notwendig. Zudem ist die weitverbreitete und intuitiv plausible Vorstellung, man könne durch eine Ausweitung der derzeitigen Entwicklungshilfe und Wirtschaftsförderung die Zuwanderung nach Deutschland und Europa kurz- oder mittelfristig wirksam reduzieren, eher ein Mythos. Die Migrationsforschung deutet auf einen entgegengesetzten Zusammenhang hin.[89]

Vor diesem Hintergrund ist die vielfach geforderte Bekämpfung von Migrationsursachen und insbesondere von Fluchtursachen kritisch zu bewerten. Die Diskussion über die langfristige Bekämpfung von Migrationsursachen hat ihre Berechtigung, darf sich dabei aber nicht auf die klassischen Formen der Entwicklungshilfepolitik, die zu häufig interessengeleitet ist, beschränken. Hier muss ein breit angelegtes Infragestellen der etablierten Strukturen und Methoden der Entwicklungszusammenarbeit stattfinden, das auch berücksichtigt, inwieweit die europäische Politik zu den Ursachen für Migration selbst beiträgt. Durch unfaire Handelsabkommen, interessengeleitete Subventionspolitik und natürlich nicht zuletzt durch Waffenlieferungen trägt man zweifelsohne zu einem nennenswerten Teil der Ursachen für Migration bei. Zudem darf eine solche Diskussion nicht von den akuten Problemstellungen ablenken, etwa der chronischen Unterfinanzierung des Flüchtlingshilfswerks der Vereinten Nationen (UNHCR), dem Sterben auf Fluchtrouten im Mittelmeer und in der Sahara und so weiter.

Durch politische Maßnahmen kann man nur bedingt die Entwicklung in anderen Staaten voranbringen. Es reicht nicht, an der einen Stelle einen Brunnen zu bauen und an der anderen Stelle genmanipuliertes Getreide zu verbreiten.

Man müsste sich ehrlich eingestehen, dass es darum geht, Wohlstand zu teilen. Danach sieht es aber derzeit nicht aus. Bleibt man bei realistischen Formen der Entwicklungshilfe, so lässt sich Migration selbst als eine der wirksamsten Formen beschreiben: Durch die Migration entfliehen Menschen der Perspektivlosigkeit und verbessern ihre ökonomische Situation. Anschließend überweisen sie Geld an ihre im Herkunftsland verbliebenen Familienmitglieder, wodurch die Kaufkraft steigt, aber – anders als durch klassische Entwicklungshilfe – nicht die Regierung, die nicht selten autoritär und korrupt ist, unterstützt wird.[90]

Ähnlich wie bei den Push-, lassen sich auch die Pull-Faktoren, also die »Auswahl« eines bestimmten Ziellands (etwa Deutschland), nur sehr bedingt beeinflussen. Machen Sie den Selbstversuch, stellen Sie sich vor, Sie müssten Deutschland morgen verlassen, ganz gleich, ob aufgrund von fehlenden Perspektiven oder weil Sie verfolgt würden. Wohin würden Sie auswandern?

Natürlich dorthin, wo es sicher ist und die Perspektiven gut sind. Nun gibt es wahrscheinlich fünfzig Staaten, die diese Bedingungen erfüllen. Was nun? Wenn Sie nicht sofort auf die zwei entscheidenden Punkte kommen, die eine Rolle spielen, haben Sie sich nicht vollends in die Lage eines Migranten versetzt. Sie fragen zunächst: Wo kenne ich jemanden, wo habe ich Verwandte oder Freunde? Es wäre absolut rational, wenn man den dreifachen Weg in Kauf nimmt, wenn man weiß, dort ist jemand, den ich kenne, der sich vor Ort schon auskennt und der mir hilft. Haben Sie in mehreren sicheren Ländern Verwandte oder Freunde, kommt man zur nächsten Frage: Mit welchem Land verbinde ich positive Ideen, wo können Träume verwirklicht werden, kurz: Wie ist das Image eines Landes?

Pull-Faktoren sind im Prinzip das Gegenteil der Migrationsursachen, im Wesentlichen eine starke Wirtschaft und Arbeitsplätze sowie Grundrechte, physische und rechtliche Sicherheit. Von besonderer Bedeutung sind aber zudem Netzwerke, da Menschen insbesondere dorthin migrieren, wo bereits Kontakte und Anknüpfungspunkte bestehen, sowie das Image des Ziellandes.[91] In jeder Hinsicht erfüllt Deutschland alle Kriterien in einem Maße wie kaum ein anderer Staat. Als eines der wirtschaftlich stärksten Länder mit einem dynamischen Arbeitsmarkt, einem hohen Maß an Sicherheit, vielfältigen ethnischen Communitys und stabilen Netzwerken ins Herkunftsland sowie einem der besten Images weltweit – Deutschland belegt seit Längerem regelmäßig einen der ersten drei Plätze in den Image-Rankings der Nationen – wird Deutschland dauerhaft ein Zielland für Migration bleiben. Wir sind attraktiv. Viel attraktiver, als es sich jemand vor fünfzig Jahren hätte erträumen können. In einer globalisierten Welt wird das wahrgenommen. Beliebt zu sein, ist anstrengend.

Die deutsche Sprache, die kaum jemand bereits vor der Einreise nach Deutschland beherrscht, ist im Prinzip das einzige Hemmnis für Migration nach Deutschland, insbesondere gegenüber den englisch- oder französischsprachigen Zielländern. Allerdings ist dies offensichtlich ein Faktor mit weniger Relevanz für Migrant:innen. Für die Integration ist es hingegen ein deutlicher Nachteil. Kanada hat hier einen ganz deutlichen Vorteil: Da Englisch und Französisch die kanadischen Amtssprachen sind, ist es die Regel, dass

Migranten in Kanada zumindest Grundkenntnisse einer der beiden Sprachen bereits vor der Einreise vorweisen können.

Zwischen den Push- und Pull-Faktoren steht der Migrationsprozess, also die Wanderung selbst, die häufig nicht auf legalem Wege möglich ist. Daher gibt es Migrationsrouten und Schleusungskriminalität überall dort, wo es legal nicht geht. Wie bei Rauschmitteln auch: Die Existenz eines Schwarzmarkts hängt von der Illegalität der Droge ab, das sieht man an den Beispielen Alkohol und Marihuana.

Je nach wahrgenommener Not nehmen Menschen Risiken in Kauf. Vielfach wurde kritisiert, wie verantwortungslos Eltern seien, die mit Kindern die hochriskante Mittelmeerroute in einem Schlepperboot nach Europa nehmen. Für deutsche Eltern, die auf der Couch sitzen und die Nachrichten verfolgen, während ihre Kinder wohlbehütet schlafen, um am nächsten Tag in die Schule zu gehen, erscheint dies grausam. Aber versetzt man sich in die Lage der flüchtenden Familien, muss man sich die Rahmenbedingungen vor Augen führen: Wer vor brutaler Gewalt flieht, kann zu dem Schluss kommen, dass die Risiken der Mittelmeerüberquerung in Kauf genommen werden können. Häufig wurde auch kritisiert, dass es etwa im Libanon oder in der Türkei doch einigermaßen sicher sei. Nun muss man bedenken, dass es Familien gibt, die mehr als drei Jahre in Flüchtlingslagern lebten und zusehen mussten, wie in den Lagern die Zukunft ihrer Kinder verspielt wurde: keine Schule, viele soziale Probleme und keine Aussicht auf Besserung. Viele Eltern kommen zu dem Schluss, dass es verantwortungslos wäre, in den Flüchtlingslagern zu bleiben, ohne Schule und Perspektive. Ganz abwegig ist das nicht.

Viele Menschen haben gleichzeitig die Hoffnung aufgegeben, dass der Krieg in Syrien in absehbarer Zeit endet. Und sie haben die Hoffnung aufgegeben, dass sich ihre Situation in den Nachbarländern verbessert. Hinzu kommt eine dauerhafte Unterversorgung der Flüchtlingslager. Wer die Hoffnung aufgibt, nimmt jedes Angebot für Hoffnung an, sei es auch noch so gefährlich. So entsteht das gewerbsmäßige Schleusen. Es ist nicht nur illegal, sondern auch ein massives Problem für die Sicherheit von Menschen und Staaten. Aber gleichzeitig haben wir eine Situation, in der die Schleuser Hilfe und die letzte Hoffnung bieten.

Das Schleusen von Menschen ist nicht per se schlecht und auch nicht per se gut. In der Vergangenheit wurde es hier bei uns in Deutschland höchst unterschiedlich bewertet. Während gewerbsmäßige westdeutsche Schleuser, die Ostdeutschen die Flucht aus der damaligen DDR ermöglichten, als Fluchthelfer bezeichnet und weder verachtet noch kriminalisiert wurden, spricht man heute von kriminellen Schlepperbanden. Die westdeutschen Fluchthelfer konnten vor Gericht die vereinbarten Geldbeträge einklagen. Diejenigen, die nicht für Geld, sondern »ehrenamtlich« DDR-Bürger:innen zur Flucht verhalfen, bekamen sogar höchste Auszeichnungen, etwa das Bundesverdienstkreuz. Schleusen ist illegal, egal ob mit oder ohne Gegenleistung, denn man begeht schwerwiegenden Rechtsbruch. Wie man das dann moralisch bewertet, hängt von vielen Faktoren ab. Ob die Not der DDR-Bürger größer war, als sie es für die heutigen Flüchtlinge ist, möchte ich nicht entscheiden. Aber in jedem Fall ist die Not der Menschen nicht der Maßstab für das moralische Urteil. So, wie es in der moralischen und politischen Bewertung gute und schlechte Migrant:innen, gute und schlechte Flüchtlinge gibt, so gibt es auch gute und schlechte Schlepper:innen. Diese Bewertungen haben – leider – weder etwas mit Menschenrechten noch mit Gesetzen zu tun, sondern nur mit Stimmungen und Trends.[92]

Die Ambivalenz der illegalen Fluchthilfe lässt sich nicht ohne Weiteres auflösen, da nicht zuletzt durch die europäische Grenzpolitik viele schutzbedürftige Menschen auf diese Schleuser angewiesen sind und überhaupt erst ein lukrativer Schleusermarkt entstanden ist.

Der Westen wird immer wichtiger und verliert an Dominanz

Neben dem Sichnäherkommen durch Globalisierung, die das gesamte Leben durchdringende wechselseitige Abhängigkeit im Geld-, Produktions-, Transport- und Kommunikationssystem, dem Wachstum der Weltbevölkerung und zunehmender Migration wird die aktuelle Situation des Westens in besonderer Weise durch eine paradoxe Entwicklung geprägt, die gerade für westliche Gesellschaften anstrengend sein muss, wenn nicht sogar unerträglich: Der Westen wird immer wichtiger und verliert an Dominanz.

Der Westen wird immer wichtiger, auf jeder Reise kann man das erkennen. Der westliche Lebensstil wird weltweit als Maßstab gesehen. Besonders die wachsenden Mittelschichten in Asien und Südamerika orientieren sich am Westen. Dies gilt auch, aber nicht nur für das Konsumverhalten. Vielmehr geht es auch um sozialen Wandel und Individualisierung. Daher kann man nicht mehr vom Westen im geografischen Sinne sprechen, sondern vielmehr vom symbolischen Westen. Der Westen steht für eine offene Gesellschaft. Alle Kulturen der Welt werden heute durch den Westen mitgeprägt. Dies geschieht nicht überall in gleicher Intensität und Geschwindigkeit, aber dennoch allerorts. Am sichtbarsten ist es im Hinblick auf den Lebensstil, die Mode und selbst die Models. Etwa in Indien werden westliche Konsumgüter manchmal von westlichen Werbemodels, manchmal von Models, die europäisch aussehende Inder sind, vorgeführt. Ganz ähnlich sieht es in vielen arabischen Staaten aus. Die globalen Mittelschichten auch des globalen Südens orientieren sich am westlichen way of life. Dazu gehören auch das Streben nach individueller Freiheit, Optionenvielfalt und das Aufbrechen alter Traditionen. Ähnlich sieht es mit den politischen Zielen Wettbewerb, Marktwirtschaft und Freihandel aus. Der Westen setzt die Regeln und ist in dieser Hinsicht nach wie vor prägend und dominant.

Gleichzeitig verlieren die westlichen Staaten an Dominanz. Selbst die USA und die EU können gemeinsam nicht mehr in der gewohnten Form globalen Einfluss geltend machen. Dabei geht es nicht nur, aber natürlich auch um Russland, China und Indien. Politisch gelingt es immer weniger, die eigenen Interessen gegen andere Nationen durchzusetzen. Es spielen dabei nicht nur die Bevölkerungsgröße anderer Nationen und der relativ geringe Anteil der westlichen Staaten an der Weltbevölkerung eine Rolle, sondern ganz besonders die wechselseitige Abhängigkeit und die zunehmende ökonomische und politische Macht vieler Staaten durch die Globalisierung. Sowohl in Südamerika als auch in Asien können die westlichen Staaten kaum noch walten, wie sie es historisch gewohnt waren. Und selbst in den ehemaligen Kolonien in Afrika gelingt es immer weniger, steuernd Einfluss zu nehmen.[93]

Wirtschaftlich und politisch spielen sehr viele Staaten, die noch vor fünfzig Jahren relativ bedeutungslos waren, eine immens wachsende Rolle. Lebenserwartung und Durchschnittseinkommen steigen in den meisten Staaten weltweit genauso wie Produktivität und Wirtschaftswachstum. Zudem ist die Alphabetisierung unglaublich gestiegen – man kann sogar behaupten, dass der Zugang zu Bildung von allen Gütern am stärksten ausgeweitet wurde.

In der Weltgesellschaft sitzen immer mehr Nationen am globalen Tisch. Sie wollen ein Stück vom Kuchen und eine gute Position und mischen sich in die Regeln der Weltgesellschaft ein. Die westlichen Staaten, die über Jahrhunderte allein am Tisch saßen, müssen sich heute daran gewöhnen, dass sich viele andere Staaten an den Tisch gesetzt haben. Man ist sich dadurch nähergekommen – sowohl durch die zunehmende Augenhöhe als auch durch die wechselseitigen Beziehungen und Abhängigkeiten. Daher ist es ein zentrales Globalisierungsparadox aus der Perspektive der westlichen Staaten, dass sich westliche Regeln und Ideen global verbreitet haben und gleichzeitig die Dominanz der westlichen Länder zunehmend schwächer wird, weil die vielen anderen Nationen immer selbstbewusster eigene Interessen verfolgen.

Das Völkerrecht, die universellen Menschenrechte und die Bürgerrechte sind in gewisser Hinsicht die Grundlage der Offenheit, aber sie sind nicht zwingend das Ziel der handelnden Akteure. Insbesondere im Hinblick auf die Globalisierung gibt es daher ein strukturelles Problem, nämlich, dass es keine Instanz gibt, die die Funktion des Schiedsrichters übernehmen und durchsetzen kann. Dieser Schiedsrichter fehlt am globalen Tisch der Weltgesellschaft noch weitgehend, weshalb sich dort die Konflikte durchaus verschärfen und dann Rückwirkungen auf die nationalen offenen Gesellschaften haben können.

Diese neue Situation lässt sich an der katastrophalen Situation in Syrien erkennen. Die EU und die USA haben hier offensichtlich weniger Einfluss als Russland, Iran, Saudi-Arabien und die Türkei. Auch der Einfluss der USA auf Südamerika und Europas auf Afrika scheint zunehmend zu schwinden. Der Einfluss von China hingegen wächst in vielen Weltregionen. Gerade im globalen Kontext, am globalen Tisch, gelingen Kooperationen auf Augenhöhe bisher nur unzureichend. Das liegt auch daran, dass die internationale Politik der USA und Europas nicht immer regelkonform war und ist, häufig auch nicht werteorientiert. Während in Zeiten der Dominanz Regelbrüche ein Privileg der westlichen Staaten waren, nehmen sich heute zunehmend andere Staaten heraus, Regeln zu brechen, um eigene Interessen zu verfolgen. Die wohl schwierigste Herausforderung für die europäischen Staaten und die USA ist die Begleiterscheinung des Macht- und Dominanzverlusts: Man muss sich an die eigenen Regeln auch wirklich halten, will man heute und in Zukunft erwarten können, dass sich auch andere Staaten daran halten. Dass sich Wohlstand und Macht global verteilen, ist ein Indiz dafür, dass es mit der Globalisierung gar nicht so schlecht läuft.

Die Ungleichheit geht zurück und wächst zugleich

Tatsächlich sind immer weniger Menschen weltweit absolut arm, also von Hunger, Unter- oder Mangelernährung bedroht.[94] Entsprechend geht die Kindersterblichkeit erheblich zurück, und die Lebenserwartung steigt ganz deutlich. Im Hinblick auf Durchschnittseinkommen und Wirtschaftsstärke holen die meisten Staaten weltweit auf. Eindeutig geht die Ungleichheit zwischen den Staaten zurück. Die Schere, die durch die Anfänge der Globalisierung und insbesondere durch die Kolonialisierung weiter Teile der Welt enorm auseinanderging, schließt sich langsam, aber sicher. Und damit kommen wir zu einem weiteren paradoxen Effekt der Globalisierung: Während die Ungleichheit zwischen den Staaten sinkt, steigt sie innerhalb der Staaten.[95]

Bis vor etwa 200 Jahren war die Ungleichheit weltweit sehr gering ausgeprägt, weil fast alle Menschen in – aus heutiger Perspektive – ärmlichen Verhältnissen lebten. Dann stieg das Niveau in den dominanten westlichen Staaten. Durch die industrielle Revolution und die Kolonialisierung vieler Erdteile erlangten die westlichen Staaten einen enormen Vorsprung im Vergleich zum Rest der Welt. Auch nach den Weltkriegen setzte sich diese Ungleichverteilung weiter fort. Erst seit den 1990er-Jahren kommt es zu einem deutlichen Rückgang der globalen Ungleichheit. Die Einkommen nähern sich wieder an, diesmal auf höherem Niveau. Die aktuelle Situation ist deutlich besser als in den letzten dreißig Jahren.

Gleichzeitig wächst die Ungleichheit innerhalb fast aller Staaten. Weil in Indien und China immer mehr Menschen aus der Armut in die Mittelschicht aufsteigen, wächst in beiden Ländern gleichzeitig die Ungleichheit, weil nicht alle der Armut entfliehen können. Dennoch gilt es zu erkennen, dass die heutigen Armen in Indien und China nicht ärmer geworden sind, als es die Armen vor dreißig Jahren waren. Die Ungleichheit wächst deshalb, weil es eine wachsende Mittel- und Oberschicht gibt. In den aufsteigenden Ländern ist eine wachsende Ungleichheit also zunächst nicht schlecht, wahrscheinlich gar nicht zu vermeiden. Dass sich die Ungleichheit in den westlichen Staaten auch erhöht, hat andere Gründe. Dies hat wesentlich damit zu tun, dass die politischen Maßnahmen gar nicht auf mehr Gleichheit oder wirkliche Umverteilung ausgerichtet sind. Zudem wird vor allem auf das Einkommen geschaut, während das große Problem die Ungleichverteilung der Vermögen ist. Aber das ist ein anderes Thema.[96]

Bei all den beschriebenen positiven Trends darf nicht vergessen werden, dass es einige Länder gibt, die an der positiven Entwicklung bisher nicht oder kaum teilhaben. Das gilt insbesondere für ein Dutzend Staaten in Afrika und einige in Asien. Und zum anderen besteht kein Zweifel daran, dass eine zunehmende soziale Ungleichheit innerhalb einer Gesellschaft ein politisches und ökonomisches Problem werden kann.

Kampf der Kulturen?

Die Welt wird größer und kleiner zugleich. Während die Weltbevölkerung wächst, wächst die Welt zusammen. Wir sind heute so stark ineinander verwachsen und voneinander abhängig, dass man schnell den Überblick verliert und zu Fehleinschätzungen kommt. Es ist zum Beispiel nicht richtig, dass die Zahl der Kriege und Kriegsopfer weltweit zunimmt. Tendenziell hat – ganz im Gegenteil – beides abgenommen. Wir nehmen es heute nur stärker wahr, weil wir uns durch die Globalisierung nähergekommen sind. Auch die Armut nimmt keineswegs zu. Sowohl in absoluten als auch in relativen Zahlen sind Hunger und absolute Armut ganz deutlich zurückgegangen – durchaus bemerkenswert, wenn man bedenkt, dass die Weltbevölkerung weiter wächst. Es wird sogar vermutet, dass heute erstmals in der Geschichte weniger als 10 % der Weltbevölkerung in absoluter Armut leben. Gleichzeitig nimmt die weltweite Migration zu, auch wenn der Anstieg wesentlich geringer ausfällt, als allgemein angenommen wird.

Krieg und Armut sind offensichtlich nicht die einzigen Faktoren für Migration nach Europa. Bitterarme Menschen sowie Menschen, die im Krieg schwer verletzt wurden, können gar nicht über weite Strecken migrieren. Wir müssen uns also damit arrangieren, dass die Auswanderung aus sich positiv entwickelnden Ländern zwischenzeitlich zunimmt und erst nach einer gewissen Zeit wieder abnimmt.[97] Die mobilen Menschen sind körperlich und geistig fit, haben aber in ihrer Heimat keine Perspektive.

Das Bevölkerungswachstum deutet auf positive Entwicklungen hin. Denn die Weltbevölkerung wächst nicht etwa, weil die Menschen überall auf der Welt plötzlich die Idee haben, viele Kinder zu bekommen. Die Weltbevölkerung wächst, weil die Mütter- und Kindersterblichkeit sinkt, die Gesundheit sich verbessert und dadurch die Lebenserwartung ganz wesentlich steigt. Dass viele Menschen in ihrer Heimat keine Perspektive haben, hängt häufig aber auch mit dem Bevölkerungswachstum zusammen. Es ist kompliziert.

Die gute Botschaft ist, dass in den allermeisten Staaten das Bevölkerungswachstum wieder abnimmt, weil sich der Zugang zu Bildung enorm verbessert hat. Um 1900 herum waren 75 % der damaligen Weltbevölkerung Analphabeten. Seitdem hat sich der Zugang zu Schulen extrem erhöht: Heute können mehr als 80 % der Weltbevölkerung lesen und schreiben. Es lässt sich durchaus belegen, dass Bildung – neben Wohlstand – eines der besten Verhütungsmittel ist.

Es verbessert sich wirklich viel, nicht zuletzt auch die Infrastruktur und die wirtschaftliche Stärke in den ehemals ärmeren Ländern. Wir wachsen also nicht nur zusammen, sondern nähern uns langsam auch ökonomisch an. Sehr viele Staaten haben am globalen Tisch Platz genommen. Dadurch sind sie sich nähergekommen, sie sind in wechselseitige Abhängigkeiten getreten und sich gleicher geworden. Genau in diesem Prozess nimmt die Bedeutung der eigenen Kultur zu. Dies mag auf den ersten Blick paradox erscheinen, aber es ist keineswegs untypisch für Menschen und menschliche Gemeinschaften, dass die Unterschiede während des Zusammenwachsens besonders betont werden.

Während noch bis 1990 zwei Ideologien und damit zwei Blöcke miteinander gestritten haben und in diesem Zusammenhang eigentlich nur zwei Parteien, die USA und die Sowjetunion, am Tisch saßen, sind es heute sehr viele Akteur:innen mit unterschiedlichen Interessen, die sich zu Bündnissen geografisch zusammenschließen. Wir reden ja auch permanent von Europa und suchen und betonen die Gemeinsamkeiten. Wir versuchen den europäischen Zusammenhalt gegenüber dem Rest der Welt zu stärken. Noch vor hundert Jahren wurden die Differenzen etwa zwischen Deutschland und Frankreich betont, heute sind es die Gemeinsamkeiten, und man erinnert an die gemeinsame europäische Kultur und Geschichte. In einer globalisierten Welt kann Deutschland mit 1% der Weltbevölkerung und etwas mehr als 3% am Welt-Bruttoinlandsprodukt allein wenig ausrichten. Die Europäische Union ist entsprechend wichtig, auch um die deutschen Interessen noch irgendwie vertreten zu können. Ganz ähnliche Bündnisse werden in anderen Weltregionen angestrebt.

Dass es sich um den Kampf der Kulturen handelt, wie es vor knapp dreißig Jahren Samuel Huntington prognostizierte, muss infrage gestellt werden. Im Original heißt das Buch »Clash of Civilizations«, also Zusammenprall der Kulturen, was schon eher passt.[98] Ob es sich um ein Zusammenprallen oder ein Zusammenwachsen handelt, hängt ganz wesentlich davon ab, wie man das Näherkommen gestaltet. Ob Kulturen gegeneinander kämpfen oder miteinander streiten und aushandeln, ist eine Frage der Gestaltung des Wechselspiels. Was deutlich erkennbar ist, ist, dass sich die Kulturen ähnlicher werden, mit ähnlichen Herausforderungen umgehen müssen, miteinander vernetzt sind und in einem immer intensiveren Austausch stehen, bei dem die Unterschiede kleiner werden, aber viel stärker wahrgenommen werden, weil insbesondere die westlichen Staaten damit leben müssen, dass die vielen anderen Kulturen an Einfluss und Macht gewinnen.

Aber auch andere Autor:innen zeigen und begründen auf ihre je eigene Art, weshalb die Bedeutung des Kulturellen wächst, und weisen darauf hin, dass dieses Annähern zu Abwehrreaktionen führen kann – zuletzt etwa Andreas Reckwitz und Zygmunt Bauman, auf die ich im Folgenden eingehen werde.

Die Welt ist nicht aus den Fugen geraten, wohl aber in Bewegung. Die Welt ist sich nähergekommen und zusammengewachsen. Zusammenwachsen tut weh. Insbesondere deshalb, weil sich Ordnungen beim Zusammenwachsen neu bilden müssen. Der Westen, der das globale Zusammenwachsen vorangetrieben hat, gewinnt kulturell an Bedeutung und verliert politisch an Dominanz. Sehr viele andere Nationen holen auf, die Ungleichheit zwischen den Staaten nimmt ab, es ist aber noch kein neues Gleichgewicht, keine neue Stabilität gefunden. Vielleicht befinden wir uns nun im letzten Viertel des Prozesses, den wir Globalisierung nennen, und stellen fest, wie anstrengend die letzten Meter werden. Viele würden gerne stehen bleiben oder zurückgehen. Globalisierung ist eine Zumutung und sie ist eine Notwendigkeit – so wie die Schwerkraft.

V DIE OFFENE GESELLSCHAFT UND IHRE GRENZEN

Globale Schließungstendenzen: Islamismus, Nationalismus, Regionalismus, Populismus

Die offene Gesellschaft scheint zunehmend erreicht. Liberale Staaten streben nach Offenheit, Offenheit nach innen und Offenheit nach außen. Offenheit nach innen meint Bürgerrechte für alle Bürger, Antidiskriminierungspolitik für benachteiligte Gruppen, Schutz der Rechte von Frauen, von religiösen oder ethnischen Minderheiten, von Menschen mit Behinderung, Chancengleichheit, die Akzeptanz verschiedener Lebensentwürfe, Optionenvielfalt usw. Die Offenheit nach außen kann unter das Stichwort Globalisierung gefasst werden: Global sind mittlerweile nicht nur die Wirtschaft, die Produktion, der Handel, das Transportwesen, die Geldströme, die Wissenschaft und die Kunst, sondern in zunehmendem Maße auch die Kommunikation und die Mobilität der Menschen, Tourismus und Migration.

Innere Offenheit und äußere Offenheit werden im Migranten eins. Migration steht für die äußere Offenheit, während Integration für die innere Offenheit steht. Im Migranten fällt beides zusammen. Die offensten Gesellschaften sind die mit der globalsten Bevölkerung. Sie sind in sich global, oder anders formuliert: Es existiert Globalität vor Ort. Es handelt sich um punktuelle Globalität. Nicht nur ist die Welt zu einem Dorf geworden, sondern die Welt kann in einem Dorf auch vereint sein – meist sind es natürlich Großstädte, und hier ganz besonders die Großstädte in Europa und Nordamerika.

Die Offenheit nach innen und nach außen hat sich in den letzten Jahrzehnten in beschleunigter Weise durchgesetzt, und zwar in einer Weise, wie es sich niemand vor einem Jahrhundert hätte vorstellen können. Kein Land der Welt war vor hundert oder auch noch vor fünfzig Jahren ein freies Land für alle Menschen, unabhängig von Hautfarbe, Religion, Geschlecht und Sexualität. Heute haben wir eine ganze Vielzahl von solchen Ländern. Die liberale Demokratie, die Gleichheit der Menschen und die offene Gesellschaft – all das ist zunehmend Realität geworden und erzeugt eine Komplexität, die den Treibstoff für Gegenbewegungen darstellt. Diese Gegenbewegung arbeitet sich ganz besonders an Migrant:innen ab, sind sie doch die zentrale Schnittstelle zwischen innerer und äußerer Offenheit. Es geht bei der Gegenbewegung auch um Gender, körperliche Beeinträchtigung, um politische Korrektheit, also diskriminierungskritische Sprache – aber diese Aspekte beziehen sich lediglich auf die innere Offenheit. Durch Migrant:innen werden beide Bezugspunkte, innere und äußere Offenheit, vereint.

Immer mehr Menschen sitzen am nationalen Tisch. Das war doch das Ziel. Nicht nur Minderheitenangehörige, sondern auch Frauen, Menschen mit Behinderung, Homosexuelle, auch Menschen, deren Eltern aus nicht-privilegierten Verhältnissen stammen. Die Menschen sind sich nähergekommen und das Wir ist größer geworden. Das ist eine sehr neue Erfahrung – auch für die klassischen Einwanderungsländer wie die USA, Kanada und Australien. Hier geht es nicht nur um Migration, sondern insbesondere um Integration und Teilhabe. Und gleichzeitig sitzen immer mehr Nationen am globalen Tisch der Weltgesellschaft. Die westlichen Staaten sind nicht mehr unter sich. Auch die Welt ist sich nähergekommen. Es handelt sich in beiden Fällen ganz sicher nicht um eine Spaltung, sondern um ein Zusammenwachsen. Und dieses Zusammenwachsen tut weh.

An den Tischen werden Interessen vertreten, es wird verhandelt und gestritten. Diese zunächst positive Entwicklung führt zu einem erhöhten Konfliktpotenzial. Mehr Teilhabe muss fast zwangsläufig zu Reibungen führen. Es kommt entscheidend darauf an, wie man mit diesen Konflikten umgeht. Die zunehmende Augenhöhe und das Zusammenwachsen gehen einher mit der Notwendigkeit, Denkmuster, Haltungen und auch Handlungsmuster zu verändern. Mit den alten Routinen und Strategien kommt man nicht nur nicht weiter – sie passen nicht mehr in die Zeit und können die Konflikte extrem verschärfen. Diese neue Konstellation, deren Triebfeder die Offenheit ist, führt zu globalen Schließungstendenzen. Denn es gibt in den offenen Gesellschaften und in der Weltgesellschaft auf zwei Ebenen eine Verschärfung des Konfliktpotenzials.

Zum einen sind es ökonomische und strukturelle Konflikte, zum anderen kulturelle und symbolische Konflikte. In der Praxis fallen beide Konfliktlinien häufig zusammen und lassen sich nicht ohne Weiteres unterscheiden. National und global sitzen Akteure am Tisch, die um Positionen und Ressourcen auf der einen Seite und um Regeln und

Rezepte auf der anderen Seite verhandeln und streiten. Ökonomische Privilegien werden genauso neu ausgehandelt wie die kulturelle Deutungshoheit und letztlich auch die Zugehörigkeiten und Identitäten. Dies gilt in der offenen Gesellschaft zwischen Personengruppen und Milieus sowie in der Weltgesellschaft zwischen den Nationen und Kulturen. In den offenen Gesellschaften wurden Grenzen immer durchlässiger, seien es Milieugrenzen, nationalstaatliche Grenzen oder Identitäten, die auch immer Grenzen benötigen. Grenzen und Differenzen haben sich verflüssigt. Dadurch entsteht mehr Teilhabe und Nähe, aber dadurch verflüssigen sich auch Gewissheit, Orientierung und Sicherheit. Die Tatsache, dass wir heute die positiven und negativen Seiten der offenen Gesellschaft sehen und spüren, führt uns vor Augen, dass sich Offenheit in einem Maße durchgesetzt hat, wie es die Vordenker der offenen Gesellschaft wahrscheinlich nicht für möglich gehalten hätten.

Es ist daher gar nicht anders möglich, als dass viele Menschen diese Situation als verstörend oder sogar unerträglich empfinden. Das ist ein gewagter Satz, aber ich meine ihn wirklich ernst. Und selbst, wenn man wie ich die Situation grundsätzlich positiv bewertet, erscheinen die Konflikte letztlich als Zumutung. Die offene Gesellschaft ist keine Wohlfühlveranstaltung. Deshalb sind die Argumentationslinien der Schließungsbewegungen denkbar einfach und erscheinen hochgradig plausibel. Auf den Punkt gebracht ließen sie sich folgendermaßen zusammenfassen:

»Das ist alles ein Riesendurcheinander, überall Konflikte, unsere Privilegien, unsere kulturelle Reinheit und unsere Identität sind in Gefahr. Wo liegt das Problem? In der Offenheit. Wer hat es so weit kommen lassen? Die Eliten! Sie haben uns den Schlamassel eingebrockt. Was ist zu tun? Wir müssen die Grenzen wieder hochziehen und zurück in die Vergangenheit, in der doch alles so gut war.«

Diese Argumentation ist allgemein gefasst. Für die einen müssen die Grenzen zwischen den Gläubigen und den Ungläubigen wieder betont werden, für die anderen kulturelle Grenzen, die sich in Nationalstaaten oder Kulturkreisen manifestieren. In jedem Fall handelt es sich um eine exklusive Identitätsgrenze, die gegen die offene Gesellschaft gerichtet ist. Die Eliten werden als Akteure, die eigene Interessen gegen das Volk oder die religiöse Gemeinschaft verfolgen, dargestellt. Die Offenheit führt zu einer Vermischung, die das Volk oder die Religionsgemeinschaft schwächt. Aber auch die Grenzen zwischen den Geschlechtern, zwischen verschiedenen Sexualitäten und sexuellen Präferenzen werden zunehmend wieder betont. Die großen Schließungsbewegungen haben ein Problem mit Establishment, Genderforschung und LSBTIQ*, mit Migration und Interkultur, mit der Inklusion von Schüler:innen mit Behinderung, kurz: Überall dort, wo Grenzen verschoben oder verflüssigt wurden, sollen sie wieder verfestigt werden.

Die Offenheit ist derart dominant geworden, dass es zunehmend zu Gegenbewegungen durch soziale und kulturelle Schließung kommt. Sie orientieren sich im Kern am Nationalismus und Regionalismus oder am religiösen Fundamentalismus. Gemeinsam ist ihnen eine Rückwärtsgewandtheit, zurück in die Vergangenheit, zu der dominanten Nation, zu den alten Kulturkreisen, zur reinen Lehre der heiligen Schriften oder zum Leben wie zu Zeiten des

Propheten. Die Schließungsbewegungen basieren also nicht auf Ideen oder Ideologien, sondern auf exklusiven und kaum verhandelbaren Identitäten. Als These hatte das bereits Samuel Huntington formuliert. Allerdings verortete er die Konflikte zwischen Kulturen und Kulturkreisen. Andreas Reckwitz stellt die These des Kulturkampfes heute, ein Vierteljahrhundert später, auf den Prüfstand und kommt zu einer ähnlichen und zugleich gänzlich anderen These: Es gibt keinen Kampf zwischen den Kulturen, sondern einen Kampf um die Kultur, ein Kampf darum, was Kultur ist. Und er identifiziert einen Konflikt zwischen lediglich zwei Verständnissen: zum einen die Hyperkultur, in der Kultur etwas Individuelles, Kreatives, Gestaltbares ist, in der sich jeder und jede Einzelne aus dem globalen Repertoire des Möglichen das herausnehmen kann, was er oder sie für wertvoll erachten. Kultur also als Mittel zum Zweck. Zum anderen der Kulturessenzialismus, der davon ausgeht, dass lediglich das Authentische, historisch Gewachsene wertvoll ist und gerade nicht verhandelbar sein darf. Also Kultur als Selbstzweck. Damit beschreibt Reckwitz einen Kampf zwischen der offenen Gesellschaft und ihren Gegnern. Dazu gehören die vielen Nationalismen und der Rechtspopulismus, aber auch religiöse Gruppen wie die Evangelikalen oder muslimische Fundamentalisten. Diese Bewegungen könnten kaum unterschiedlicher sein, aber die Gemeinsamkeit aller Schließungsbewegungen ist, dass sie sich gegen die offene Gesellschaft positionieren, vergangenheitsorientiert und exklusiv sind. Und die Pointe bei Reckwitz liegt nun darin, dass er deutlich macht, dass dieser Konflikt zwischen den beiden Auffassungen in jeder Kultur und Gesellschaft existiert: Die Verfechter der offenen Gesellschaft sind zunehmend auch in Russland, der Türkei, Indien, China und anderen Staaten weltweit zu finden – wenn auch (noch) in der Minderheit. Und andersherum gewinnen die Feinde der offenen Gesellschaft zunehmend in Nordamerika und Europa an Gewicht – und hier (noch) in der Minderheit.[99]

Die offene Gesellschaft, die liberale Demokratie und die Hyperkultur haben zwar in den westlichen Staaten ihren Ursprung, allerdings haben sich die Prinzipien derart globalisiert, dass sie nicht mehr geografisch lokalisiert werden können. Sowohl die Vertreter:innen als auch die Gegner:innen dieser westlichen Ideen sind in allen Staaten und Kulturen der Welt vertreten. Es handelt sich also gewissermaßen um einen einzigen globalen Konflikt, bei dem das Kulturelle zunehmend an Bedeutung gewinnt. Immer stärker wird die kulturelle Globalität abgelehnt, was sich in Europa und Nordamerika insbesondere durch das Erstarken des Populismus und die wahrnehmbaren Schließungstendenzen dokumentiert. Mit den Begriffen »Rechtsruck« und »Rechtspopulismus« lässt sich die Situation nicht vollends erfassen, da es durchaus möglich ist, dass die Schließungstendenz von links kommt. Vielmehr erkennt man, dass es in allen politischen Lagern und Milieus die Kontroversen um die Offenheit gibt. Brauchen wir mehr oder weniger Offenheit?

Die Probleme mit mehr Offenheit oder mit Schließung bekämpfen?

Von dem deutschen Soziologen Armin Nassehi habe ich die Formulierung, dass Gesellschaft als die Gleichzeitigkeit von Unterschiedlichkeit definiert werden kann. Allein an dieser Formulierung lässt sich erkennen, dass Gesellschaft ohne Konflikte nicht denkbar ist. Aber natürlich gibt es ganz verschiedene Niveaus an Unterschiedlichkeit. Liberale Einwanderungsländer, also offene Gesellschaften, haben ganz sicher das höchste Niveau. Aber selbst in diesen Ländern ist das Niveau an Unterschiedlichkeit ungleich verteilt. Es gibt regionale Unterschiede, aber insbesondere den Unterschied zwischen Stadt und Land.

Die Metropolen und Großstädte in Nordamerika und Westeuropa stehen für die offene Gesellschaft schlechthin. Es sind globalisierte Orte, in denen die Welt zu Hause ist. Das erkennt man an der Bevölkerung, aber auch an der Alltagskultur. Es sind chaotische und dynamische Orte, die von der Anonymität leben. Ländliche Regionen, Kleinstädte und Dörfer sind vollständig anders.

Wenn man in der Großstadt über einen zentralen Platz läuft, fällt ein Bekannter auf. Trifft man also zufällig jemanden, den man kennt, ist man überrascht. Auf dem Dorfplatz fällt der Unbekannte auf. In der Großstadt erwartet man also das Unbekannte und man toleriert das Fremde. Im Dorf kann das Unbekannte stören, das Fremde tut es ganz sicher. Woran liegt das?

Nun, man muss sich klarmachen, dass es Städte überhaupt nur deshalb gibt, weil Migration stattgefunden hat.

Städte sind nicht einwohnerreich geworden, weil es dort eine höhere Geburtenrate gab als auf dem Land, sondern weil Menschen vom Land in die Stadt gezogen sind. In den Metropolen in Nordamerika und Westeuropa kommt die Einwanderung aus der gesamten Welt hinzu. Es handelt sich um Globalität vor Ort. Dörfer und Kleinstädte hingegen sind deshalb einwohnerarm, weil kein Zuzug stattfindet. Ganz im Gegenteil: In der Regel handelt es sich um Wegzug. Entsprechend leben Großstädte von Anonymität und Fremdheit. Kleinere Gemeinden sind auf ein überschaubares Maß an Unterschiedlichkeit angewiesen.[100] Dieser Stadt-Land-Unterschied existiert tendenziell auch in offenen Gesellschaften.[101]

Nun haben wir grundsätzlich das Problem, dass die Unterschiede zwischen Stadt und Land tendenziell zunehmen. Damit sind sowohl die Konsum- und Kulturangebote und die Infrastruktur als auch die Bevölkerung und Alltagskultur gemeint. In den Metropolen und Großstädten geht die Entwicklung in die Richtung »anything goes«. Die Zentren der offenen Gesellschaft stellen sich fast ausnahmslos nicht gegen Offenheit, im Gegenteil: Häufig reagieren sie auf das Erstarken der Schließungsbewegungen mit noch mehr Offenheit. Aber in den ländlichen Gebieten geht heute – und auf absehbare Zeit – bei Weitem nicht alles. Nun haben wir das Problem, dass die Metropolen in der medialen Aufmerksamkeit stark überrepräsentiert sind. Das gilt nicht nur für Deutschland und Frankreich, sondern zum Beispiel auch für die USA und England. Zwangsläufig entstehen dadurch blinde Flecken und Probleme. Denn am Ende wird die Politik nicht nur in den superdiversen Metropolen gemacht. Am Ende wählen alle Menschen das Parlament oder den Präsidenten.

Anything goes hat für viele seinen Reiz. Aber: Wenn alles gleich gültig ist, dann ist es gleichgültig. Dieses von Ralf Dahrendorf stammende Wortspiel verdeutlicht, dass es quer durch alle denkbaren Kategorien Menschen geben wird, für die nicht alles geht.[102] Es muss Grenzen geben! Und gleichzeitig muss es Offenheit geben. Warum ist das überhaupt kein Widerspruch?

Es gibt nichts, was keine Grenzen hat. Was grenzenlos ist, existiert nicht. Die Bestimmung von einem Objekt, einer Person oder einer sozialen Beziehung ist darauf angewiesen, dass es begrenzt ist. Ein Stein hat durch seine Oberfläche definierte Grenzen, eine Person durch die Haut, die sozialen Beziehungen innerhalb einer Familie durch die Verwandtschaft. Undurchlässige Grenzen ermöglichen jedoch kein Leben. Der Stein ist nicht lebendig, es existiert kein Stoffwechsel, keine Offenheit. Der Mensch lebt, weil er zahlreiche Körperöffnungen hat. Im Prinzip besteht das gesamte Leben daraus, mit den Folgen der Offenheit umzugehen.

Ein Haus ist deshalb ein Haus, weil es sich von der Straße, dem Garten oder dem Wald unterscheidet. Ohne Wände, Decken und Dach, also ohne Grenzen ist es kein Haus. Aber ohne Türen und Fenster ist es nicht bewohnbar. Wenn ich jemandem sage, »mein Haus steht dir offen«, meine ich damit natürlich nicht, dass ich die Wände abreißen werde, sondern die Tür öffne. Das ist trivial, muss aber im Zusammenhang mit der offenen Gesellschaft ausdrücklich betont werden. Es geht nicht um die totale Offenheit im Sinne einer

Grenzenlosigkeit, sondern um die Regulierung der äußeren Offenheit durch Haustüren – zum Reinkommen und Rausgehen – sowie der inneren Offenheit durch Treppen und vielleicht auch Aufzüge – zum Aufsteigen und Absteigen.

An dieser Metapher erkennt man ganz deutlich, dass innere und äußere Offenheit stark zusammenhängen: Die Staaten, die nach außen durchlässig sind, sind es häufig auch nach innen. Aber gleichzeitig sieht man auch, dass das Gefühl des Kontrollverlusts im Hinblick auf die Öffnung die Schließungstendenz verstärken kann. No borders ist gegenwärtig genauso absurd wie vollständig geschlossene Grenzen – Letzteres wurde mit dem »Eisernen Vorhang« versucht und wird in Nordkorea immer noch praktiziert. »Grenzen dicht« und »Grenzen weg« sind idealtypische populistische Parolen, die vollständig abseitig sind. Es kann in einer offenen Gesellschaft nur um durchlässige Grenzen gehen, also um die Regulierung und strategische Ausrichtung von Offenheit.

Gleichzeitig gibt es grundsätzliche Grenzen, an die wir uns ernsthaft gewöhnen müssen. Das sind insbesondere die Grenzen des Wachstums, die Grenzen der Natur, ja des Planeten Erde. Kohlendioxid, also die Verbindung von Kohlenstoff und Sauerstoff, ist einer der Hauptverursacher des Klimawandels, das wissen mittlerweile eigentlich alle. Gleichzeitig gibt es heute genauso viel Kohlenstoff und Sauerstoff wie vor 1.000.000 Jahren. Die atomaren Bestandteile waren alle schon immer da. Es kommt aber auf die Verbindungen an, im Hinblick auf den Kohlenstoff insbesondere, ob er fest oder gasförmig und, noch wichtiger, ob er in der Atmosphäre, also unserer Luft, ist.

In zweierlei Hinsicht ist das spannend und besorgniserregend zugleich. Erstens zeigt es, dass die atomaren Bestandteile bleiben. Die Wasserstoff- und Sauerstoffatome des Wassers, das ich heute trinke, sind mit an Sicherheit grenzender Wahrscheinlichkeit vor langer Zeit in einem Dinosauriermagen gewesen und wurden ausgeschieden. Nicht die gleichen, sondern dieselben. Zweitens bedeutet dies, dass unser Umgang mit dem, was die Natur uns anbietet, ein hohes Maß an Verantwortungsbewusstsein erfordert.

Dass es um unseren Planeten schlecht bestellt ist, wenn alle Menschen weltweit den Lebensstil und das Konsumverhalten des Durchschnittsdeutschen übernehmen, weiß mittlerweile jeder. Umstritten ist, ob und inwieweit es möglich sein wird, durch technische Innovationen, Digitalisierung und Effizienzgewinne dieses Problem in den Griff zu bekommen. Ansätze, die auf das Teilen des Wohlstands und Konsumverzicht ausgerichtet sind, erscheinen derzeit nicht umsetzbar. Noch schwerwiegender ist in der Zukunft die soziale Frage: Wie kann man ohne quantitatives Wachstum, insbesondere Wirtschaftswachstum, soziale Ungleichheit abbauen oder zumindest erträglich machen? Ungleichheit abbauen ist ganz grundsätzlich eine nicht leicht lösbare Aufgabe.

In der Vergangenheit wurden ökonomische Unterschiede zwischen den Menschen vor allem durch Wachstum erträglich gemacht und damit legitimiert. Jemand, der 1.000 Euro monatlich zur Verfügung hat, kann damit leben, dass andere 4.000 oder 8.000 Euro haben, wenn es für ihn realistisch ist, dass sich sein Lebensniveau verbessert. Ein Zuwachs für alle reduziert zwar Ungleichheit nicht – etwa wenn fünf Jahre später das Einkommen des einen 1.300 und des anderen 4.200 oder 8.300 Euro beträgt –, aber es erhöht sich das Lebensniveau aller. Die Unterschiede wurden deshalb in der Vergangenheit als legitimierbar angesehen. Wohlstandsgewinne wurden praktisch ausschließlich durch quantitatives Wachstum und ökonomische Expansion realisiert. Wir erleben in den Industrienationen bereits heute, dass die Wachstumsspannen kleiner werden. Unter Berücksichtigung der natürlichen Grenzen des Wachstums bleibt zu fragen, wie sich die Ungleichheit zukünftig entwickeln wird und wie die Menschen mit der Ungleichheit ohne Wachstumsversprechen umgehen werden.

Die mögliche Herausforderung in der Zukunft ist entsprechend gigantisch: Der Kuchen wird nicht größer, aber er soll gerechter verteilt werden. Und was würde passieren, wenn der gesamte Kuchen kleiner wird? Oder wenn noch mehr Menschen am Tisch sitzen? Wie soll dann Ungleichheit verringert werden? Das sind die wichtigsten Fragen der Zukunft, die aber nicht verschwinden, wenn man sie nicht stellt.[103]

Eine durchaus plausible Strategie der Populisten ist es, gegen beide Fragen anzukämpfen. Ungleichheit ist gewollt. Den Klimawandel gibt es nicht. Der ist erfunden, natürlich. Um das zu untermauern, benötigt man dann Anti-Fakten, sogenannte alternative Fakten. Eine Auseinandersetzung wird im Keim erstickt.

Nicht nur aufgrund der Schließungstendenzen und des Populismus, sondern auch, wenn quantitatives Wachstum und Expansion ausbleiben, ist es die elementare und hochkomplexe Herausforderung der Zukunft, die Offenheit zu halten. Denn die Grundlagen der inneren und äußeren Öffnung waren Wirtschaftswachstum und Wohlstandsgewinne. Offenheit ohne Wachstum ist etwas gänzlich anderes. Insbesondere wenn man bedenkt, dass es einen Zusammenhang geben könnte zwischen den Schließungstendenzen, der national zunehmenden sozialen Ungleichheit sowie der ausbleibenden Steigerung des Lebensniveaus. Der relativ neue Zusammenhang dieser drei Aspekte muss nicht kausal sein, er ist nicht zwingend, aber wir erkennen, dass diese drei Entwicklungen nun in fast allen westlichen Staaten gleichzeitig einsetzen.

Die Grenzen des Wachstums und der Expansion sind dabei lediglich als quantitative Grenzen zu verstehen. Globalisierung findet selbstverständlich ihre Grenzen im Globus selbst. Entsprechend wäre auch weiterhin ein quantitatives Wachstum denkbar, wenn es nicht mit einer Zunahme von CO_2 in der Atmosphäre einherginge. Daneben gibt es ein noch bei Weitem nicht erschöpftes Potenzial an Wachstum: das qualitative Wachstum. Gemeint ist das, was ich bisher mehrfach als Zusammenwachsen bezeichnet habe. Es ist ein nach innen gerichtetes Wachstum, wobei »innen« hier nicht nur nationalstaatlich gemeint ist, sondern auch global. Und dieses Zusammenwachsen ist allein schon deshalb nötig, weil der Klimawandel – selbst wenn wir als Weltgesellschaft nun gemeinsam kluge Entscheidungen träfen – nicht mehr vollständig aufgehalten werden kann. Es geht nur um das Herbeiführen einer weniger schlimmen Entwicklung. Klimakatastrophen sind in jedem Falle zu erwarten und damit eine zunehmende Zahl an Flüchtlingen. Es ist nicht undenkbar, dass Klimaflucht in verschiedenen Weltregionen gleichzeitig auftreten wird. Günstig wäre es, wenn die Welt dann weiter zusammengewachsen ist und gemeinsam handelt.

Populismus: konfliktreiche Gegenwart, negative Zukunft, glorreiche Vergangenheit

Die Triebfedern der nationalen und globalen Öffnungsprozesse waren quantitatives Wachstum und Expansion. Die dadurch entstandenen Reibungen treten zunehmend zutage. Diese durch Öffnungen entstandenen Reibungen mit noch mehr Öffnung zu bekämpfen, erscheint wenig aussichtsreich. Durch Schließungsprozesse, seien sie nach innen oder außen gerichtet, lassen sich aber auch keine Verbesserungen erzielen. Die Fehleinschätzungen des einen Extrems sowie die Übertreibung des anderen Extrems verstärken zielsicher die Gefahren der Situation. Selbst die Mitte ist verunsichert, zum einen aufgrund der Polarisierung des Diskurses, zum anderen, weil die vielen positiven Grundlagen der aktuellen Situation übersehen werden – und tatsächlich muss es schwerfallen, einen nüchternen Blick zu bewahren, während die öffentlichen Diskussionen diffus bis panisch verlaufen. Offenheit erhalten sollte das Ziel sein – und das ist überhaupt kein Selbstläufer.

Durch den Prozess der Öffnung, mit dem ein Mehr an Teilhabe und Integration auf nationaler und globaler Ebene erreicht wurde, kommt es zum Prozess des Zusammenwachsens. Das muss aber nicht zwangsläufig gelingen. Das ist keine gemütliche Angelegenheit, die man so nebenbei erledigt. Man muss es wollen und einen langen Atem haben. Man sollte es aber dringend versuchen, denn das Zusammenwachsen ist schlicht eine Notwendigkeit, will man die Herausforderungen der Zukunft mit einem Wort umschreiben.

Eine Intention dieses Buchs ist es, die Gefahren und die Potenziale der aktuellen Situation, die zweifelsfrei angespannt ist, zu erkennen. Nicht zu jammern und Panik zu verbreiten und damit unnötig die Stimmung zu verschlechtern, sondern die Gefahren zu sehen, wo sie auch wirklich liegen.

Eine weniger konstruktive Reaktion ist das Bauen von hohen Mauern. Wir erinnern uns noch an den einprägsamen Satz Donald Trumps im US-Wahlkampf 2016: »I will build a great wall!« Eine rabiatere Form von Schließung ist kaum möglich, zumal angekündigt wurde, dass die »andere Seite« die Kosten des Baus übernehmen sollte. Der Bau von Mauern hat bisher wenig geholfen. Im Gegenteil: Es ist deutlich besser belegt, dass Mauern bauende Kulturen und Gesellschaften regelmäßig untergegangen sind. Entsprechend ist es total logisch, dass die einzigen mir bekannten weltoffenen und sympathischen Menschen, die Mauern lieben, Archäologen sind. Sie erfreuen sich daran, die Mauern der längst untergegangenen Kulturen auszugraben.

Aber der Bau von Mauern oder auch Zäunen, die ja nur symbolisch für ein Abschotten stehen, erscheint einer zunehmenden Zahl von Menschen wieder als attraktive Alternative. Hätte man mir 1990 gesagt, dass Mauerbau als Lösung von komplexen Problemen wenige Jahre später wieder hip ist, ich hätte es natürlich nicht geglaubt. Aber man darf

Trumps Mauer auch nicht überbewerten. Klar, sie steht für die Abwehr von Migration und auch für ein Sicherheitsbedürfnis. Aber noch entscheidender sind andere Symbole und Parolen, mit denen Populisten und soziale Schließungsbewegungen arbeiten.

»Make America great again« und »America first«. In einer Gegenwart voller Konflikte und Konfliktlinien, bei der insbesondere ehemals privilegierte Gruppen ein Problem damit haben, dass mittlerweile viele, sehr unterschiedliche Menschen am Tisch sitzen und mitessen und dass man global an Dominanz verloren hat, scheinen die Parolen, »Wir denken jetzt zuallererst nur an uns«, damit wir »die Nation wieder groß machen« eine plausible Antwort zu geben. Unter Druck denkt man zuerst an sich – das ist menschlich. Entsprechend lassen sich ganz unterschiedliche Gruppen durch solche Parolen in den Bann ziehen, auf der einen Seite vor allem Menschen, die sich ökonomisch unter Druck fühlen. Das sind oftmals ehemalige Wähler linker Parteien. Und auf der anderen Seite sind es Menschen aus der Mittel- und Oberschicht, die sich kulturell und hier insbesondere im Hinblick auf die Deutungshoheit im Lande, also kulturell, unter Druck gesetzt fühlen. Das sind konservative Gruppen. Und natürlich die extremen Rechten.

Menschen aus diesen drei Strömungen bilden die Bewegung der Schließung, sie würden es aber keine zehn Minuten gemeinsam im selben Raum aushalten. Sie vereint, dass sie etwas dagegen haben, dass mehr Menschen am Tisch sitzen, einen schönen Platz am Tisch und ein Stück vom Kuchen haben wollen, und dass sie mitentscheiden wollen, welche Regeln zu Tisch gelten, und welches Rezept der Kuchen hat. In Nordamerika nennt man diesen Prozess *backlash*, Rückschlag. Damit ist gemeint, dass eine noch immer privilegierte Gruppe den Prozess der zunehmenden Teilhabe von benachteiligten Gruppen wieder rückgängig machen will. Man will die schönen Plätze, den Kuchen und die alten Regeln zurück. In Nordamerika wird beschrieben, dass der Backlash von heterosexuellen weißen Männern ohne Behinderung ausgeht, aber das ist natürlich eine starke Vereinfachung. Richtig ist dennoch, dass diese Gruppe die mit Abstand größte Anfälligkeit für Schließung und Populismus aufweist.

Trump konnte sowohl die konservativen Staaten gewinnen als auch in einigen demokratisch dominierten Staaten die Mehrheit der Stimmen auf sich vereinen. Ähnliches ließe sich für Frankreich, die Niederlande, England, Österreich und viele weitere Staaten zeigen. Und auch in Deutschland ist zu erkennen, dass die konservativen Parteien, also CDU/CSU, und die linken Parteien, also die SPD in Westdeutschland und die LINKE in Ostdeutschland, an die AfD verlieren und gleichzeitig alle rechtsextremen Parteien an Bedeutung verloren haben. Aus diesen drei Gruppen rekrutiert die AfD ihre Wählerschaft – und natürlich aus der »Gruppe« der Nicht-Wähler, wobei man sich klarmachen muss, dass diese Nicht-Wähler in der Regel nicht schon immer Nicht-Wähler waren, sondern sich überwiegend von einer der genannten Parteien abgewendet haben. Außerdem lässt sich feststellen, dass in der jüngsten Vergangenheit eine weitere Partei deutliche Gewinne zu verzeichnen hat: Die Grünen. Auch sie haben ihre neuen Wähler:innen von CDU/CSU und SPD »geklaut« – und zudem in der Gruppe der Jüngsten

(Erstwähler:innen) die höchsten Anteile. Wir erkennen eine Spaltung der Bevölkerung im Hinblick auf mehr Offenheit oder mehr Schließung. Abgesehen von Grünen und AfD sind alle anderen relevanten Parteien unentschlossen, also in sich gespalten. Neben der Achse links-rechts gibt es also eine neue: offen-geschlossen.

Die Parolen der Populisten folgen dem immer gleichen Prinzip: Es müsse wieder auf das Volk gehört werden und nicht mehr auf das Establishment. In den USA, in Frankreich, in den Niederlanden oder in England wurde an die »große Zeit« in der Geschichte erinnert, als man globale Macht hatte. Man war wer, eine Weltmacht, ein Empire, die grande nation, aber die Nation wurde dann – so die Erzählung – von den herrschenden Eliten heruntergewirtschaftet. Indem sich Populisten gegen die herrschende Elite, also das Establishment, stellen, können sie sich als einzige legitime Vertreter des Volkes darstellen. Nur gibt es so etwas wie den Volkswillen gar nicht. Aber durch die bloße Selbstbemächtigung als einziger Vertreter des Volkes wird so getan, als würde es ein Volk geben, das schon bald zu alter Stärke zurückfindet. Zurück in die gute alte Zeit, die goldene Ära, als die Nation groß und das Volk stark war. Zurück in die Vergangenheit.

Wir in Deutschland haben das Glück, dass unsere Populisten sich nicht darauf einigen können, welche Ära die gute alte Zeit war. Wann waren Deutschlands beste Jahre? Das homogene Deutschland in der Adenauer-Zeit der 1950er? Womöglich die DDR? Oder etwa ab 1933? Hier herrscht überhaupt keine Einigkeit. Für Deutschland gilt so klar wie für kaum ein anderes Land: Die beste Zeit in der nationalen

Geschichte ist genau jetzt. Ähnliches ließe sich für Kanada zeigen, wo die Schließungstendenz auch relativ schwach ausgeprägt ist.

Dennoch scheint der Blick zurück für immer mehr Menschen attraktiv. Es ist aber eine nostalgische Irrfahrt. Aber dies einfach nur abzulehnen, reicht nicht. Die wichtige Frage lautet: Wie kann es sein, dass es überall auf der Welt stärker werdende Bewegungen gibt, die in der Vergangenheit den Schlüssel für die Zukunft sehen? Wenn ein Zurück in die Vergangenheit das Ziel ist, dann bedeutet das auch, dass andere Ideen von einer positiven Zukunft immer weniger greifen oder dass es gar keine positiven Ideen für die Zukunft gibt. Tatsächlich haben wir ein Problem mit der Zukunft, genauer: mit der erwarteten Zukunft. Früher stand die Zukunft für Hoffnung. Heute steht die Zukunft für Horror. In seinem letzten Buch »Retrotopia« zeigt der Soziologe Zygmunt Bauman, wie schwer es ist, rückwärtsgewandten Utopien, also Retropien, entgegenzuwirken.[104] Die Anziehungskraft der Vergangenheit scheint so stark, dass selbst das Zusammenwachsen innerhalb Europas von immer mehr Gruppierungen abgelehnt wird.

Auf viele Menschen wirkt die Situation so, als steckten wir in einer Sackgasse und müssten nun umkehren. Dabei muss die Straße weitergebaut werden, und darüber hinaus: Es müssen Richtung und Ziel entwickelt werden. Lösungen kann auch ich nicht anbieten. Aber häufig genug ist die Suche nach einer Lösung wichtiger als die Lösung selbst. Dafür muss man verstehen, worum es geht, und darf bei allen Problemen und Konflikten nicht den Blick für die positiven Grundlagen und Entwicklungen verlieren. Vergangenheit,

Gegenwart und Zukunft stellen auf ihre je eigentümliche Weise Probleme dar. Ein konstruktiver Weg für den Erhalt der offenen Gesellschaft sowie für mehr Mut zum Zusammenwachsen sollte alle Zeiten einbeziehen: die glorreiche Geschichte, die konfliktreiche Gegenwart und den Horror der Zukunft. Wir brauchen einen kritischen Umgang mit der Geschichte und eine Streitkultur statt einer Leitkultur, um die besten Ideen für eine positive Zukunft zu entwickeln.

Für die Vergangenheit: Kritik an der Geschichte

Ach ja, die gute alte Zeit. Diesen Quatsch sollten sich Kinder nicht mehr anhören. Es ist richtig, dass früher nicht alles schlecht war. Stimmt. Und ja, auch in der DDR war nicht alles schlecht. Nirgendwo ist alles schlecht. Aber was war denn wirklich gesamtgesellschaftlich besser? Früher war angeblich immer alles besser – das war zu allen Zeiten so. Aber die Adenauer-Zeit ist aus heutiger Perspektive schlicht gruselig. Die DDR ist absurder Schwachsinn. Und was ab 1933 passierte, kann man aus heutiger Perspektive gar nicht richtig begreifen.

Wann soll es besser gewesen sein als heute? Die Frage ist beantwortet: nie. Heute ist die beste Zeit. In Deutschland sowieso, aber selbst für die Weltgesellschaft ließe sich dies begründen. Wenn von einer guten alten Zeit die Rede ist, dann sind das konstruierte Luftschlösser, die mit der vergangenen Realität wenig zu tun haben. Daher lohnt sich eine intensive Auseinandersetzung mit der Geschichte durchaus. Woher kommen wir? Was war? Warum hat sich die Gesellschaft zu dem verändert, was sie heute ist?

Wir in Deutschland haben einen Teil der eigenen Geschichte kritisch aufgearbeitet, und das ist im Vergleich zu den meisten anderen Nationen unser Vorteil. In den USA bereuen es heute viele, nicht schon früher die negativen Seiten der US-amerikanischen Vergangenheit kritischer thematisiert zu haben. Heute ist dies kaum mehr möglich. Aber auch in Deutschland fehlt noch einiges. Während der Holocaust und die Kriegsschuld umfangreich aufgearbeitet wurden – wobei dies mittlerweile an Schulen eher rückläufig ist –, wurden die Vergehen an anderen Gruppen bisher nicht angemessen berücksichtigt. Zu denken ist dabei insbesondere an die Geschichte der Roma und Sinti, aber auch die deutsche Kolonialgeschichte.[105] Zudem ist die deutsche Migrationsgeschichte kaum im nationalen Bewusstsein verankert. Die Einwanderungsgeschichte, beginnend mit den Nachkriegsvertriebenen über die Gastarbeiter bis hin zu den verschiedenen Bürgerkriegsflüchtlingen, ist nicht angemessen beleuchtet worden.

Wenig ist bekannt über die fatale Desintegrationspolitik in den ersten zwanzig Jahren der Gastarbeitermigration. Noch weniger über den verheerenden Umgang mit den Flüchtlingen während des libanesischen Bürgerkriegs: keine Sprachkurse, keine Arbeitsgenehmigungen, alle sechs Monate drohte die Abschiebung, keine überwachte Schulpflicht für die Kinder, katastrophale Wohnverhältnisse – all das beschreibt nicht den Zeitraum von fünf oder zehn Jahren, sondern gilt für viele Libanesen, die in den 1980ern gekommen sind, auch heute noch. Dass wir heute ein Problem mit organisierter Kriminalität von Clans haben, kommt nicht aus dem Nichts. Es sind die Schatten der vergangenen Fehler, die uns heute einholen. Zudem ist erschreckend, dass die Gesetzgebung in mehreren deutschen Bundesländern auch heute wieder vorsieht, dass einige Flüchtlingskinder nicht schulpflichtig sind, nämlich diejenigen aus sogenannten sicheren Herkunftsstaaten, häufig sind es Kinder aus Südosteuropa, insbesondere Roma.[106]

Aber auch die deutsche Auswanderung nach Nordamerika oder etwa Namibia wurde bisher kaum angemessen beleuchtet. Es gab in den vergangenen Jahrhunderten wiederholt Jahre, in denen die meisten Flüchtlinge und Migranten weltweit Deutsche waren. Die deutsche Kolonialgeschichte ist den meisten Deutschen ebenso kaum bekannt. Das Unternehmen EDEKA steht sinnbildlich dafür. Kaum jemand weiß, dass es sich zu Beginn um einen Zusammenschluss von Kaufleuten handelte, der E. d. K. genannt wurde: Einkaufsgenossenschaft der Kolonialwarenhändler. Die Verbrechen in Namibia und in Ruanda gehören zu den weitgehend verdrängten Teilen der deutschen Geschichte. Die deutsche Verantwortung am Völkermord der Herero in Namibia ist unbestritten. Bei einer intensiveren Aufarbeitung der Kolonialgeschichte in Ruanda käme man wahrscheinlich zu dem Ergebnis, dass die damals vollzogene rassische Unterscheidung zwischen Hutu und Tutsi 100 Jahre später zum Völkermord an den Tutsi beigetragen hat.

Ein kritischer Umgang mit Rassismus wäre wünschenswert. Schwarze männliche Jugendliche haben in Deutschland ein größeres Problem mit zugeschriebener Aggressivität und ihnen entgegengebrachter Skepsis als mit Aggressivität.

Aber selbst pädagogische Fachkräfte denken eher an Antiaggressionstrainings oder Gewaltprävention als an rassismuskritische Antidiskriminierungsarbeit. Hier muss noch mehr passieren, aber gleichzeitig ist die Tatsache, dass es heute Rassismuskritik und kritische Weißseinsforschung gibt, bereits ein Beleg dafür, dass die Gesellschaft auch offen ist für eine kritische Betrachtung der Vergangenheit.[107] Der öffentliche Diskurs und die jüngsten Solidarisierungen mit der Black-Lives-Matter-Bewegung sprechen ebenso dafür.

Fast überall auf der Welt ist die Vergangenheit geprägt durch Sexismus, Autoritarismus, Rassismus und Kolonialismus. Die Möglichkeiten für Frauen, Homosexuelle, Menschen mit Behinderung, religiöse Minderheiten, für Menschen mit unterschiedlicher Hautfarbe, Augenform und Haarstruktur waren in den liberalen Einwanderungsländern nie besser als heute – und auch global verbessert sich sehr viel.

Man kann durchaus sagen, dass die innovativsten und zugleich grausamsten Dinge von Europa ausgingen: Wissenschaft, Demokratie, Sozialstaat, Menschenrechte und Freiheit des Einzelnen auf der einen und die schrecklichsten Kriege, die Atombombe, Rassismus und Umweltzerstörung auf der anderen Seite. Entscheidend ist dabei, dass das Positive aus der Vergangenheit in der Regel fortgeführt wurde und wird, während versucht wird, das Negative zu bekämpfen.

Die Schließungstendenzen bewegen sich rückwärts. Es geht um das Rückgängigmachen der mühsam erkämpften Werte der offenen Gesellschaft. Diese Gegenbewegung kommt von allen Seiten: »Great again« könnte auch das Motto von Salafisten sein. Zurück in die Vergangenheit, als der Islam dominant war. Für alle westlichen Staaten lohnt sich eine kritische Auseinandersetzung mit der Vergangenheit. Und das gilt auch für Religionen. Die Vergangenheit ist wichtig, da kommen wir her, aber in der Vergangenheit liegt keine Vision für die Zukunft. Ein Zurück wird es nicht geben. Ein Gestalten des Voranschreitens schon, aber das wird ohne regelmäßiges Streiten nicht gelingen. Ich empfehle lustvolles Streiten mit dem Mittel der Sprache.

Für die Gegenwart: Streitkultur ist die beste Leitkultur

Politische Korrektheit bietet eine besonders markante Projektionsfläche, weil sie die verbliebenen Privilegien in der Sprache selbst benennt. Hier kommen verschiedene Aspekte zusammen: Die Sprache ist nicht nur das Medium einer Kultur, sondern auch ihr emotionales und kognitives Zentrum. Die Menschen, die gemeinsam am nationalen Tisch sitzen, kommunizieren über eine gemeinsame Sprache. Über political correctness wird Kommunikation anspruchsvoller, aber es können mehr Menschen kommunizieren, weil sie nicht ausgeschlossen und diffamiert werden. Man kann sich ja mal überlegen, ob es möglich gewesen wäre, sich zu Tisch mit »Krüppel«, »Schlitzauge«, »Weib«, »Schwuchtel«, »Ausländer« oder »Neger« auf Augenhöhe anzusprechen. An einem Tisch teilen die Menschen eine gemeinsame Sprache, und durch die verbesserte Teilhabe verändert sich die Sprache.

Aber es gibt zugleich die Gefahr des Ausschlusses von anderen Gruppen, insbesondere der ohnehin Benachteiligten, die diese immer komplexere Sprache nicht beherrschen. Amtsträger und Diskursprotagonisten sollten politisch korrekt sprechen, aber die Diskursteilnahme sollte nicht von der Sprache abhängig sein, sondern von der konstruktiven Absicht und dem Willen zur Verständigung. Am Tisch ist die Sprache im Schwerpunkt Medium für den Konflikt, zum Teil auch Thema des Konflikts. Aber man sollte die Sprache nicht zum zentralen Konfliktfeld machen. Der vielfach beschriebene Eindruck, es gäbe weniger Meinungsfreiheit, ist allerdings ein Beobachtungsfehler. Denn: Meinungsfreiheit meint nichts weniger, als dass man alles sagen darf und jeder widersprechen kann.

Ohne verbesserte Teilhabe, ein Mehr an Zugehörigkeit, ohne gewonnene Freiheiten und Rechte gäbe es die meisten Konflikte nicht. Wir sollten uns dessen stärker bewusst werden und die positiven Seiten der Konflikte so sezieren, dass Fortschritt gewährleistet ist – denn wir alle wissen, dass ein destruktiver Umgang mit Konflikten zum Desaster führen kann. Vielmehr sollte erkannt werden, dass in offenen Gesellschaften der konstruktive Umgang mit Konflikten den Kitt, der die Gesellschaft zusammenhält, bildet. Daher wäre mein abstrakter Vorschlag:

Substanzieller Bestandteil einer Leitkultur wäre es, erstens in Konflikten nicht das Negative zu sehen, sondern das, was sie sind: Ausdruck einer Anpassung aufgrund sozialen Wandels, meist aufgrund erweiterter Teilhabe und abgebauter Unterdrückung. Zweitens: Formen zu finden, in denen diese Konflikte konstruktiv ausgetragen werden, und dafür

Sorge zu tragen, dass es zu keinen »Staus« kommt. Dass heute alle über Patriotismus, Werte, Heimat und vieles mehr reden müssen, ist ein Zeichen dafür, dass sich viel angestaut hat. Drittens: Regeln aufzustellen für den Umgang mit Konflikten. Hierbei geht es also um eine methodische Leitkultur, die man besser Streitkultur nennen könnte. Denn wir werden uns wahrscheinlich nicht auf eine konkrete Leitkultur einigen können, die für alle gelten soll, weil Menschen ganz unterschiedliche Vorstellungen vom guten Leben haben. Gleichzeitig kann nicht alles gleich gültig sein, weil es dann gleichgültig wird. Es muss ausgehandelt werden, wo die Leitplanken sind. Für das Aushandeln gibt es rechtliche Vorgaben, aber es kann natürlich auch kulturelle Orientierungen geben, die gemeinsam definiert werden können. Die strittige Frage ist, wer zum Wir gehört. Selbst das wird derzeit mühsam verhandelt. Gleichzeitig ist dieser anstrengende Prozess eindeutig ein Fortschritt.

Streitkultur bedeutet nicht, dass man nur der Provokation wegen provoziert. Streitkultur bedeutet auch nicht, dem Kontrahenten seine Existenzberechtigung abzusprechen oder das Recht, seine Interessen zu artikulieren. Den anderen Menschen wertzuschätzen, aber nicht jede seiner Positionen – diese Unterscheidung aufrechtzuerhalten, ist zentral. Und schließlich, den Konflikt nicht mit dem Ziel anzugehen, zu gewinnen, sondern sich zu verständigen, wo es geht, und um Teilhabe zu ringen. Dafür bedarf es einer gewissen Konfliktfestigkeit. Das bedeutet auch, dass man entweder eine dicke Haut oder Freude am konstruktiven Streiten entwickeln muss. Denn das schnelle Beleidigtsein und die Flucht in die Opferrolle vieler, nur weil nicht alle die eigene Meinung teilen, passt genauso wenig zu einer Streitkultur wie das Provozieren als Selbstzweck. Es geht also auch darum, Kritik zuzulassen und anzunehmen – dazu gehören nicht zuletzt sowohl Rassismuskritik als auch Religionskritik.

Eine Streit- und Konfliktkultur ist entsprechend zutiefst politisch. Das Politische hat im Prinzip immer mit unlösbaren Problemen zu tun. Im Kern eines jeden politischen Problems stecken grundsätzliche philosophische Fragen. Will man mehr Freiheit oder mehr Sicherheit? Ein total freies Internet würde zu Regellosigkeit und enormen Sicherheitsproblemen führen. Ein total sicheres Internet hingegen wäre aller Vorteile beraubt. Zudem gibt es weder totale Freiheit noch totale Sicherheit. Und weil Menschen grundsätzlich nach beidem streben und beide Begriffe positiv besetzt sind, ist ein Abwägen und Entscheiden notwendig. Eine einfache Lösung kann es nicht geben. Also: Freiheit und Sicherheit stehen in einem Spannungsfeld, irgendwie will man aber beides, also muss man regulieren. Das Regulieren ist also nicht – wie es häufig falsch dargestellt wird – die Herstellung von Sicherheit und die Einschränkung von Freiheit, sondern die Ermöglichung von Freiheit und Sicherheit. Dafür kann es nicht die eine Lösung geben, sondern nur Entscheidungen, die nicht beliebig sind, sondern im Gegenteil hoch komplex, gerade weil sie dann für alle verbindlich gelten.

Ähnliches ließe sich zur Abwägung zwischen Leistungsgerechtigkeit und Verteilungsgerechtigkeit, zwischen Gleichheit und Vielfalt, zwischen individueller und kollektiver Verantwortung sowie zwischen Offenheit und Geschlossenheit sagen. Die Extreme funktionieren in der Praxis nicht. Es handelt sich um einen Abwägungsprozess, bei dem regelmäßig Entscheidungen getroffen werden müssen, die niemals für die Ewigkeit sein können. Da es sich dabei nicht um Herausforderungen handelt, die mit Expertenwissen allein zu bewältigen sind, hat es Sinn, wenn sich alle beteiligen. Deshalb ist Demokratie allein aus funktionaler Perspektive enorm sinnvoll.

Nach diesem Verständnis ist Populismus eine derartige Vereinfachung, dass man auch von einer Entpolitisierung des Politischen sprechen kann. Das Politische ernst zu nehmen, bedeutet auch, nicht jedes Problem für sich allein zu sehen und zu managen, sondern einen Kompass zu haben und Ziele zu entwickeln. Wohin soll die Reise gehen? Das ist eigentlich die zentrale, die schwierigste Frage.

Für die Zukunft: Positive Ideen

Konflikt und Kritik haben zu unglaublichem Fortschritt geführt. Um konstruktiv streiten zu können, ist aber auch die Stimmung von besonderer Bedeutung. Ist die Stimmung aufgehetzt, wird es kaum möglich sein, sachlich zu bleiben. Ein Beitrag zu einer positiven oder begründet optimistischen Stimmung kann eine Streitkultur als Haltung sein. Wenn man verinnerlicht hat, dass es ohne Konflikt nie sozialen Fortschritt gab, hilft das vielleicht. Wenn man zudem weiß, dass der Konflikt selbst ganz häufig überhaupt nur deshalb entsteht, weil man sich nähergekommen oder einen Schritt weiter vorangeschritten ist, hilft dies vielleicht auch.

Daraus leitet sich unmittelbar ab, dass der Konflikt selbst nicht die große Herausforderung ist, sondern die Form des Umgangs mit dem Konflikt. All das hilft, aber es reicht nicht aus. Warum?

Mit Hoffnung ertragen Menschen die schrecklichste Not, ohne Hoffnung ertragen wir nicht mal den Wohlstand. Hoffnung ist positive Zukunft. Aber heute steht die Zukunft eher für Horror als für Hoffnung. Es fehlt eine positive Idee von der Zukunft. Und die benötigen wir. Positive Entwicklungen in der Menschheitsgeschichte sind in der Regel mit einer Vision, einem Ziel und einem Kompass ausgestattet gewesen. Damit viele Menschen sich als Kollektiv sehen und einigermaßen in eine Richtung gehen, muss es eine attraktive Idee von Sinn geben. Offenheit allein hat keinen Sinn, genau genommen hat sie keinen Sinn mehr. Denn vor einigen Jahrzehnten war die offene Gesellschaft eine Vision. Aber heute ist sie schon relativ weitreichend realisiert. Wie das so ist, läuft nicht alles zugespitzt auf ein Endziel hinaus. Es handelt sich um eine permanente Fortentwicklung. Einst waren Nationalismus und Sozialismus etwas Neues und hatten damals zweifelsfrei eine gewisse Funktion. Aber diese Ideologien oder Visionen waren immer gegen etwas gerichtet. Nation gegen Nation, Katholiken gegen Protestanten, Proletariat gegen Bourgeoisie oder Sozialismus gegen Kapitalismus. Neben den Menschenrechten, die sich in Europa etabliert haben, wurde der Rassismus entwickelt, wodurch dann Menschen das Menschsein abgesprochen wurde. Später kam die Idee des vereinten Europas und der Europäischen Union auf – gegen den Rest der Welt.

In der Vergangenheit war jede Vision exklusiv und gegen

etwas anderes gerichtet. Die nächste Vision müsste kompatibel sein für eine Weltgesellschaft. Sie müsste global sein, inklusiv. Zudem müssten in der Vision die digitale Welt, künstliche Intelligenz und der nachhaltige Umgang mit den natürlichen Ressourcen integriert sein. Das ist unfassbar komplex. Aber noch schwerwiegender ist, dass diese Idee eine vollkommen andere Richtung hat: Da nicht zu erwarten ist, dass in der nächsten Zeit Außerirdische zu Besuch kommen, gäbe es keinen Gegner mehr und auch niemanden, der dann ausgeschlossen ist oder nicht dazugehört.[108] Es wäre eine Idee des Zusammenwachsens. Ob das machbar ist, weiß ich nicht. In jedem Fall steht eins fest: Ein Einzelner kann dazu selbstverständlich keine Antwort liefern. Das ist eine Herausforderung für die gesamte Zivilgesellschaft. Politische Parteien sind allein dazu sicher nicht in der Lage.

Die offene Gesellschaft ermöglicht die Diskussion. Aber sie allein gibt noch keinen Sinn, kein Ziel und auch keinen Kompass vor. Sie ist die Arena, nicht das Spiel. In ihr kann über die Vergangenheit, die Gegenwart und ganz besonders intensiv über die Zukunft gestritten werden. Dabei sollte die Leitidee sein: Lieber mit etwas Neuem scheitern, als die schreckliche Vergangenheit zu wiederholen. Denn: Alles ist heute besser als früher, außer einem: die Zukunft. Und an der Zukunft kann man jetzt noch was ändern.

VI DAS INTEGRATIONSPARADOX DER OFFENEN GESELLSCHAFT: EIN ZUSAMMENFASSENDES UPDATE

Paradoxe Verhältnisse durch Teilhabe

In diesem zur Neuausgabe hinzugefügten Teil wird das Integrationsparadox als zentraler Begriff der Gegenwartsanalyse zusammengefasst, reflektiert, erweitert und vertieft. Der Gesellschaftsbegriff ist der der offenen Gesellschaft, das Integrationsparadox kennzeichnet den Status quo derselben. Während bisher Migration im Zentrum (nicht aber im Vordergrund) stand, wird der Analysefokus im Folgenden in alle Richtungen verschoben. Denn in vielen Bereichen, die bisher nur angedeutet wurden, findet zeitgleich, aber asynchron ein ähnlich strukturierter sozialer Wandel statt.

Stellen wir uns die Gesellschaft als einen großen Raum vor. Menschen betreten den Raum (Einwanderung) oder verlassen ihn (Auswanderung). In der Mitte steht ein Tisch mit einem großen Kuchen. Vor einigen Jahrzehnten saßen lediglich einige wenige (ältere und weiße) Männer am Tisch, die meisten Menschen saßen in der zweiten und dritten Reihe, viele sogar auf dem Boden. Dann nahmen Frauen am Tisch Platz. Später folgten Menschen mit internationaler Geschichte und PoC, Ostdeutsche, Menschen mit Behinderung, LSBTIQ* (einige homosexuelle Männer saßen auch schon vorher am Tisch, allerdings ohne sich zu outen). Das

Leitmedium für diesen Prozess war und ist Bildung. Die Bildungsexpansion, also die Ausweitung von höherer Bildung, die sich seit den 1960ern bis heute vollzieht, hat enorm vielen Menschen den Zugang zur Teilhabe ermöglicht. Am Tisch wird es dadurch aber immer enger, was nicht immer gemütlich ist. Immer mehr Menschen wollen einen schönen Platz am Tisch und ein Stück vom Kuchen. Eine Weile geht es also um Verteilung, um Positionen und Ressourcen. Es entsteht eine gewisse Dynamik, deren positive Seiten für viele erkennbar sind. Tisch und Kuchen vergrößern sich, es gibt wesentlich mehr gute Plätze. Zwar steigert sich auch die Konkurrenz am Tisch, aber es gibt enorm viele Gewinner und kaum Verlierer. So weit, so gut.

Nach einer Weile fangen die ersten neu am Tisch Sitzenden an, Fragen zu stellen. Ist das eigentlich der richtige Kuchen? Sind die Tischregeln noch zeitgemäß? Manche wollen die Rezeptur des Kuchens, die Tischordnung und die Esskultur grundlegend verändern. Andere fordern ein Leitrezept. Man fragt sich: Was ist bei all dieser Diversität denn noch die Identität der Tischgesellschaft? Einige schlagen vor, mehrere Tische in den Raum zu stellen, andere wollen die gesellschaftliche Einheit bewahren, dann fordern die Ersten, die Tischgesellschaft wieder zu schließen – und zwar, bevor Gleichstellung erreicht ist. Denn noch immer sitzen verhältnismäßig weniger Frauen, LSBTIQ*, Menschen mit Behinderung, Menschen mit internationaler Geschichte, PoC und Ostdeutsche am Tisch, und sie haben seltener die besseren Plätze. Es entsteht also eine neue Konfliktlinie, in der es um Kultur und Identität, um Zugehörigkeit, um Offenheit und Geschlossenheit geht, ohne dass die Verteilungskonflikte überwunden wären. Das ist unübersichtlich und anstrengend.

Mehr Integration führt zu mehr Konflikten – mindestens übergangsweise, wahrscheinlich aber dauerhaft. Denn an diesem Prozess sind im Prinzip alle beteiligt: Diejenigen, die neu am Tisch sind, diejenigen, die schon immer privilegiert waren, aber auch diejenigen, die immer noch auf dem Boden sitzen. Als Integrationsparadox bezeichne ich – anders als andere – diese gesamte Gemengelage.[109] Es geht also um das wechselseitige Verhältnis zwischen den neuen Akteuren, die durch Teilhabezuwächse den Diskurs heute mitprägen, und privilegierten Gruppen, die sehr unterschiedlich auf die neue Konstellation reagieren, und um die nach wie vor Ausgeschlossenen, deren prekäre Lage sich weiter verschlechtert hat.[110]

Neue Akteur:innen, neue Konfliktlinien

Die neue Konfliktkonstellation besteht vor allem darin, dass diese verschiedenen ehemals enorm und heute zunehmend weniger benachteiligten Gruppen gleichzeitig Teilhabe und Zugehörigkeit fordern.

Frauen haben einen immer besseren Zugang zu Bildung und Erwerbsarbeit. Über längere Zeit hatte praktisch jede Frau bessere Chancen als ihre Mutter. Aber irgendwann wird bemängelt, dass der bestehende Arbeitsmarkt eine ziemlich männliche Angelegenheit sei, was weniger an den Männern, sondern eher an den historisch gewachsenen (sehr männlichen) Strukturen des Arbeitsmarkts und des Sozialstaats liegt. Arbeitgeber:innen müssen sich ändern. Der Staat und immer mehr Unternehmen nehmen sich zum Ziel, die Karrieren von Frauen zu fördern, und nennen sich »familienfreundlich«. Doch was ist damit erreicht? Dass sich Frauen in familienfreundlichen Organisationen um ihre Karriere und zu Hause um Haushalt und Kinder kümmern? Das geht natürlich nicht gut. Männer und die staatlichen Bildungsinstitutionen müssen sich ebenfalls ändern, sie müssen einen großen Teil der ehemals »weiblichen« Verantwortung übernehmen. Das hat weitreichende Folgen im Bildungssystem (Kita-Ausbau und Ganztagsbetreuung), im Gesundheitssystem (Ausbau der Pflegeeinrichtungen) sowie für die Vorstellungen von und das Verhältnis zwischen den sozialen Geschlechtern (Konzepte von Männlichkeit und Weiblichkeit). Die Integration von Frauen hat Auswirkungen für Organisationen, Arbeitsmarkt, Staat und Männer, kurz: für alle(s) andere(n). Auch für Frauen selbst.[111] Genau hier stehen wir gerade. Entsprechend haben wir (mindestens) drei Wellen des Feminismus: Die erste entstand, als alle Frauen auf dem Boden saßen, entsprechend ging es hauptsächlich darum, dass Frauen als Menschen anerkannt werden. In der zweiten setzten sich die Frauen nach und nach an den Tisch und kämpften gegen die Männer(welt) oder kämpften sich durch sie durch. Es ging um Teilhabe. In der dritten Phase sitzen die Frauen am Tisch und möchten nicht gegen, sondern gemeinsam mit den Männern kämpfen und sich auch nicht durchkämpfen müssen, sondern verändern.[112] Und: Immer mehr Männer wollen auch Änderungen.

LSBTIQ* kämpften lange Zeit darum, nicht mehr verfolgt zu werden. Nun aber fragen sie, ob sie nur geduldet oder ob sie als gleichwertig anerkannt werden. Die Vorstellung, Heterosexualität sei das Normale, wird genauso infrage gestellt wie die Vorstellung eines binären Geschlechtersystems, das nur Mann und Frau kennt. Gleichgeschlechtliche Ehe, Adoptionsrecht und die dritte Option »divers« im Personenstandsregister sind einige der großen Veränderungen. Auch hier treiben jüngere Generationen den Wandel deutlich schneller voran als ältere.

Ostdeutsche erkennen sich in der westdeutsch geprägten Erzählung des vereinten Deutschlands nicht wieder und melden sich sehr deutlich zu Wort. Von Wiedervereinigung könne nur die Rede sein, wenn es eine wirklich gesamtdeutsche Erzählung gebe, die die Erfahrungen und Interessen von Ostdeutschen substanziell beinhaltet. Der Hinweis auf den vollzogenen »Aufbau Ost« erzeugt – nachvollziehbarerweise – eher Aggression, als dass er eine angemessene Antwort auf ein symbolisches Bedürfnis ist. Es geht nicht mehr (nur, aber auch) um ein Stück vom Kuchen, es geht (auch) um das Rezept. Hierbei macht es selbstverständlich einen großen Unterschied, welcher Generation man angehört: Hat man die Wiedervereinigung als Verlust (der Heimat oder des Status) oder als Gewinn (an Lebenschancen) erlebt, oder hat man die DDR gar nicht erlebt? Anders ausgedrückt, ist man in Karl-Marx-Stadt oder in Chemnitz aufgewachsen?

Menschen mit Behinderung fordern, dass ihre Bedürfnisse und ihre Bewegungsfreiheit in der analogen und digitalen Welt von Beginn an und systematisch mitberücksichtigt werden und nicht, wie bisher, nachträglich, indem Anpassungen vorgenommen werden. Es geht nicht mehr nur um andere Planungen bei Gebäude- und Städtebau, sondern auch um veränderte Arbeitsprozesse in Organisationen, Unternehmen und Verwaltungen, die es Menschen mit körperlichen und psychischen Beeinträchtigungen ermöglichen, sowohl als Kunden als auch als Beschäftigte teilzuhaben. Zu Recht fragen sie, ob sie behindert sind oder behindert werden.[113] Sie wollen keine Hilfe an einem Tisch, an dem keine eigenständige Teilhabe gewährleistet ist, sondern die Umorganisation der Tischgesellschaft, damit sie selbstbestimmter und selbstständiger teilhaben können.[114]

Und nicht zuletzt fragen die Nachfolgegenerationen der Migrant:innen, was sie denn noch alles machen sollen, um wie selbstverständlich dazuzugehören. Deutschland ist »Vaterland«, Deutsch die »Muttersprache«, deutscher Pass und Platz am deutschen Tisch – was fehlt oder was ist zu viel? Manche fragen, ob sich das, was man unter »Deutschsein« versteht, nicht ändern muss, damit sie wirklich dazugehören können. Andere vertreten den Standpunkt, dass man auch mit einer Mehrfachidentität oder hybriden Identität dazugehören können muss.[115]

All diese Personengruppen fordern, nicht obwohl, sondern weil sie vom Rand ins Zentrum der Gesellschaft gewandert sind, weil sie nun mit am Tisch sitzen. Sie stehen bei ihrem Engagement für mehr Teilhabe nicht selten in Konkurrenz zueinander; in jüngster Zeit entstehen zunehmend Bündnisse der sozialen Bewegungen jüngerer Generationen, also zwischen Gender, Queer, Behindertenbewegung, Rassismuskritik, Neuen Deutschen, Schwarzen Deutschen usw.

Diese intersektionellen Allianzen deuten darauf hin, dass wir in einer neuen Phase angelangt sind.

Identitätspolitik von und gegen »weiße Männer«

Damit ist die offene Gesellschaft in einem fortgeschrittenen Stadium beschrieben. Je mehr Menschen aus benachteiligten Gruppen am Tisch sitzen, desto stärker und selbstbewusster mischen sie sich ein, thematisieren Diskriminierung (auch wenn diese abgenommen hat), fordern gleiche Rechte – und stellen die Privilegien der anderen infrage. Es wird also in einem fortgeschrittenen Stadium nicht mehr nur über die Benachteiligung der Benachteiligten gesprochen, sondern auch über die Privilegien der Privilegierten. Junge reden über Alte, Schwarze über das Weißsein, Frauen über mansplaining, Homosexuelle über Heteronormativität usw. Die Verkörperung all dieser Privilegien ist die Figur des weißen Mannes.[116] Gemeint ist in der Regel der ältere weiße heterosexuelle Mann ohne Behinderung (und ggf. aus Westdeutschland). Hier bekommt eine Personengruppe eine kategorisierende Bezeichnung, die bisher nicht benannt wurde. Die Kategorien »Frau«, »Behinderung«, »Muslim:in«, Migrationshintergrund«, »Schwarz«, »Homosexuell«, »Ostdeutsch« sind wir gewohnt. Es sind Kategorien in einem jeweils defizitären Diskurs. All diese Kategorien stehen – bei allen Unterschieden – für Integrationsprobleme. Selbst wenn die Mitglieder der Gruppen alles »gut« machen und außerhalb des Problemdiskurses bleiben, bleiben sie in der Kategorie. Dann spricht man von »starken Frauen«, »inkludierten Behinderten«, »liberalen Muslimen«, »gut integrierten Migranten« oder: »merkt man gar nicht, dass der schwul/ostdeutsch ist«. Die Ausnahmen bestätigen die Regel. Zwischen diesen Kategorien gibt es eine Vielzahl von Kreuzungen, also Intersektionalität, etwa »Schwarze Musliminnen«.[117]

Eines der größten Privilegien ist es, keine Kategorie zu besitzen, und das war bisher nur Männern vorenthalten, weißen Männern. Denn dann hat man die Freiheit, entweder links oder liberal oder konservativ, sportlich oder gemütlich, emotional oder sachlich, fleißig oder faul, offensiv oder defensiv, risikobereit oder sicherheitsorientiert, intuitiv oder reflexiv, mutig oder vorsichtig, lieb oder ein Bösewicht zu sein. Mann ist ein Mensch mit Eigenschaften, eine Persönlichkeit mit vielen Rollen, denen Mann eine individuelle Note gibt. Und noch entscheidender: Wenn Mann ein Arschloch ist, dann kann auch das unterschiedlich gedeutet werden, etwa als verabscheuungswürdig oder durchsetzungsstark, unempathisch oder skrupellos. In jedem Falle ist Mann ein Individuum und nicht festgeschriebenes Mitglied einer imaginierten Identität. Das ist eine starke Form der Freiheit. Allein mit der Verwendung des Begriffs »weißer Mann« und der dadurch vollzogenen Kategorisierung ist dieses Privileg schlicht weg. Jeder als »weißer Mann« markierte Mensch muss sich nun im öffentlichen Raum kontrollieren, seine Wirkung auf andere vor dem Hintergrund der Kategorie reflektieren, muss darauf achten, dass er nicht der Kategorie entspricht – Mann ist auf dem Prüfstand und kann sanktioniert werden. Er muss nun das tun, was alle anderen von jeher gewohnt sind: Er erlebt die Unfreiheit einer Kategorisierung, der man sich nicht entziehen kann. Dabei geht es sowohl um Quantität (eine Podiumsdiskussion mit ausschließlich »weißen Männern« war früher die Regel und ist heute kaum mehr legitimierbar) als auch um Qualität (verhält Mann sich »offen« oder bestätigt Mann die Zuschreibungen).

Da »weiße Männer« den Zwang einer Kategorisierung noch nicht lange gewohnt sind, kann man die Wirkung hier gut studieren: Sie reicht von zustimmender Selbstkritik über Verunsicherung und eine abwehrende Opferhaltung bis hin zu offenem Zorn. Es ist der Zwang, sich verhalten zu müssen, nämlich gegenüber einem Vorurteil, das wie ein Damoklesschwert immer über einem schwebt. Nun ist auch die letzte freie Gruppe in einer symbolischen Schublade.

Das langfristige Ziel wäre es, alle Kategorien aufzulösen, aber so weit sind wir ganz offensichtlich nicht. Die Tatsache, dass wir in fast allen Bereichen Fortschritte gemacht haben, ist unbestritten. Gleichzeitig ist es nachvollziehbar, dass viele Menschen ungeduldig werden und zudem die Erfahrung gemacht haben, dass sich von allein kaum etwas ändert. Privilegierte sehen also nicht nur ihre Dominanz und Deutungshoheit am Tisch schwinden, sie werden förmlich attackiert. Das ist irgendwie ein Fortschritt, denn nun gibt es wirklich niemanden mehr ohne Kategorie. Jetzt endlich können sich alle als Opfer fühlen – und alle können Identitätspolitik machen.[118]

Es soll hier nicht der Eindruck entstehen, es handele sich lediglich um abstrakte und rein symbolische Kategorien. Es geht hier um Machtverhältnisse und in jeder Hinsicht um strukturelle Benachteiligung.

Denn es sind so gut wie immer weiße Menschen, die glauben, dass es dort, wo nicht über Rassismus gesprochen wird, auch keinen Rassismus gibt. Menschen mit Migrationsvordergrund, also PoC, wissen und erleben, dass es genau andersherum ist: Gerade jene Menschen und Organisationen, die behaupten, sie seien voll und ganz farbenblind, sind häufig blind gegenüber Rassismus. Dort, wo das Problem schon einmal beim Namen genannt wird, ist man also schon einen großen Schritt weiter. Gleiches gilt auch in anderen Bereichen: Es sind so gut wie immer Männer, die meinen, dass es sexistisches Verhalten kaum noch gibt. Es sind so gut wie immer Menschen ohne Behinderung, die meinen, dass doch schon fast alles barrierefrei ist. Es sind so gut wie immer Heterosexuelle, die meinen, dass LSBTIQ* aufgrund der ausgeprägten gesellschaftlichen Toleranz kaum noch diskriminiert werden usw. Hinter den symbolischen Kategorien stecken reale Benachteiligungen bzw. Privilegien. Für all diese Kategorien gilt nach wie vor: Diskriminierung ist strukturell in der Gesellschaft verankert. Gleichzeitig stimmt es aber auch, dass in allen genannten Bereichen Teilhabezuwächse erzielt und Diskriminierung abgebaut wurde. Damit geben sich Betroffene aber nicht (mehr) zufrieden. Eine Kategorie war bisher von alldem nicht betroffen – und sie hat einen Namen bekommen. Dass sich diese Benennung tatsächlich durchsetzt, ist ein manifester Beleg dafür, dass alle mit am Tisch sitzen (wenn auch unterrepräsentiert) und »weiße Männer« die alleinige Deutungshoheit und Definitionsmacht bereits verloren haben.

Und da die Geschichte uns lehrt, dass keiner Gruppe etwas geschenkt wird, sondern jede Verbesserung hart erstritten werden muss, ist Identitätspolitik eine funktionale – und zwischenzeitlich vielleicht notwendige – Strategie. Die durch Identitätspolitik entstehende Steigerungsspirale kann folgendermaßen beschrieben werden:

Es kommt am Tisch zu vielschichtigen Gruppenbildungsprozessen, wobei verschiedene Gruppen partikulare Interessen vertreten und eine Einheit der Tischgesellschaft kaum noch erkennbar ist. Minderheitenangehörige schließen sich am Tisch zunehmend zusammen, um ihren jeweiligen (spezifischen) Interessen Nachdruck zu verleihen, auch und insbesondere, um diskriminierende Strukturen anzusprechen und zu durchbrechen, die auch mit Privilegien der anderen zusammenhängen. Dadurch, dass es sich um einen Aktivismus von vielen, die zudem hochgebildet sind, handelt, werden immer komplexere, feinere und kritischere Analysen vollzogen, die immer mehr Machtungleichgewichte und Ungerechtigkeiten erkennbar und artikulierbar machen – während es gleichzeitig immer weniger Machtungleichgewichte und Ungerechtigkeiten gibt. Das Ziel identitätspolitischer Bewegungen benachteiligter Gruppen ist weitere Emanzipation durch soziale und symbolische Teilhabe, also: weitere (vielleicht sogar beschleunigte) soziale Öffnung. Eine Reaktion von Teilen der dominanten Gruppen ist es, ihre Privilegien zu verteidigen bzw. verlorene Privilegien zurückzuerobern (backlash). Der aufkeimende Populismus kann also als Ausdruck einer identitätspolitischen Bewegung der sozialen Schließung verstanden werden, bei dem die alte soziale Ordnung, das alte Kategoriensystem und die alte Sprache propagiert werden. Das Ziel ist gesellschaftliche Restauration. Gegen diese

Schließungsbewegungen werden Minderheiten lauter, was wiederum Privilegierte lauter werden lässt usw. Dadurch verschärft sich der Diskurs, nicht obwohl, sondern weil sich die Tischgesellschaft geöffnet hat; nicht obwohl, sondern weil die Teilhabe von immer mehr und immer unterschiedlicheren Menschen ermöglicht wurde.

Dieses zunehmende Aufkeimen von Identitätspolitik aus ganz unterschiedlichen Richtungen repräsentiert den paradoxen Effekt, dass eine spezifische Herkunft oder Identität eine immer geringere Bedeutung für Stellung und Chancen einer Person in der Gesellschaft hat, aber gleichzeitig im öffentlichen Diskurs einen immer größeren Raum einnimmt. Allgemein hat man das Gefühl, die Gesellschaft sei gespalten. Man könnte aber auch sagen: Alle sind sich auf allen Ebenen nähergekommen. Das wäre das Gegenteil von Spaltung. Ja, man könnte von einer verdichteten Gesellschaft sprechen. Offene Gesellschaften ermöglichen Verdichtung und Spaltung gleichermaßen. Überhaupt erst dann, wenn immer mehr und immer unterschiedlichere Menschen am Tisch sitzen (Verdichtung), kann es am Tisch zu Differenzierungen kommen (Spaltung).

Viel Verdichtung mit kleinen (aber als stark wahrgenommenen) Rissen – das ist der Befund. Und dies führt dazu, dass die Gesellschaft so liberal und offen ist wie noch nie und gleichzeitig vielschichtige Radikalisierungsprozesse stattfinden. Rassismus, Anti-Genderismus, Homophobie, religiöser Fundamentalismus, Populismus und Rechtsextremismus werden lauter, aggressiver und radikaler. Es handelt sich nicht um eine quantitative Zunahme, sondern um eine qualitative. Wesentlich stärker sind nämlich die gegenteiligen Tendenzen: Rassismuskritik, Gender Mainstreaming, Queer-Perspektiven usw. setzen sich stärker in der Mitte durch. Die Gesellschaft wird immer liberaler, die Radikalen werden immer radikaler. Das wirkt wie ein Durcheinander und ist anstrengend. Eine weitere wichtige Veränderung kommt (leider) hinzu.

Gesellschaftlicher Zusammenhalt geht verloren

Man muss das weit verbreitete Gefühl eines zunehmend fehlenden Zusammenhalts ernst nehmen. Was war der Klebstoff des »alten« Zusammenhalts? Er bestand zu einem wesentlichen Teil aus Zwängen und Unterdrückungsverhältnissen, von denen alle, aber insbesondere die genannten Personengruppen betroffen waren. Wie »einfach« war die Zeit, als Frauen sich selbst als nicht gleichwertig gegenüber Männern gesehen haben, als LSBTIQ* selbst Heterosexualität als Norm angesehen haben, als Ostdeutsche sich selbst als unbedeutende kleine Schwester des westdeutschen Stars sahen, als Muslim:innen und PoC und Migrant:innen sich selbst als Fremde und Ausländer:innen begriffen, als Menschen mit Behinderung sich nicht als (vollständige) Menschen sahen. Für den gesellschaftlichen Zusammenhalt waren dies recht wichtige Grundlagen. Was aus heutiger Perspektive rückblickend harmonisch wirkte, war geprägt von umfassenden Zwangs- und Unterdrückungsverhältnissen. Mit der Überwindung dieser Verhältnisse ist der Klebstoff ausgetrocknet. Alte und klare Hierarchien, Ordnungen,

Orientierungen und Normalitäten sind in Bewegung, was die Komplexität steigert und Reibung erzeugt. Der Zusammenhalt wurde durch soziale Konflikte, überhitzte Diskurse und identitätspolitische Steigerungsspiralen ersetzt. Prinzipien des kulturellen und strukturellen Zusammenlebens wandeln sich umfassend.

Die meisten Menschen im Raum sind vom Boden an den Tisch gewechselt. Am Tisch sitzen jetzt sehr unterschiedliche Menschen zunehmend auf Augenhöhe zusammen. Aber der einzelne Platz ist nicht mehr so viel wert, ist nichts Besonderes mehr. Und es gibt viel mehr Streit. Die Stimmung ist schlecht. Warum? Weil viel mehr Menschen teilhaben können und wollen, weil die Gesellschaft offener geworden ist, und man könnte salopp sagen: weil es eigentlich ganz gut läuft.

Was in dieser Darstellung bisher ausgeblendet wurde: Es sitzen immer noch Menschen auf dem Boden. Und hier ist die Stimmung auch schlecht, sehr schlecht. Hierfür sind drei miteinander zusammenhängende Prozesse verantwortlich. Erstens: Es gibt nichts Schlimmeres, als zuzusehen, wie es ein Großteil vom Boden an den Tisch schafft, aber man selbst unten hocken bleibt. Zweitens: Die Fluktuation (also das Kommen und Gehen) sowie die immer schwierigeren Lebenslagen auf dem Boden lassen die solidarischen Strukturen dort zunehmend zerbrechen. In klassischen Arbeitermilieus (als noch alle Männer Arbeit hatten) konnte der Wert von (körperlicher) Arbeit und Fleiß Anerkennung stiften. Es bestand ein hohes Maß an Selbstorganisation (u.a. durch die Gewerkschaften) und eine breite Vereinslandschaft mit spezifischen kulturellen Formaten speziell für

Arbeiterfamilien (u. a. Chöre, Sportvereine, Volksbüchereien). Hinzu kam eine klare Ordnung: erst die Arbeit, dann das Vergnügen. Eine klare Trennung zwischen Arbeit und Freizeit. Diese Struktur ist verloren gegangen.[119] Auf dem Boden sind nun zwei Tendenzen prägend: Langzeitarbeitslosigkeit und Prekariat haben das klassische Proletariat ersetzt. Arbeitslosigkeit, wenig Geld und viel Freizeit oder prekäre Arbeits- und Lebensverhältnisse, wenig Geld und keine Freizeit – das ist keine gute Grundlage für positive Zugehörigkeiten und solidarische Strukturen.[120]

Drittens: Am Tisch wird erzählt, dass die offenkundig sehr offene Tischgesellschaft unendlich viele Möglichkeiten biete und diejenigen, die jetzt noch auf dem Boden sitzen, selbst schuld seien. Die Solidarität zwischen Tisch und Boden wird brüchig. Aus der Solidaritätslogik »wenn es dir schlecht geht, helfen wir dir« wird »gib dir mehr Mühe, damit du der Gemeinschaft nicht auf der Tasche liegst«.[121] Der Ausschluss wird vom kollektiven Schicksal zu einem individuellen Versagen verdreht.

Viele auf dem Boden fühlen sich zurückgelassen, übersehen, abgehängt, missachtet. Und an den Katzentischen herrscht zudem Angst vor dem Abstieg auf den Boden. Die Erfahrung biografischer Rückschläge und sozialer Ausgrenzung erzeugt Ohnmachtsgefühle. Resignative Tendenzen, aber auch parallelgesellschaftliche solidarische Strukturen sind die Folge. An das Versprechen sozialen Aufstiegs wird immer weniger geglaubt – und das nicht ohne Grund. (Dass Kinder in diesen resignativen oder parallelgesellschaftlichen Milieus aufwachsen, in denen Erwachsene immer weniger an eine bessere Zukunft glauben, stellt eine enorme Herausforderung dar, der sich mein Nachfolgebuch »Mythos Bildung« widmet.)

Und damit ist der andere wesentliche Klebstoff des gesellschaftlichen Zusammenhalts erodiert, nämlich die Versprechen von Aufstieg (für die besonders Fleißigen), Wohlstandsmehrung (für alle) und Solidarität (für alle, die sie brauchen): »Wer sich Mühe gibt, steigt auf«, »Morgen wird es besser sein als gestern« und »Wenn du scheiterst, helfen wir dir«. Die eigentümliche Kombination aus Unterdrückungsverhältnissen und Zukunftsversprechen erzeugten den inneren Zusammenhalt. Öffnungsprozesse nach innen und nach außen haben diesen alten Kitt (der zugleich als alter Konsens bezeichnet werden kann) bröckeln lassen.

Ich fasse zusammen: Wir haben quantitativ mehr Teilhabechancen (am Tisch) und gleichzeitig deshalb eine prekärere Lage für die Ausgeschlossenen (auf dem Boden). Schlechte Stimmung unten wie oben, gestörtes Verhältnis zwischen Boden und Tisch. Wir haben eine offene Gesellschaft und eine liberale Demokratie, aber auch eine Verstärkung von Identitätspolitik, Populismus, Rassismus, Rechtsextremismus, religiösen Fundamentalismus, Resignation und Parallelgesellschaften, gestiegenes Konfliktpotenzial, überhitzte Diskurse und einen erodierenden gesellschaftlichen Zusammenhalt. Und warum? Weil's recht gut läuft, weil die offene Gesellschaft voranschreitet.

Für diese Gesamtkonstellation – und nicht für einzelne Aspekte – steht, wie oben bereits erwähnt, der Begriff »Integrationsparadox«. Es handelt sich also um die allgemeine Gemengelage von offenen Gesellschaften im fortgeschrittenen Stadium. Auch wenn diese Analyse exemplarisch

Deutschland fokussiert, handelt es sich um eine Beschreibung von (zumindest) für westliche Gesellschaften typischen Prozessen. Mit Abstrichen lässt sich die Analyse (oder zumindest Teile davon) auf die Weltgesellschaft – oder um in der Metapher zu bleiben: auf den globalen Tisch – übertragen.

Was bedeutet dann der Begriff »Integration«?

Die Integration von Teilen (Integration I) in ein Ganzes verändert dieses Ganze (Integration II). Integration I bedeutet Veränderung und Anpassungen im Kleinen, also in Bezug auf Menschen; Integration II bedeutet Veränderungen und Anpassungen im Großen, also für große gesellschaftliche Subsysteme und damit für die Gesellschaft als ganze.

Das ist nicht nur eine empirische Beobachtung, sondern entspricht der Bedeutung des lateinischen Begriffs *integratio*: Wiederherstellung und Erneuerung. Integration steht also für einen Prozess, bei dem – auf der Mikro- und Makroebene – durch Veränderungen und Erneuerung Stabilität und Einheit immer wieder neu hergestellt werden. Fertig ist man per definitionem nie.

Integration im Kleinen meint die Befähigung und Fähigkeit von Menschen zur Teilhabe an der Gesellschaft. Genau dies gelingt zunehmend besser, führt aber insbesondere bei den gut Integrierten zu paradoxen Effekten.[122] Integration im Großen meint hingegen die Befähigung der Gesellschaft, die Teilhabe von mehr Menschen zu ermöglichen und zu strukturieren.[123] Genau das wird immer anstrengender. Denn: Wenn mehr Menschen teilhaben sollen, müssen einige Menschen zum Teilen bereit sein. Das kann nicht gemütlich sein. Und es muss gesellschaftliche Strukturen geben, die die Teilhabe von Diversität ordnen. Das wirkt regelmäßig überfordernd.

Integration im Kleinen kann sich auf benachteiligte Gruppen oder auf einzelne Individuen beziehen. Integration im Großen meint die Gesellschaft insgesamt. Beides sind zwei Perspektiven auf einen Prozess. Der Untertitel dieses Buches hätte also auch lauten können: warum gelungene Integration im Kleinen (Integration I) zu mehr Konflikten aufgrund von Veränderungsprozessen im Großen (Integration II) führt. Damit sind die Mikro- und die Makroebene beschrieben, allerdings gibt es auch eine Mesoebene (Organisationen, Milieus usw.), die in dieser Analyse kaum berücksichtigt wird – diese Mesoebene wird im Folgebuch »Mythos Bildung« am Beispiel des Bildungssystems betrachtet.

Entsprechend lässt sich der Begriff »Integration« auf ganz verschiedene Bereiche anwenden: Er wurde bei der Integration Ostdeutschlands (Wiedervereinigung), bei der europäischen Integration (Europäische Union), aber auch der globalen Weltgemeinschaft (UNO) verwendet. In all diesen Fällen erkennt man das gleiche Phänomen: Es kommt zu Veränderungen und Konflikten.[124] Die Integration von Teilen in ein Ganzes verändert dieses Ganze. Und damit hat die Integration von einigen (Menschen) Auswirkungen auf alle (Menschen). Genau dieses Verhältnis von Mikro- und Makroebene wird durch das Integrationsparadox auf den Begriff gebracht.

Dreiklang der Überhitzung: Teilhabezuwachs, neue Medien, Tabubrüche

Eine wesentliche Triebfeder europäischen Fortschritts waren Konflikte. Ohne Konflikte sind Fortschritt und Innovation kaum denkbar. Allerdings können Konflikte auch zu sehr destruktiven Prozessen führen. Daher kommt es darauf an, in den Konflikten das positive Potenzial zunächst zu sehen und dann zu nutzen. Das meint Streitkultur: Kontroversen nicht ablehnen, unterdrücken oder möglichst schnell auflösen, sondern erkennen und als Entwicklung konstruktiv aufgreifen. Konstruktiv streiten – darum geht es eigentlich. Und das ist überhaupt keine triviale Forderung, weil sich zum einen immer mehr und immer unterschiedlichere Menschen am Diskurs beteiligen wollen und können und dies zum anderen rund um die Uhr über digitale Medien möglich ist. Selbst der professionelle Journalismus büßt seine Gatekeeper-Position zunehmend ein – alle können mitmachen. Hinzu kommt zum Dritten, dass es kaum noch Tabus gibt und wir entsprechend inhaltlich über alles reden können. In dreierlei Hinsicht wurde die Gesellschaft also geöffnet – eigentlich eine positive Entwicklung. Gleichzeitig überfordert uns genau das. Man muss also zusammenfassen: Offene Gesellschaften sind überfordert und überfordernd, weil es keine etablierten Strukturen und Verfahren gibt, die die Teilhabe aller ermöglichen.

Eine Orientierung wäre entsprechend günstig. Aber eine Leitkultur existiert nicht (mehr) per se, sie muss entwickelt und ausgehandelt werden. Selbst das geht nur über einen konstruktiven Streit. Denn das, was Leitkultur sein soll, muss mit den Menschen diskutiert werden, die heute am Tisch sitzen. Wenn sich eine Hand voll (alter) »weißer Männer« allein an den Tisch setzen, um ein Papier mit der Überschrift »Deutsche Leitkultur« zu entwerfen – der Klassiker – , kommt es gar nicht mehr auf den Inhalt an, denn der Kardinalfehler fand schon statt, bevor das erste Wort zu Papier gebracht wurde. Leitkultur ist nicht da, sondern muss entwickelt werden – und zwar mit den Menschen, die heute am Tisch sitzen. Und das sind u. a. dieselben, die die identitätspolitischen Tendenzen vorantreiben. Aus vielerlei Gründen ist die Diskussion über Leitkultur irreführend, auch wenn das Bedürfnis nach Orientierung und Grundkonsens nachvollziehbar ist.[125] Aber Orientierung und Grundkonsens müssen neu entwickelt werden. Das wird nicht ohne gepflegten Streit gehen. Entsprechend brauchen wir eine Kultur des Streitens, die beinhaltet, dass der Streit nichts Schlechtes ist (Haltung), und die festlegt, wie gepflegtes Streiten strukturiert werden kann (Orte und Regeln).

Aber bevor man sich dem Wie annähern kann, muss man zunächst das Was verstehen. Etwa der häufig hervorgebrachte Vorwurf, man könne nicht mehr frei reden und die Meinungsfreiheit wäre in Gefahr, zeugt von einem Missverständnis: Man darf alles sagen, Tabus gibt es kaum noch. Aber wenn man unendlich viel sagen darf, dann gibt es unendlich viele Möglichkeiten des Widerspruchs. Denn alle dürfen alles sagen. Viele verwechseln Meinungsfreiheit mit Deutungshoheit. Ersteres wird verfassungsrechtlich geschützt, Letzteres wird von vielen Seiten bekämpft. »Man wird doch wohl noch sagen dürfen« gilt für jede:n Sprecher:in und jede:n Kritiker:in.

Eine politisch korrekte, diskriminierungskritische Sprache repräsentiert die neue Zusammensetzung am Tisch, zeigt aber exemplarisch in dreierlei Hinsicht die großen Herausforderungen dieses Wandels: Zum Ersten wird diese Sprache für ohnehin Ausgeschlossene immer weniger nachvollziehbar, weil sich die Komplexität stetig steigert, wodurch die Verständigung zwischen Tisch und Boden immer fragiler wird; zum Zweiten entfacht die Sprache selbst immer häufiger den Streit, was dazu führt, dass man regelmäßig nicht mehr über Inhalte (also Probleme/Missstände), sondern über das Medium Sprache streitet; zum Dritten geht durch korrekte Sprache die (alte) Schönheit der Sprache verloren. In der Sprache sind Herrschaftsverhältnisse und Schönheit ineinander verschränkt – derzeit ist noch keine Lösung dafür erkennbar, wie die Schönheit erhalten werden kann, ohne die Unterdrückungsverhältnisse zu reproduzieren.[126] Die Veränderung der Sprache zeigt dabei, in welche intimen Zonen der Gesellschaft und Kultur die Teilhabezuwächse vordringen.

Die neue politische Achse

Das Grundgesetz bietet keine Orientierung, denn es hat uns genau dahin geführt, wo wir stehen: Es ist eine Verfassung der offenen Gesellschaft. Die Gesellschaft hat sich stärker dem Grundgesetz angenähert als andersherum. Einerseits kann das Grundgesetz als Programm zur gesellschaftlichen Öffnung bezeichnet werden, andererseits schützt es

Populist:innen, Nationalist:innen und religiöse Fundamentalist:innen. Es braucht andere Orientierungen, auch deshalb, weil die gesellschaftliche Mitte verunsichert ist.[127] Und erst eine verunsicherte Mitte lässt die Ränder erstarken. Genau genommen muss eine neue Mitte gefunden werden. Denn wir haben es mit einer neuen gesellschaftlichen Konfliktlinie zu tun: Nicht mehr nur *rechts* und *links* vermögen die Verhältnisse abzubilden, sondern auch *offen* und *geschlossen*. Mit dieser neuen politischen Achse kommen zwei Parteien besser zurecht als alle anderen, auch weil sie relativ jung sind: Die Grünen stehen sehr klar für Offenheit und haben entsprechend den Tisch erobert.[128] Die AfD steht klar für Geschlossenheit und findet an Tisch und Boden Sympathisanten: am Boden solche, die ökonomisch unter Druck stehen (und die sich durch eine exklusive Form der Solidarität angesprochen fühlen), am Tisch solche, die sich kulturell und symbolisch gefährdet sehen (und ihre Deutungshoheit und Dominanz bewahren wollen). Beide Parteien gewannen Anteile zu Ungunsten der Volksparteien.[129]

Ein ausgewogenes Verhältnis zwischen Offenheit und Geschlossenheit existiert derzeit kaum, entsprechend ist die Mitte auf der Achse offen/geschlossen nicht besetzt. CDU/CSU, SPD, FDP und Die LINKE sind in sich gespalten, können sich nicht recht zuordnen. Es sind ältere Parteien, die in dieser neuen Achse noch keine Balance gefunden haben. Die SPD hat es notwendigerweise am schwersten, denn ihre Aufgabe könnte dreierlei sein: (1) Solidarität mit den Ausgeschlossenen am Boden, (2) eine stabile und gerechte Verbindung zwischen Tisch und Boden sowie (3) eine Ordnung des Streits am Tisch. An jeder dieser drei »Fronten« hat sie mehrere Konkurrenten. Eine nachvollziehbare Strategie ist es dann, sich auf das Staatsmanagement zu konzentrieren und von allem ein bisschen zu machen – gedankt wird dies allerdings nicht.

Alle Denkschulen – Liberalismus, Sozialdemokratie, Konservatismus, Sozialismus – müssen alte Fragen neu stellen, alle eint, dass sie keinen Kompass für die aktuellen Herausforderungen haben und deshalb auch kein Gaspedal für gesellschaftliche Entwicklung sein können. Sie sind die Bremsen, auch diese sind wichtig, doch geht derzeit von ihnen kein Lösungspotenzial aus. Vielleicht muss sich die Zivilgesellschaft damit arrangieren, dass sich die Rollen wandeln: Sie wird zum Gaspedal, während die Politik bremst. Kunst, Wissenschaft, Wohlfahrtsverbände und Religionsgemeinschaften könnten heute wichtiger werden.[130]

Es ist eine komplexe Gemengelage, für die keine konkrete Lösung auf dem Tisch liegt. Das sind schlechte Zeiten für Menschen, die Ordnung und Harmonie lieben, aber recht gute Zeiten für Demagogen und Verschwörungstheoretiker.

Fragen zur Zukunft der offenen Gesellschaft

Die Herausforderungen der offenen Gesellschaft liegen auf der Hand: Es sind neben den großen Themen Digitalisierung und Klimawandel die Fragen, die sich aus dem Integrationsparadox für die offene Gesellschaft stellen.[131]

Das sind zum einen Fragen der Teilhabe und der Gleichheit. Immer mehr Gruppen streben genau danach, artikulieren strukturelle Ungleichwertigkeiten und adressieren immer mehr Probleme und Verursacher.[132] Hier ist anzunehmen, dass sich das Konfliktpotenzial weiter verstärkt, nicht zuletzt auch deshalb, weil die identitätspolitischen Akteur:innen immer professioneller und vernetzter agieren, aber auch, weil ihre analytischen Ansätze immer genauer werden. Letztlich geht es um Gleichheit in der Differenz – dies anzuerkennen und zu leben ist hochkomplex. Der Weg von einer zunehmenden Fragmentierung identitätspolitischer Akteur:innen zu mehr Bündnissen, die auch die gesamte Gesellschaft im Blick behalten (auch die Ausgeschlossenen), ist schon in Konturen erkennbar. Rassismuskritische Initiativen wie #metwo und Black Lives Matter haben in den vergangenen Jahren genauso breite Resonanz und Unterstützung erfahren wie zuvor #metoo. Auf staatliche Institutionen werden dauerhaft große Herausforderungen zukommen – insbesondere Sicherheitsbehörden und die Bildungsinstitutionen werden aufgrund ihrer herausragenden Stellung für Bildungschancen und alltägliche Sicherheit im Fokus verschiedener Bewegungen bleiben.

Eine andere Frage ist: Wie lässt sich in offenen Gesellschaften sozialer Zusammenhalt herstellen? Erkennbar ist Orientierungslosigkeit in weiten Teilen der Bevölkerung, der Parteienlandschaft und der Institutionen. Das Bedürfnis nach Orientierung erscheint groß. Gleichzeitig geht es aber weiterhin um reale Teilhabechancen im Bildungssystem und auf dem Arbeitsmarkt – um Aufstiegsversprechen und Solidarität. Soziale Ungleichheit hat nach wie vor Relevanz. Offene Gesellschaften haben ihre Schwäche dort, wo es um Zusammenhalt geht. Ob man die Begriffe Heimat oder Leitkultur im politischen Raum deshalb nutzen muss, sei dahingestellt. Aber ein entsprechendes Bedürfnis scheint zu bestehen. Die Entwicklung neuer Formen des Zusammenhalts, die diese Lücken füllen können, ist eine große Herausforderung.

Eine weitere Frage ist die nach der Zukunft des Planeten: Nach dem Erscheinen der ersten Auflage 2018 hat sich mit Fridays for Future eine junge Bewegung formiert, die sich aktiv, konstruktiv und hartnäckig einbringt. Auf den Bestsellerlisten liegen seither Titel wie »Die Welt neu denken« oder »Alles könnte anders sein«.

Die Fragen der Zukunft der offenen Gesellschaft hängen eng mit Digitalisierung und Klimawandel zusammen. All diese Fragen werden gestellt werden, wenn infolge der Corona-Pandemie eine der größten Weltwirtschaftskrisen und globale Spannungen entstehen. Zugleich ist die Erfahrung der letzten zwölf Jahre bereits geprägt durch große Krisen: von der Bankenkrise, aus der die Eurokrise wurde (die zur Gründung der AfD führte), über den langen Sommer der Migration 2015 (die sogenannte Flüchtlingskrise, die die AfD weiter erstarken ließ) bis hin zur Corona-Krise.[133] Zeitgleich geht der Klimawandel ungebremst weiter, und grundlegende Fragen der digitalen Welt sind nach wie vor ungeklärt.[134]

Alle Krisen – sowohl nach innen als auch nach außen – sind überhaupt nur aufgrund von Offenheit entstanden. Und all die Fragen rund um die Zukunft der offenen Gesellschaft bewegen sich im Spannungsfeld zwischen Öffnung und Schließung. Ist die offene Gesellschaft an ihrer Grenze? Ist es eine Krise der gesellschaftlichen Offenheit? Wäre jetzt nicht eine Stabilisierungs- und Konsolidierungsphase notwendig, um den Status quo zu halten und zu ordnen? Ist es in der aktuellen Gereiztheit mit den vielen unterschiedlichen sozialen Fliehkräften, die nach weiterer Öffnung oder Schließung streben, überhaupt denkbar, in eine Phase der Konsolidierung zu wechseln? Ich glaube, wir stecken inmitten einer Zeitenwende, einer Zäsur. Daher werden die Antworten auf diese Fragen in den aktuellen und zukünftigen Diskussionen und den daraus resultierenden Entscheidungen gegeben – durch Eliten in Politik und Wirtschaft, aber auch durch das Wahl- und Konsumverhalten und im Alltagsleben eines jeden Menschen.

Anmerkungen

1 »Gute-Laune-Buch des Jahres« (Spiegel), »Insel des Optimismus« (ZEIT), »wohltuend« (MDR), »gutgelauntes Buch« (FAZ), »Der Optimist« (NZZ) etc.

2 Andersherum gilt auch: Wenn alle optimistisch sind, wirkt der Realist wie ein Pessimist.

3 Bookrappers (2020): Konfliktpotenzial: https://www.youtube.com/watch?v=QHzZSHtoFNk

4 Eine Vielzahl von soziologischen Theorien arbeitet systematisch mit der Unterscheidung zwischen Offenheit und Geschlossenheit, vgl. etwa Nassehi (2003).

5 Huntington (1996 & 1998).

6 Auf den Integrationsbegriff und seine Folgen wird im letzten Kapitel systematisch eingegangen.

7 Vgl. El-Mafaalani (2020), hier wird gezeigt, dass ein nennenswerter Teil der Populisten aus höheren Milieus stammen und ein hohes formales Bildungsniveau aufweisen.

8 Erinnert sei daran, dass Terrorismus von rechts kontinuierlich stattfand und stattfindet. Zudem gab es längere Phasen von linksextremem Terrorismus. Religiös motivierter Terrorismus ist in Deutschland ein vergleichsweise neues Phänomen. Letzterer wird im Laufe dieses Textes wieder aufgegriffen.

9 Da es keine mir bekannte Studie gibt, die den historischen Verlauf im Hinblick auf die Teilhabechancen und -zuwächse negativ darstellt, verweise ich auf verschiedene Studienformate und Institute,

die in unterschiedlichen Bereichen die Verbesserungen belegen, u. a. Integrationsindikatorenberichte der Bundesregierung; Studien des Berlin-Instituts für Bevölkerung und Entwicklung; Migrant Integration Policy Index; Studien der Autorengruppe Bildungsberichterstattung; PISA-Studien und die Amtliche Schulstatistik; Daten des Statistischen Bundesamtes; Berichte zur Integrationsstatistik der Bundesländer; Institut für Arbeitsmarkt- und Berufsforschung usw. Auswertungen der Amtlichen Schulstatistik zeigen, dass sich die Bildungsbeteiligung über den Zeitverlauf bei ausländischen Kindern und Jugendlichen im allgemeinbildenden Schulsystem verbessert – dies gilt nicht nur anteilsmäßig, sondern auch im Hinblick auf die Relation zu deutschen Kindern und Jugendlichen. Anders formuliert: Es kommt zu einem Annäherungsprozess (vgl. Kemper 2015; El-Mafaalani/Kemper 2017; Kemper 2020).

10 Im Hinblick auf den Umgang mit Migration vgl. z. B. Hummrich/Terstegen (2020), politische und historische Perspektiven etwa bei Bade (2017) und Oltmer (2017). In allen gesellschaftlichen Bereichen – auch in der Wissenschaft – haben sich im Zusammenhang mit Migration Haltung, Perspektive und Sprache wesentlich auch deshalb gewandelt, weil Menschen mit Migrationshintergrund hier aktiv mitgewirkt haben. Dies kann als Parallele zur Geschlechterforschung gesehen werden.

11 Das Romanes-Wort *Porajmos* (Verschlingen) bezeichnet den Völkermord an den Roma und Sinti während der NS-Zeit. Während die Erinnerung an den Holocaust bzw. die Shoa vergleichsweise stark ausgeprägt ist, ist weder das Wort Porajmos noch der dahinterstehende Völkermord in angemessener Weise bekannt. Zur Geschichte Schwarzer Menschen in Deutschland ist das Wissen vollständig defizitär (hierzu grundlegend: Terkessidis 2019).

12 Man bewegte sich permanent in einem Widerspruch: Beschulung der Kinder einerseits, aber andererseits die Rückkehroption aufrechterhalten (ausführlich hierzu: Mecheril 2004; Seifert 2012; El-Mafaalani/Toprak 2018)

13 Drei aktuelle Darstellungen der Bildungschancen von Geflüchteten: El-Mafaalani/Massumi (2019); El-Mafaalani/Kemper (2017); Kemper (2020).

14 Auf Bundesebene sind die Zuständigkeiten nach wie vor in verschiedenen Ressorts verortet (insbesondere in Bundeskanzleramt, -familienministerium, -innenministerium, aber auch in den Bereichen Arbeit und Soziales, Justiz). Wünschenswert wäre eine Bündelung der Zuständigkeiten in einem Bundesministerium, das dann die komplexen und naturwüchsigen Strukturen der Integrations- und Migrationspolitik zwischen Bund, Ländern und Kommunen (ggf. auch der EU) koordiniert und optimiert (vgl. hierzu El-Mafaalani/Terkessidis 2015). Zur Komplexität von Migrations- und Integrationspolitik sowie der entsprechenden öffentlichen Verwaltung vgl. Bogumil u. a. (2018).

15 Der Begriff Migrationshintergrund wurde maßgeblich von der Soziologin und Erziehungswissenschaftlerin Ursula Boos-Nünning geprägt. Sie wirkte auch 1998 an dem Kinder- und Jugendbericht der Bundesregierung mit, in dem der Begriff erstmals von einer breiten Öffentlichkeit wahrgenommen wurde. Heute sagt sie, dass sie sich einen besseren Begriff ausgedacht hätte, wenn sie gewusst hätte, welche breite Resonanz er erfährt.

16 Bade (2007).

17 Zur gestiegenen Zugehörigkeit und Verbundenheit türkeistämmiger Deutscher mit der Türkei, die seit 2012 messbar ist, vgl. ZfTI (2018).

18 Vgl. Alexander (2017).

19 Vgl. etwa Oltmer (2017) oder Bade (2017).

20 Statistisches Bundesamt (2019); zu Begriff und Verwendung: El-Mafaalani (2017a). Das Statistische Bundesamt und die Bundeszentrale für politische Bildung veröffentlichen regelmäßig frei zugängliche Aktualisierungen der Daten.

21 Foroutan u. a. (2015).

22 Vgl. Vertovec (2007).

23 Dieses Phänomen ist nicht neu. So haben enorm viele deutsche Wörter einen arabischen Ursprung: von Alkohol und Haschisch über Razzia bis hin zu Algebra, Algorithmus und Ziffer. Wenn Sie beim nächsten Mal Schachmatt sagen, denken Sie daran, dass Sie auf Arabisch und Persisch gesagt haben: »König ist tot.«

24 Gemeint ist hier der Ansatz von Esser (2001).

25 Diese These habe ich erstmals einer größeren Öffentlichkeit 2013 vorgestellt – neben meiner Antrittsvorlesung in Münster u. a. auch in Zeitungen und Zeitschriften (vgl. u. a. El-Mafaalani 2013a und 2013b).

26 In offenen Gesellschaften, in denen die Teilhabechancen für Benachteiligte steigen, entwickeln sich eine »Konkurrenz um das Gleiche« (Neckel 1997) sowie eine spezifische Form von »Identitätskonflikten«, nämlich solchen, bei denen sich Benachteiligte die Anerkennung als legitime Akteur:innen bei zentralen gesellschaftlichen Ver- und Aushandlungsprozessen erkämpfen müssen (Dubiel 1997). Die Verwendung des Begriffs Integration (im Sinne einer harmonischen Gemeinschaftsbildung) verschleiert das, was in der Soziologie seit jeher bekannt, ja sogar wesentlich zu ihrer Gründung und Theoriebildung beigetragen hat: das konfliktreiche Verhältnis zwischen Stabilität und Wandel (hierzu auch im letzten Kapitel).

27 Genau hierum geht es aber in diesem Buch nicht, sondern in: El-Mafaalani (2020).

28 Bade (2001).

29 Interessant sind hierzu etwa die Ausführungen Talcott Parsons (1965), der das spannungsreiche Verhältnis von Recht und Kultur innerhalb einer Gesellschaft im Kontext der Gleichstellung von schwarzen US-Amerikaner:innen analysiert. Während rechtliche Gleichstellung relativ schnell weitgehend realisiert wurde, ist die reale (also strukturelle und alltagskulturelle) Gleichstellung eine langwierige Angelegenheit.

30 Vgl. z. B. Campenhausen/de Wall (2006).

31 Eine Reihe von Studien konnte Diskriminierung von kopftuchtragenden Frauen auf dem Arbeitsmarkt nachweisen (vgl. u. a. Weichselbaumer 2016).

32 Es gibt im Übrigen einige empirische Hinweis dafür, dass sich erstens der Ausschluss bzw. die Benachteiligung auf dem Arbeitsmarkt keineswegs auf das Kopftuch oder PoC-Frauen beschränkt, sondern auch PoC-Männer betrifft, und dass sich zweitens der Diskriminierungseffekt verstärkt, je höher der erreichte Bildungsabschluss ist (vgl. etwa Beicht 2011; SVR 2014). Aus der Forschung kennt man

diesen Effekt in verschiedenen Bereichen, insbesondere bei den Lohnunterschieden zwischen Frauen und Männern: Diese sind bei Hochschulabsolvent:innen und in Führungspositionen besonders groß.

33 Vgl. Terkessidis (1998; 2004; 2019), Priester (2003), Biskamp (2017).

34 Vgl. Hall (1989) und Balibar (1992). Außerdem relevant für die postkoloniale Theoriebildung u. a.: Spivak (2010) und Mbembe (2014).

35 Vgl. etwa Essed (1991).

36 Vgl. Degner/Dalege (2013).

37 Vgl. im Hinblick auf Wissensstrukturen Terkessidis (2004) und auf Institutionen Gomolla (2017).

38 Terkessidis (1998). Darüber hinaus gibt es einen umfassenden Überblick bei: Fereidooni/El (2017).

39 Zur Geschichte von Kolonialismus und Rassismus zu empfehlen: Terkessidis (2019) und Priester (2003).

40 Man könnte Ähnliches auch an weiteren Beispielen aus westeuropäischen Staaten zeigen. So haben sich in Frankreich, den Niederlanden und in Großbritannien rechte und populistische Parteien immer stärker etabliert, als sich etwa die Teilhabechancen für Schwarze zunehmend verbesserten und sie in den Institutionen sichtbarer wurden.

41 Empirische Hinweise hierfür im deutschen Kontext u. a. Sutterlüty (2010) und Foroutan/Coskun (2016).

42 Umfassend hierzu: Scherr u. a. (2017).

43 Hierzu ausführlich: El-Mafaalani (2020).

44 Hierzu erstmals öffentlich: El-Mafaalani/Sadigh (2013).

45 Ausführlich hierzu: El-Mafaalani u. a. (2017). Empirische Studien zur Integration und wahrgenommener Diskriminierung von Minderheiten in Deutschland: Steinmann (2018); in den Niederlanden: Verkuyten (2016); in den USA: Lajevardi u. a. 2019; in Südafrika: Dixon u. a. (2010), Durrheim u. a. (2014).

46 Diese Relation ließe sich auf der Grundlage verschiedener theoretischer Modelle herleiten (u. a. Leiße 2004; Kessler 2003; Skrobanek 2007; Runciman 1972; Gurr 1972).

47 Tocqueville (1835/1840); Freud (1930). Ein solches Paradoxon wurde

auch im Hinblick auf Geschlechtergleichheit (Gottschall 2000) oder soziale Sicherheit (van Dyk/Lessenich 2008) beschrieben.

48 Vgl. hierzu im Hinblick auf Protest und Diskursintensität: Nassehi (2020).

49 Ausführlich hierzu und zum Folgenden: El-Mafaalani (2017b).

50 Zentrale Motive für Migration sind soziale Mobilität und Statusverbesserung, die bereits in der Migrationsentscheidung angelegt sind (ausführlich das Entscheidungsmodell von de Jong/Fawcett 1981).

51 Vgl. u. a. Brettel, 2003; van der Veer, 2001; Mayer, 2005, S. 47; ähnlich auch Han, 2010, S. 226; Eisenstadt, 1954; El-Mafaalani 2017b.

52 Vgl. u. a. Badawia (2002), Bohnsack/Nohl (2001), El-Mafaalani (2012), El-Mafaalani/Toprak (2018), Nohl (2001); in Bezug auf Sinti und Roma vgl. Scherr/Sachs (2017).

53 Vgl. El-Mafaalani 2012. Anders als es häufig im öffentlichen Diskurs – wenn von fehlender Motivation oder Bedeutung von Bildung bei Migrantenfamilien die Rede ist – den Anschein hat, sind die hohen Bildungs- und Berufsaspirationen seit den 1970er-Jahren (Schrader u. a. 1979) bis in die Gegenwart (vgl. u. a. Becker, 2010; Relikowski, u. a. 2012) immer wieder für Migranten in Deutschland dokumentiert worden.

54 Vgl. Agnew (2005), Anisef/Kilbride (2003), Kobayashi/Preston (2014). Diese sehr ähnlichen Befunde aus Kanada wurden im Übrigen im Rahmen von Studien zu Migranten aus Afrika, Asien und Südamerika festgestellt. Dieses Phänomen scheint unabhängig sowohl von Herkunfts- als auch Ankunftsland zu sein, weshalb hier von einem Migrationsspezifikum (in Abgrenzung zu Kulturspezifika) gesprochen werden kann.

55 Vgl. Attia (2009).

56 Eine solche Abwendung vom Aufenthaltsland (und eine Hinwendung zum Herkunftsland der Eltern) insbesondere bei gut Integrierten lässt sich empirisch in Deutschland (vgl. ZfTI 2018) und auch in den Niederlanden (vgl. u. a. Verkuyten 2016, ten Teije u. a. 2013, de Vroome u. a. 2014, Tolsma 2012, van Doorn u. a. 2013) zeigen. Dieser Befund wurde im sozialpsychologischen Kontext als »Paradox of Integration« bezeichnet. Mein Verständnis vom *Integrationsparadox* geht darüber hinaus und umfasst die wechselseitigen paradoxen

Effekte in folgenden Bereichen: (1) im Hinblick auf Menschen mit internationaler Geschichte neben dem »Paradox of Integration« und das »Diskriminierungsparadox« (Mikroebene), (2) das Wiederaufkeimen von rassistischen Tendenzen bei Menschen ohne internationale Geschichte (Mikroebene), insbesondere aber auch (3) ein insgesamt gestiegenes Konfliktpotenzial, bei dem es sowohl um ökonomische als auch um kulturelle Fragen geht, die sich nicht zuletzt durch eine Zunahme von Identitätspolitiken von verschiedenen Akteur:innen ausdrücken. Die drei Punkte hängen selbstverständlich miteinander zusammen.

57 Vgl. Dietzel-Papakyriakou (1991 & 1993).

58 Überblicksartig Pries (2013).

59 So war es auch zu Beginn der Fridays-for-Future-Proteste. Die Hartnäckigkeit der jungen Menschen hat dann nach und nach zu Kritik und Ablehnung geführt.

60 Vgl. El-Mafaalani (2018a).

61 Ein aktuelles Buch, in dem die verschiedenen Schließungstendenzen dargestellt und analysiert werden: Schellhöh u.a. (2018).

62 Ähnlich argumentiert etwa auch: Blume (2017).

63 Es ist tatsächlich erstaunlich, dass es keine ganz verlässlichen Daten zu der Anzahl der Muslim:innen in Deutschland gibt. Da es keine »Kirchensteuer« gibt, muss geschätzt werden. Die Schätzungen variieren, aber bei 6% liegen die meisten aktuellen Schätzungen und Hochrechnungen, etwa vom BAMF (2016).

64 Vgl. auch El-Mafaalani (2018a & 2018b).

65 Zum antimuslimischen Rassismus und zu seinem komplexen Verhältnis zu legitimer Religionskritik vgl. etwa Biskamp (2017).

66 Ein Verein zur Organisation eines Muslimtages ist bereits gegründet (vgl. Rashid 2019).

67 Vgl. u.a. Sahin (2014 & 2019).

68 Zu Diskriminierung auf dem Arbeitsmarkt: vgl. u.a. Weichselbaumer (2016).

69 Die Frage selbst ist in höchstem Maße problematisch. Denn jedes Wort ist unklar. »Gehört … zu« kann bedeuten, dass etwas da ist, also schlicht existiert, oder es kann normativ konnotiert sein, was dann

eine positive und bereichernde Zugehörigkeit meint. »Der Islam« ist eine noch problematischere Formulierung: Meint man die Theologie, die Schriften, die Geschichte, die Kultur, den Ritus, die Menschen? Oder eine bestimmte Auslegung, eine bestimmte Form der Religiosität? Oder eine Konstruktion oder Imagination von etwas, was derzeit als Islam gelabelt wird, aber immer unbestimmt bleibt? Mit »Deutschland« kann ebenso alles oder nichts gemeint sein, etwa das geografische Gebiet, der deutsche Staat, die deutsche Gesellschaft, die deutsche Kultur, die deutsche Bevölkerung usw. Oder eine Konstruktion von etwas, nämlich einer Gemeinschaft, einem Volkswillen, einer Einheit, die es nicht gibt. Diese schlichte Frage »Gehört der Islam zu Deutschland?« ist eine Frage, die allein schon deshalb nie beantwortet sein wird, weil man sich nie in Bezug auf die Definition ihrer Satzbestandteile einig werden kann. Vielleicht ist das der Grund, warum diese Frage so lange im öffentlichen Diskurs eine Rolle spielt. So weit zur kritischen Würdigung dieser Frage.

70 Vgl. hierzu u. a. Foroutan/Heschel (2020).

71 Selbst innerhalb der Feministinnen gibt es beträchtliche Unterschiede, insbesondere entlang der Generationenzugehörigkeit. Ob man – wie Fracer (2005) oder Gerhard (2005) – von drei »Phasen« bzw. drei »Wellen« des Feminismus spricht, die eine oder andere Parallele zu den drei Generationen der Menschen mit internationaler Geschichte in der Tischmetapher liegt auf der Hand.

72 Vgl. insbesondere Dubiel (1997 & 1999); grundlegend Dahrendorf (1957 & 1958).

73 Grundlegend und maßgeblich ist Georg Simmels Kapitel »Der Streit« in seinem 1908 erschienenen Buch *Soziologie*. Daran schließen die Weiterentwicklungen von Lewis Coser (2009) in seiner 1956 erschienenen »Theorie sozialer Konflikte« über Popper (1945/1992) und Dahrendorf (1957 & 1958) bis zu Dubiel (1997 & 1999) an. Im Übrigen: Hier sind nur Männer aufgelistet – auch am Tisch der Soziologie sitzen erst seit wenigen Jahrzehnten Frauen.

74 Die beschriebenen paradoxen Zusammenhänge und eine spezifische Dynamik identitätspolitisch geprägter Diskurse können zu einer gesellschaftlichen Überhitzung führen und enorme gesellschaftliche

Folgen haben. So besteht die Gefahr einer »selffulfilling prophecy« (Merton 1948). Weichen die Erwartungen für eine längere Zeit zu stark von der erlebten Wirklichkeit ab, kann es dazu kommen, dass die gesellschaftlichen Verhältnisse bzw. Zustände »falsch« interpretiert werden, was wiederum dazu führt, dass die Akteure ihr Verhalten an der »falschen« Interpretation neu ausrichten. Das angepasste Verhalten kann dann zu neuen Verhältnissen führen, die dann die »falsche« Interpretation bestätigt. Die realen Verhältnisse würden sich dann zunehmend tatsächlich verschlechtern.

75 http://csu-grundsatzprogramm.de/grundsatzprogramm-gesamt/

76 Diese Entwicklung lässt sich unterschiedlich deuten: Etwa – in einer moderaten Variante – dass sich eine konservative Partei von diesen konservativen Migrant:innen abgrenzen möchte; oder – in einer schärferen Variante – dass sich »alte weiße Männer« als Verteidiger von Frauen- und LSBTIQ*-Rechten gegenüber muslimischen Männern positionieren.

77 Eine Anekdote hierzu: Nach einem Streitgespräch zu genau diesem Thema zwischen Thomas de Maizière und mir auf dem Deutschen Evangelischen Kirchentag 2019 in Dortmund haben wir uns mit einer Getto-Faust verabschiedet.

78 Der Diskurs wird sehr breit geführt und reicht von Sachbüchern (zuletzt u. a. Foroutan 2019; Czollek 2018 & 2020; Gümüşay 2020; Treibel 2016) bis weit in den Kunst- und Kulturbereich.

79 Luhmann (1997). Außerdem auch Stichweh (2000).

80 Einen schönen Überblick mit interessanten Zusammenhängen bei Rosling (2018).

81 Vgl. hierzu Heinsohn (2003). Auch wenn seine Perspektive sehr zugespitzt ist, scheint der Zusammenhang zwischen Bevölkerungswachstum, hohem Jugendquotienten und innergesellschaftlichen Spannungen doch sehr relevant zu sein.

82 Vgl. Kaufmann (2005) sowie Birg (2001).

83 Zu den in diesem und dem nächsten Kapitel dargestellten Zusammenhängen: El-Mafaalani (2017c).

84 Rosling (2018). Außerdem zu Lebenserwartung und Einkommen: Roser 2017; Ortiz/Roser 2017. Zu Hunger und Armut: Brüntrup 2015.

85 UNHCR (2016).
86 UN (2018).
87 Rosling (2018).
88 Vgl. Lee (1966).
89 Ausführlich zu diesen Zusammenhängen vgl. Haas (2008); Oltmer (2015).
90 Vgl. Deaton (2013).
91 Vgl. etwa Scholz (2013).
92 Vgl. hierzu ausführlich Aslan/Fereidooni (2018).
93 Man könnte die Situation der USA mit ihrem Präsidenten Trump als Zeichen der Schwäche deuten. Inwieweit die Dominanz des Westens und seines Flaggschiffs, der USA, endet oder sich gar umkehrt, wird sich in den nächsten Jahrzehnten zeigen. Vgl. hierzu aktuell: Wiedemann (2019).
94 Zuletzt nahm die Zahl wieder leicht zu.
95 Vgl. insbesondere: Milanović (2019). Auch hierzu: Rosling (2018).
96 Piketty (2014); Hartmann (2018).
97 Sofern sich in den Herkunftsländern die Situation über Jahrzehnte positiv entwickelt, kann es zu Rückkehrbewegungen kommen. Zudem ist davon auszugehen, dass die vielen dynamischen ökonomischen Entwicklungen in vielen Schwellenländern (insbesondere in Asien und Lateinamerika) dazu führt, dass die Anzahl der Zielländer für Einwanderung steigt. Migration würde sich stärker verteilen. Hierzu etwa auch: Milanović (2019).
98 Huntington (1996 & 1998).
99 Reckwitz (2017). Reckwitz' Gegenüberstellung von alter und neuer Mittelklasse deutet ebenso darauf hin, dass auch ganz unabhängig von Migration eine Polarisierung stattfindet. Zuletzt Reckwitz (2019).
100 Einführend hierzu: Siebel (2015) und Häußermann/Siebel (2004).
101 Unterschiede zwischen Stadt und Land bestehen insbesondere im Hinblick auf die Internationalität der Bevölkerung. Und das hat weitere messbare Folgen. Studien zeigen hier für Deutschland sehr unterschiedliche Zusammenhänge, etwa dass rassistische Denkmuster dort am stärksten ausgeprägt sind, wo am wenigsten Migrant:innen leben, und dort, wo es einen geringen Ausländeranteil in der Wohn-

bevölkerung gibt, es signifikant mehr rassistisch motivierte Straftaten gibt (Wagner u. a. 2020), oder auch, dass die Bildungschancen für Migrantenkinder dort besser sind, wo ihr Anteil in den Schulen hoch ist (El-Mafaalani/Kemper 2017).

102 Vgl. Dahrendorf (2007).

103 Ein neuer Diskurs hierzu hat seit Erscheinen der ersten Auflage dieses Buchs im Jahr 2018 eingesetzt, der wesentlich durch die Fridays-for-Future-Bewegung angestoßen wurde.

104 Bauman (2017).

105 Begrüßenswert sind die Diskussionen über den Rassismus der großen Denker (etwa Kant und Hegel), die zwar sehr hitzig geführt werden, aber notwendig sind. Es sollte auch wenig überraschen, dass die Kontroversen derart groß sind, denn auch das Infragestellen der personifizierten Säulen der deutschen Kultur ist ein Eingriff in die Rezeptur des Kuchens.

106 Ausführlich hierzu: Massumi u. a. (2015) sowie unter: https://www.svr-migration.de/jahresgutachten/

107 Mittlerweile liegt eine Vielzahl rassismuskritischer Texte vor, u. a. Mecheril/Melter (2009); Mecherl (2004). Die Tatsache, dass populäre Sachbücher zu diesem Themenfeld zunehmend auf den Bestsellerlisten erscheinen (etwa Hasters 2019; Ogette 2020; Sow 2018), deutet auf einen langsamen, aber stetigen Bewusstseinswandel hin.

108 Es wäre möglich, dass auch winzig kleine Viren den Anstoß geben könnten. Zwischenzeitlich machte es während der Corona-Pandemie diesen Eindruck.

109 Anders als in anderen Ansätzen (etwa Verkuyten 2016, ten Teije u. a. 2012), in denen mit dem Begriff Integrationsparadox lediglich Migranten bzw. Menschen mit internationaler Geschichte betrachtet werden und zudem lediglich ihre Haltung gegenüber der Gesellschaft (insbesondere ihre Abwendung vom Aufnahmeland) fokussiert wird, verwende ich den Begriff mehrperspektivisch und umfassender. Es geht um verschiedene Akteure (Privilegierte und Benachteiligte) und Tendenzen (Öffnung und Schließung) sowie wechselseitige Mechanismen. Alles gemeinsam führt zu paradoxen Effekten, die vielschichtig sind und die die Mikro-, Meso- und Makroebene betreffen.

110 Letztere werden im Folgenden innerhalb des Modells mitberücksichtigt, auch wenn sie in diesem Buch nicht Gegenstand der Beschreibung sind. Sie stehen im Buch »Mythos Bildung« im Zentrum (El-Mafaalani 2020). Dort wird auch die Bildungsexpansion als zentraler Prozess zur Ausweitung von Teilhabechancen ausführlich beschrieben, inklusive ihrer paradoxen Effekte auf soziale Ungleichheit und ihrer nachteiligen Folgen für ohnehin Ausgegrenzte.

111 Da jüngere Frauen heute ein deutlich höheres Bildungsniveau haben als jüngere Männer, wird es für viele Frauen zukünftig rein rechnerisch nicht mehr möglich sein, einen Partner auf gleichem oder sogar höherem Bildungsniveau zu finden. Insbesondere für heterosexuelle Frauen auf höchstem Bildungsniveau hat dieser Befund Folgen für die Partnerwahl. Die Präferenz des »Dating up« bzw. die Vermeidung von »Dating down« ist auch heute noch nachweisbar (insbesondere bei Frauen mit höherer Bildung) und scheint sich im Online-Dating noch zu verstärken (vgl. u. a. Schulz; u. a. 2010).

112 Kahlert (2006) fasst die unterschiedlichen Perspektiven von Fracer (2005), die von drei »Phasen« des Feminismus spricht, und Gerhard (2005), die drei »Wellen« unterscheidet, zusammen. Gerhards Modell entspricht hier eher der eigenen Darstellung.

113 Umfassend hierzu u. a. Rösner (2014).

114 Von allen Gruppen haben Menschen mit Behinderung noch die geringsten Teilhabezuwächse, auch wenn sich für sie einiges verbessert hat. Allerdings begründet die Tatsache, dass sie am Tisch am deutlichsten unterpräsentiert sind, dass sie bisher ihre Forderungen kaum im öffentlichen Diskurs platzieren können. Dies wird sich (hoffentlich) in Zukunft ändern.

115 Dieser Diskurs wurde unter #metwo populär.

116 Auf den Bestsellerlisten etwa Passmann (2019) oder Stokowski (2018). Mit stärker systematisch-wissenschaftlichem Anspruch insbesondere Di Blasi (2014).

117 Die Kreuzung von mehreren solchen Kategorien ist nicht lediglich additiv zu verstehen, sondern es kann in einem Wechselspiel zu sehr spezifischen Erfahrungen kommen oder auch zu stärkeren strukturellen Benachteiligungen.

118 Dies kann man als Prozess begreifen, der das »Integrationstheater« – im Sinne von Max Czollek (2018)– zuerst zuspitzt, um es dann zu beenden. Mit dem von Y. Michal Bodemanns entwickelten Bild des Gedächtnistheaters macht Czollek auch deutlich, dass Jüdinnen und Juden eine besondere Position bzw. Kategorie darstellen: Sie sind als Vertreter:innen der Vernichteten eine moralische Instanz. Aber auch sie sind gefangen in dieser Rolle.

119 Vgl. auch El-Mafaalani/Strohmeier 2015. Es soll nicht zu romantisch klingen: Vieles deutet darauf hin, dass die Aufstiegsorientierung vieler Jugendlicher in den 1960ern und 1970ern auch dadurch motiviert war, aus diesem Arbeitermilieu auszubrechen. Aber dennoch kann festgehalten werden, dass durch das Milieu und seine »soziale Bandbreite« (Mackensen u. a. 1959) auch unter schwierigen Rahmenbedingungen positive Zugehörigkeiten, solidarische Strukturen und ein respektabler Status gewährleistet waren.

120 Diese Prozesse begünstigen Fatalismus und Gestaltungspessimismus, soziale Isolation und Apathie (in Bezug auf die räumliche Konzentration dieser Personengruppen vgl. Strohmeier 2009 und 2006, El-Mafaalani/Strohmeier 2015). Diese »Underdog-Mentalität«, das latente Gefühl der Zweitrangigkeit, lässt Zukunftsinvestitionen jedweder Art oft als unrealistisch erscheinen (hierzu auch Vester 2009). Ähnlich auch Bude (2008).

121 Hierzu insbesondere Lessenich (2008) und Bude (2019).

122 Für diese Mikroebene lehne ich mich an Ansätze aus der Sozialpsychologie, die mit dem Begriff »Paradox of Integration« (u. a. Verkuyten 2016) die paradoxen Wirkungen bei gut integrierten Migranten bzw. Menschen mit internationaler Geschichte beschreiben, insbesondere ihre Abwendung vom Aufnahmeland. Allerdings verwende ich den Begriff Integrationsparadox mehrperspektivisch und umfassender, d. h. zusätzlich dazu auch im Hinblick auf die Wirkung auf *andere* benachteiligte Gruppen sowie auch auf privilegierte Menschen (Mikroebene) und zur Beschreibung paradoxer Effekte auf der Makro-Ebene, wie im Folgenden zusammenfassend dargestellt wird.

123 Auf gesellschaftstheoretischer Ebene in Anlehnung an die Konflikttheorie von Dubiel (1997 und 1999) und vielen anderen.

124 Vgl. z. B. Unfried (2020), der das Integrationsparadox auf die EU-Verhandlungen zur Bewältigung der Corona-Krise bezieht.

125 Solange Kultur implizit bleibt, hat sie eine verbindende Wirkung mit einer starken Orientierungsfunktion. Wird Kultur explizit, was regelmäßig dann passiert, wenn aufgrund des kulturellen Erbes Herrschaftsverhältnisse aktuell wirksam sind und thematisiert werden, wird das einst Verbindende und Orientierungstiftende zum Streitfeld. Wenn darauf in Form einer Leitkultur eine Lösung gesucht wird, bewegt man sich in zwei Spannungsfeldern, die es zu berücksichtigen gilt. Erstens liegt ein Spannungsfeld dort vor, wo Leitkultur sich aus dem kulturellen Erbe speist, das ja gerade problematisiert wird. Zweitens wird das kulturelle Erbe geradezu verkörpert im »weißen Mann«, sodass kaum etwas dysfunktionaler sein kann, als dass nur/hauptsächlich »weiße Männer« über Leitkultur sprechen. Aber: Es geht auch nicht ohne »weiße Männer«. Initiativen wie die »jüdisch-muslimische Leitkultur« haben ihre Berechtigung, können aber bestenfalls einen Zwischenschritt markieren.

126 Ich gehe gleichzeitig davon aus, dass Mitte dieses Jahrhunderts kaum noch jemand dieses Problem versteht, weil es gelöst wurde.

127 Oder mit den Begriffen von Reckwitz (2019): Die Mitte ist gespalten in alte und neue Mittelklasse.

128 Dass die Grünen eindeutig für Offenheit stehen, erkennt man daran, dass grüne Politiker, die darauf hinweisen, dass ein zu schnelles weiteres Öffnen riskant sein kann, von Parteifreund:innen Populismus vorgeworfen wird. Offenheit ist für die Grünen eher charakteristisch, als eine linke Partei zu sein.

129 Als (ehemalige) Volksparteien können gelten: CDU/CSU (bundesweit) sowie SPD (in den westdeutschen Ländern) und Die Linke (in den ostdeutschen Ländern).

130 Ausnahme sind vielleicht die Grünen, die für »Gas geben, um nicht alles zu riskieren« stehen (und dabei allerdings die Menschen auf dem Boden ausschließen), und die AfD, deren Motto »mit Vollgas einen U-Turn vollziehen« lauten könnte (und damit die Satire von der »guten alten Zeit« ernsthaft verfolgen).

131 Auch wenn der Ansatz der postmigrantischen Gesellschaft (Forou-

tan 2019) artverwandt ist, präferiere ich aus verschiedenen Gründen, die hier nicht alle erörtert werden können, den Begriff offene Gesellschaft. Entscheidend ist, dass »offene Gesellschaft« breiter angelegt ist, da in ihm der postmigrantische Ansatz genauso integriert werden kann wie postkoloniale, postfeministische Ansätze usw. Zudem ist kritisch zu hinterfragen, ob Migration (also Öffnung nach außen) und Integration von Migrant:innen (Öffnung nach innen) derart hervorgehoben werden sollten, da die zentralen innergesellschaftlichen Öffnungsprozesse genauso weit über Migration und Integration von Migrant:innen hinausreichen wie die äußeren Öffnungsprozesse (Kunst, Wissenschaft, Handel usw.).

132 In Bezug auf Rassismus etwa: Polizeigewalt und Racial Profiling, Rassebegriff im Grundgesetz, rassistische Schriften von deutschen Denkern usw. Analog in allen anderen Bereichen.

133 Am Anfang der Flüchtlingskrise erlebten wir die Willkommenskultur. Am Anfang der Corona-Krise war der Zusammenhalt spürbar. Doch in beiden Fällen währte die Solidarität nicht lange. Sobald die erste akute Phase der jeweiligen Krise überwunden war, brachen die Konfliktfelder wieder auf.

134 Mit Ulrich Beck (1996) können all diese paradoxen bzw. widersprüchlichen Effekte als *interne Nebenfolgen der Nebenfolgen* gesellschaftlicher Öffnungs- und Modernisierungsprozesse beschrieben werden. Schon Beck wusste, dass die Bewältigung von Nebenfolgen enorme Dimensionen annehmen kann.

Literaturverzeichnis

Agnew, Vijay (Hrsg.) (2005): Diaspora, Memory, and Identity. A search for home. Toronto: University of Toronto Press.

Alexander, Robin (2017): Die Getriebenen: Merkel und die Flüchtlingspolitik. Report aus dem Inneren der Macht. Auszugsweise: https://www.welt.de/politik/deutschland/article162582074/Fast-haette-Merkel-die-Grenze-geschlossen.html sowie http://hd.welt.de/politik-edition/article 162585054/Das-Bild-das-es-nicht-geben-sollte.html

Anisef, Paul; Kilbride, Kenise Murphy (2003): Managing Two Worlds. The experiences and concerns of immigrant youth in Ontario. Toronto.

Aslan, Emine; Fereidooni, Karim (2018): »Same same but different?! Von Fluchthelfer_innen und Schleuser_innenbanden. In: Oliver Dimbath, Anja Kinzler und Katinka Meyer (Hrsg.), Vergangene Vertrautheit? Soziale Gedächtnisse des Ankommens, Aufnehmens und Abweisens. Wiesbaden: Springer VS, S. 43–70.

Attia, Iman (2009): Die »westliche Kultur« und ihr Anderes. Zur Dekonstruktion von Orientalismus und antimuslimischem Rassismus. Bielefeld.

Badawia, Tarek (2002): Der dritte Stuhl. Eine Grounded Theory-Studie zum Umgang bildungserfolgreicher Immigrantenjugendlicher mit kultureller Differenz. Frankfurt a. M.

Bade, Klaus J. (2001): Einleitung: Integration und Illegalität, in: ders. (Hrsg.), Integration und Illegalität in Deutschland, Osnabrück, S. 7–10.

Bade, Klaus J. (2007): Versäumte Integrationschancen und nachholende Integrationspolitik. In: Bade, Klaus J.; Hiesserich; Hans-Georg (Hrsg.): Nachholende Integrationspolitik und Gestaltungsperspektiven der

Integrationspraxis (Beiträge der Akademie für Migration und Integration, Heft 11). Göttingen.

Bade, Klaus J. (2017): Migration – Flucht – Integration: Kritische Politikbegleitung von der »Gastarbeiterfrage« bis zur »Flüchtlingskrise«. Erinnerungen und Beiträge. Karlsruhe.

Balibar, Étienne (1992): »Gibt es einen ›Neo-Rassismus‹?« In: Balibar, Étienne; Wallerstein, Immanuel: Rasse, Klasse, Nation. Hamburg, S. 23–38.

BAMF (2016): Wie viele Muslime leben in Deutschland? Eine Hochrechnung über die Anzahl der Muslime in Deutschland zum Stand 31. Dezember 2015. Nürnberg.

Bauman, Zygmunt (2017): Retrotopia. Berlin.

Beck, Ulrich (1996): Das Zeitalter der Nebenfolgen und die Politisierung der Moderne. In: Beck, Ulrich; Giddens, Anthony; Lash, Scott: Reflexive Modernisierung. Eine Kontroverse. Frankfurt/M., S. 19–112.

Becker, Birgit (2010): Bildungsaspirationen von Migranten. Determinanten und Umsetzung in Bildungsergebnisse (Arbeitspapiere Mannheimer Zentrum für Europäische Sozialforschung, Nr. 137). Mannheim: Zentrum für Europäische Sozialforschung.

Beicht, Ursula (2011): Junge Menschen mit Migrationshintergrund. Trotz intensiver Ausbildungsstellensuche geringere Erfolgsaussichten. BIBB-Analyse der Einmündungschancen von Bewerberinnen und Bewerbern differenziert nach Herkunftsregionen. BIBB-Report 16/11. Bonn.

Birg, Herwig (2001): Die demographische Zeitenwende. Der Bevölkerungsrückgang in Deutschland und Europa. München.

Biskamp, Floris (2017): Rassismus, Kultur und Rationalität. Drei Rassismustheorien in der kritischen Perspektive. In: Peripherie, Nr. 146/147, Jg. 37, S. 271–296.

Blume, Michael (2017): Islam in der Krise. Eine Weltreligion zwischen Radikalisierung und stillem Rückzug. Mannheim.

Bogumil, Jörg; Burgi, Martin; Kuhlmann, Sabine; Hafner, Jonas; Heuberger, Moritz; Krönke, Christoph (2018): Bessere Verwaltung in der Migrations- und Integrationspolitik. Handlungsempfehlungen für Verwaltungen und Gesetzgebung im föderalen System. Baden-Baden.

Bohnsack, Ralf; Nohl, Arnd-Michael (2001): Ethnisierung und Differenzerfahrung: Fremdheit als alltägliches und als methodologisches Problem. Zeitschrift für qualitative Bildungs-, Beratungs- und Sozialforschung, 2(1), 15–36.

Brettell, Caroline (2003): Anthropology and Migration. Essays on transnationalism, ethnicity, and identity. Walnut Creek.

Brüntrüp, Michael (2015): Welthunger und Welternährung. In: Aus Politik und Zeitgeschichte 49/2015.

Bude, Heinz (2019): Solidarität. Die Zukunft einer großen Idee. Berlin.

Bude, Heinz (2008): Die Ausgeschlossenen. Das Ende vom Traum einer gerechten Gesellschaft. München.

Campenhausen, Axel von; de Wall, Heinrich (2006): Staatskirchenrecht. Eine systematische Darstellung des Religionsverfassungsrechts in Deutschland und Europa. München.

Coser, Lewis A. [1956] (2009): Theorie sozialer Konflikte. Wiesbaden.

Czollek, Max (2018): Desintegriert euch! Berlin.

Czollek, Max (2020): Gegenwartsbewältigung. Berlin.

Dahrendorf, Ralf (1957): Soziale Klassen und Klassenkonflikt in der industriellen Gesellschaft. Stuttgart.

Dahrendorf, Ralf (1958): Toward a Theory of Social Conflict. Journal of Conflict Resolution, Jg. 2 (Juni), S. 170–183.

Dahrendorf, Ralf (2007): Auf der Suche nach einer neuen Ordnung. Vorlesungen zur Politik der Freiheit im 21. Jahrhundert. München.

de Jong, G. F., & Fawcett, J. T. (1981): Motivations for Migration. An assessment and a value-expectancy research model. In G. F. de Jong & W. R. Gardner (Hrsg.), Migration Decision Making. Multidisciplinary approaches to microlevel studies in developed and developing countries (S. 13–58). New York.

de Vroome, T., Martinovic, B., & Verkuyten, M. (2014): The integration paradox: Level of education and immigrants' attitudes towards natives and the host society. Cultural Diversity and Ethnic Minority Psychology, 20, 166–175.

Deaton, Angus (2013): The Great Escape. Princeton University Press.

Degner, Juliane; Dalege, Jonas (2013): The apple does not fall far from the tree, or does it? Parent-child similarity in intergroup attitudes. In: Psychological Bulletin, 139, 1270–1304.

Di Blasi, Luca (2014): Der weiße Mann. Ein Anti-Manifest. Bielefeld.

Dietzel-Papakyriakou, Maria (1991): Ältere ausländische Menschen in der Bundesrepublik Deutschland. In: Deutsches Zentrum für Altersfragen (DZA) (Hrsg.) (1993): Expertisen zum ersten Altenbericht – III Aspekte der Lebensbedingungen ausgewählter Bevölkerungsgruppen. Berlin.

Dietzel-Papakyriakou, Maria (1993): Altern in der Migration. Die Arbeitsmigranten vor dem Dilemma: zurückkehren oder bleiben? Stuttgart.

Dixon, John; Durrheim, Kevin; Tredoux, Colin; Tropp, Linda; Clack, Beverley and Eaton, Libby (2010): A paradox of integration? Interracial contact, prejudice reduction and perceptions of racial discrimination. Journal of Social Issues, 66(2) pp. 401–416.

Dubiel, Helmut (1997): Unversöhnlichkeit und Demokratie, in: Wilhelm Heitmeyer (Hrsg.), Was hält die Gesellschaft zusammen? Frankfurt/M.

Dubiel, Helmut (1999): Integration durch Konflikt? In: Friedrichs, Jürgen; Jagodzinski, Wolfgang (Hrsg.): Soziale Integration. Wiesbaden.

Durrheim, K.; Jacobs, N.; Dixon, J. (2014): Explaining the paradoxical effects of intergroup contact: Paternalistic relations and system justification in domestic labour in South Africa. In: International Journal of Intercultural Relations, Volume 41, S. 150–164.

Dyk, Silke van; Lessenich, Stephan: Unsichere Zeiten. Die paradoxale »Wiederkehr« der Unsicherheit, in: Mittelweg 36 5/2008 S. 13–45.

Eisenstadt, S. N. (1954): The Absorption of Immigrants. A comparative study based mainly on the Jewish community in Palestine and the State of Israel. London.

El-Mafaalani, Aladin (2020): Mythos Bildung. Die ungerechte Gesellschaft, ihr Bildungssystem und seine Zukunft. Köln.

El-Mafaalani, Aladin (2018a): Protest, Provokation und Plausibilität. Salafismus als Jugendbewegung. In: Jennifer Schellhöh, Jo Reichertz, Volker M. Heins, Armin Flender (Hrsg.): Großerzählungen des Extremen. Neue Rechte, Populismus, Islamismus, War on Terror. Bielefeld.

El-Mafaalani, Aladin (2018b): Jung. Muslimisch. Radikal. Neue Spannungsfelder und Ambivalenzen bei muslimischen Jugendlichen. In: Armin Nassehi und Peter Felixberger (Hrsg.): Religion, zum Teufel! Kursbuch 196. Hamburg.

El-Mafaalani, Aladin (2017a): Diskriminierung von Menschen mit Migrationshintergrund. In: Scherr, Albert; El-Mafaalani, Aladin; Yüksel, Emine Gökcen (Hrsg.): Handbuch Diskriminierung. Wiesbaden.

El-Mafaalani, Aladin (2017b): Sphärendiskrepanz und Erwartungsdilemma. Migrationsspezifische Ambivalenzen sozialer Mobilität. In: Zeitschrift für Pädagogik 6/2017.

El-Mafaalani, Aladin (2017c): Flucht in die Migrationsgesellschaft. Allgemeine Zusammenhänge und politische Herausforderungen. In: Hartwig, Luise; Mennen, Gerald; Schrapper, Christian (Hrsg.): Handbuch Soziale Arbeit mit geflüchteten Kindern und Familien. Weinheim.

El-Mafaalani, Aladin (2013a): Das Einwanderungsland wird langsam erwachsen. In: Zeit online 25.12.2013. https://www.zeit.de/gesellschaft/zeitgeschehen/2013-12/integration-migranten-zuwanderung

El-Mafaalani, Aladin (2013b): Bleib wie du bist und gestalte mit. In: Berliner Republik 6/2013. :http://www.b-republik.de/archiv/bleib-wie-du-bist-und-gestalte-mit?aut=1045

El-Mafaalani, Aladin (2012): BildungsaufsteigerInnen aus benachteiligten Milieus. Habitustransformation und soziale Mobilität bei Einheimischen und Türkeistämmigen. Wiesbaden.

El-Mafaalani, Aladin; Kemper, Thomas (2017): Bildungsteilhabe geflüchteter Kinder und Jugendlicher im regionalen Vergleich. Quantitative Annäherungen an ein neues Forschungsfeld. In: Zeitschrift für Flüchtlingsforschung (Z'Flucht), Jg. 2, Heft 2, 2017.

El-Mafaalani, Aladin; Massumi, Mona (2019): Flucht und Bildung. Verbundprojekt ›Flucht: Forschung und Transfer‹. Osnabrück; Bonn.

El-Mafaalani, Aladin; Sadigh, Parvin (2013): *Diskriminierung: Wer sich benachteiligt fühlt, will dazugehören*. In: *Die Zeit*. 14.08.2013. https://www.zeit.de/gesellschaft/familie/2013-08/diskriminierung-migranten

El-Mafaalani, Aladin; Strohmeier, Klaus Peter (2015): Segregation und Lebenswelt – Die räumliche Dimension sozialer Ungleichheit. In: El-Mafaalani, Aladin; Kurtenbach; Sebastian; Strohmeier, Klaus Peter (Hrsg.): Auf die Adresse kommt es an … Segregierte Stadtteile als Problem- und Möglichkeitsräume begreifen. Weinheim.

El-Mafaalani, Aladin; Terkessidis, Mark (2015): Genug gefrickelt. Wir brauchen ein Bundesministerium für Migration. In: Süddeutsche Zeitung. 15.10.2015. https://www.sueddeutsche.de/kultur/fluechtlinge-genug-gefrickelt-1.2700399

El-Mafaalani, Aladin; Toprak, Ahmet (2018): Muslimische Kinder und Jugendliche in Deutschland. Lebenswelten, Denkmuster, Herausforderungen. 3. Auflage. Sankt Augustin/Berlin.

El-Mafaalani, Aladin; Waleciak, Julian; Weitzel, Gerrit (2017): Tatsächliche, messbare und subjektiv wahrgenommene Diskriminierung. In: Scherr, Albert; El-Mafaalani, Aladin; Yüksel, Emine Gökcen (Hrsg.): Handbuch Diskriminierung. Wiesbaden.

Essed, Philomena (1991): Understanding Everyday Racism. London.

Esser, Hartmut (2001): Integration und ethnische Schichtung. Mannheim: Mannheimer Zentrum für Sozialforschung.

Fereidooni, Karim; El, Meral (Hrsg.) (2017): Rassismuskritik und Widerstandsformen. Wiesbaden.

Foroutan, Naika (2019): Die postmigrantische Gesellschaft. Frankfurt/M.

Foroutan, Naika; Canan, Coskun (2016). The paradox of equal belonging of Muslims. Islamophobia Studies Journal, 3 (2), S. 159–174.

Foroutan, Naika; Canan, Coskun; Schwarze, Benjamin; Beigang, Steffen; Kalkum, Dorina (2015): Deutschland postmigrantisch II. Einstellungen von Jugendlichen und jungen Erwachsenen zu Gesellschaft, Religion und Identität. Berlin: Berliner Institut für empirische Integrations- und Migrationsforschung.

Foroutan, Naika; Hensel, Jana (2020): Die Gesellschaft der Anderen. Berlin.

Fracer, Nancy (2005): Frauen, denkt ökonomisch! In: TAZ, 7.4.2005. https://taz.de/!628418/

Freud, Sigmund (1930): Das Unbehagen in der Kultur. Wien.

Gerhard, Ute (2005): Identisch? Gleich! In: WOZ, 3.3.2005. https://www.woz.ch/-202

Gomolla, Mechtild (2017): Direkte und indirekte, institutionelle und strukturelle Diskriminierung. In: Scherr, Albert; El-Mafaalani, Aladin; Yüksel, Emine Gökcen (Hrsg.): Handbuch Diskriminierung. Wiesbaden.

Gottschall, Karin (2000): Soziale Ungleichheit und Geschlecht: Kontinuitäten und Brüche, Sackgassen und Erkenntnispotentiale im deutschen soziologischen Diskurs, Wiesbaden.

Gümüsay, Kübra (2020): Sprache und Sein. Berlin.

Gurr, Ted Robert (1972): Rebellion. Eine Motivationsanalyse von Aufruhr, Konspiration und innerem Krieg (1. Aufl.). Düsseldorf/Wien.

Haas, Hein de (2008): The Myth of Invasion. The inconvenient realities of African migration to Europe. In: Third World Quarterly 29(7), S. 1305–1322.

Häußermann, Hartmut; Siebel, Walter (2004): Stadtsoziologie. Eine Einführung. Frankfurt/M.

Hall, Stuart (1989): »Rassismus als ideologischer Diskurs«. In: DAS ARGUMENT, Nr. 178, S. 913–921.

Han, Petrus (2010): Soziologie der Migration. Stuttgart.

Hartmann, Michael (2018): Die Abgehobenen. Wie die Eliten die Demokratie gefährden. Frankfurt/M.

Hasters, Alice (2019): Was weiße Menschen über Rassismus nicht hören wollen – aber wissen sollten. Berlin.

Heinsohn, Gunnar (2003): Söhne und Weltmacht. Terror im Aufstieg und Fall der Nationen. Zürich.

Hummrich, Merle, Terstegen, Saskia (2020): Migration. Eine Einführung. Wiesbaden.

Huntington, Samuel (1996): The Clash of Civilizations and the Remaking of World Order. Simon & Schuster, New York 1996.

Huntington, Samuel (1998): Kampf der Kulturen. Die Neugestaltung der Weltpolitik im 21. Jahrhundert. München 1998.

Kahlert; H. (2006): Geschlechtergerechtigkeit als bildungspolitisches Konzept – Wie Bildungsinstitutionen einen Leitsatz der Moderne realisieren (können). In: Treibel, Annette; Maier, Maja S.; Kommer, Sven; Welzel, Manuela (Hrsg.): Gender medienkompetent. Medienbildung in einer heterogenen Gesellschaft. (27–51).

Kaufmann, Franz-Xaver (2005): Schrumpfende Gesellschaft. Frankfurt/M.

Kemper, Thomas (2015): Bildungsdisparitäten von Schülern nach Staatsangehörigkeit und Migrationshintergrund. Eine schulformspezifische Analyse anhand von Daten der amtlichen Schulstatistik. Münster.

Kemper, Thomas (2020): Bildungsbeteiligung und Schulerfolg von Geflüchteten in NRW. Düsseldorf [noch unveröffentlicht. Stand Juli 2020].

Kessler, Thomas (2003): Wie kann man sich gleichzeitig benachteiligt und nicht benachteiligt fühlen? Untersuchungen zur Personen-Gruppe Diskrepanz sozialer Diskriminierung. In H. Merkens & A. Wessel (Hrsg.), Zwischen Anpassung und Widerstand. Zur Herausbildung der sozialen Identität türkischer und deutscher Jugendlicher (Jugendforschung aktuell, Bd. 8). Baltmannsweiler.

Kobayashi, Audrey; Preston, Valerie (2014): Being CBC. The ambivalent identities and belonging of Canadian-born children of immigrants. Annals of the Association of American Geographers, 104, 234–242.

Lajevardi, Nazita; Oskooii, Kassra A. R.; Walker, Hannah L.; Westfall, Aubrey L. (2019): The Paradox Between Integration and Perceived Discrimination Among American Muslims. In: Political Psychology, 41/3, S. 587–606.

Lee, Everett S. (1966): A Theory of Migration. In: Demography, 1/1966, S. 47–57.

Leiße, Utta-Kristin (2004): Die Person-Gruppe-Diskrepanz. Eine Folge von Selbstkategorisierung und Vergleichen? (Studienreihe psychologische Forschungsergebnisse, 1. Aufl., Bd. 106). Hamburg.

Lessenich, Stephan (2008): Die Neuerfindung des Sozialen. Bielefeld.

Luhmann, Niklas (1997): Die Gesellschaft der Gesellschaft. Frankfurt/M.

Mackensen u. a. (1959): Daseinsformen der Großstadt. Typische Formen sozialer Existenz in Stadtmitte, Vorstadt und Gürtel der industriellen Großstadt. Tübingen.

Massumi u. a. (2015): Neu zugewanderte Kinder und Jugendliche im deutschen Schulsystem. Bestandsaufnahme und Empfehlungen. Köln: Mercator-Institut für Sprachförderung und Deutsch als Zweitsprache, Zentrum für LehrerInnenbildung, Arbeitsbereich Interkulturelle Bildungsforschung an der Universität zu Köln.

Mayer, Ruth (2005): Diaspora. Eine kritische Begriffsbestimmung. Bielefeld.

Mbembe, Achille (2014): Kritik der schwarzen Vernunft. Frankfurt a. M.

Mecheril, Paul (2004): Einführung in die Migrationspädagogik, Weinheim/Basel.

Mecheril, Paul; Melter, Claus (Hrsg.) (2009): Rassismuskritik. Band 1. Rassismustheorie und -forschung. Schwalbach.

Merton, Robert K. (1948): The self-fulfilling prophecy, in: The Antioch Review, Jg. 8, 1948, S. 193–210.

Milanović, Branko (2019): Capitalism, Alone: The Future of the System That Rules the World. Harvard University Press.

Nassehi, Armin (2003): Offenheit und Geschlossenheit. Studien zur Theorie der modernen Gesellschaft. Frankfurt/M.

Nassehi, Armin (2020): Das große Nein. Eigendynamik und Tragik des gesellschaftlichen Protests. Hamburg.

Neckel, Sighard (1997): Die ethnische Konkurrenz um das Gleiche. Erfahrungen aus den USA. In: Wilhelm Heitmeyer (Hg.): Was hält die Gesellschaft zusammen? Frankfurt a. M.: Suhrkamp (Edition Suhrkamp, 2034), S. 255–275.

Nohl, Arnd-Michael (2001): Migration und Differenzerfahrung. Junge Einheimische und Migranten im rekonstruktiven Milieuvergleich. Opladen.

Ogette, Tupoka (2020): exit RACISM. Rassismuskritisch denken lernen. Berlin.

Oltmer, Jochen (2017): Migration. Geschichte und Zukunft der Gegenwart. Wissenschaftliche Buchgesellschaft/ Konrad Theiss-Verlag, Darmstadt.

Oltmer, Jochen (2015): Zusammenhänge zwischen Migration und Entwicklung. Bonn.

Ortiz-Ospina Esteban; Roser, Max (2017): Global Health. Our World in Data. Online abrufbar unter: https://ourworldindata.org/health-meta/

Parsons, Talcott (1965): Full Citizenship for the Negro American? A Sociological Problem. In: Daedalus Vol. 94, No. 4, The Negro American, S. 1009–1054.

Passmann, Sophie (2019): Alte weiße Männer: Ein Schlichtungsversuch. Köln.

Piketty, Thomas (2014): Das Kapital im 21. Jahrhundert. München.

Popper, Karl Raymund (1992): Die offene Gesellschaft und ihre Feinde. Tübingen.

Pries, Ludger (2013): Migrantenselbstorganisationen. Dossier. Bonn: Bundeszentrale für politische Bildung. https://www.bpb.de/gesellschaft/migration/kurzdossiers/158865/migrantenselbstorganisationen

Priester, Karin (2003): Rassismus. Eine Sozialgeschichte, Leipzig.

Rashid, Abdul-Ahmad (2019): Die Zeit ist reif für einen Deutschen Muslimtag! In: NDR Kultur: https://www.ndr.de/ndrkultur/sendungen/freitagsforum/Die-Zeit-ist-reif-fuer-einen-Deutschen-Muslimtag,freitagsforum774.html

Reckwitz, Andreas (2017): Die Gesellschaft der Singularitäten. Zum Strukturwandel der Moderne. Berlin.

Reckwitz, Andreas (2019): Das Ende der Illusionen. Frankfurt.

Relikowski, Ilona; Yilmaz, Erbil; Blossfeld, Hans-Peter (2012): Wie lassen sich die hohen Bildungsaspirationen von Migranten erklären? In Rolf Becker & Heike Solga (Hrsg.), Soziologische Bildungsforschung (52. Sonderheft der Kölner Zeitschrift für Soziologie und Sozialpsychologie, S. 111–136). Wiesbaden.

Rösner, Hans-Uwe (2014): Behindert sein – behindert werden. Texte zu einer dekonstruktiven Ethik der Anerkennung behinderter Menschen. Frankfurt/M.

Roser, Max (2017): Global Economic Inequality. Our World in Data. Online abrufbar unter: https://ourworldindata.org/global-economic-inequality

Rosling, Hans (2018): Factfulness – wie wir lernen, die Welt so zu sehen, wie sie wirklich ist. Berlin.

Runciman, Walter G. (1972): Relative deprivation and social justice. A study of attitudes to social inequality in Twentieth-Century England. Middlesex.

Şahin, Reyhan (2014): Die Bedeutung des muslimischen Kopftuchs. Eine kleidungssemiotische Untersuchung Kopftuch tragender Musliminnen in der Bundesrepublik Deutschland. Lit-Verlag, Münster.

Şahin, Reyhan (2019): Yalla Feminismus. Stuttgart.

Scherr, Albert; El-Mafaalani, Aladin; Yüksel, Emine Gökcen (Hrsg.) (2017): Handbuch Diskriminierung. Wiesbaden.

Scherr, Albert; Sachs, Lena (2017): Bildungsbiografien von Sinti und Roma. Erfolgreiche Bildungsverläufe unter schwierigen Bedingungen. Weinheim.

Schellhöh, Jennifer; Reichertz, Jo; Heins, Volker M.; Flender, Armin (Hrsg.) (2018): Großerzählungen des Extremen. Neue Rechte, Populismus, Islamismus, War on Terror. Bielefeld.

Scholz, Antonia (2013): Warum Deutschland? Einflussfaktoren bei der Zielstaatssuche von Asylbewerbern – Ergebnisse einer Expertenbefragung. Forschungsbericht 19 BMBF. Nürnberg.

Schrader, Achim; Nikles, Bruno W.; Griese, Hartmut M. (1979): Die Zweite Generation. Sozialisation und Akkulturation ausländischer Kinder in der Bundesrepublik. Königstein.

Schulz, Florian; Skopek, Jan; Blossfeld, Hans-Peter (2010): Partnerwahl als kossensuelle Entscheidung. Das Antwortverhalten bei Erstkontakten im Online-Dating. In: KZfSS Kölner Zeitschrift für Soziologie und Sozialpsychologie 62(3): 485–514.

Seifert, Wolfgang (2012): Probleme der Integration. Bundeszentrale für politische Bildung: https://www.bpb.de/politik/grundfragen/deutsche-verhaeltnisse-eine-sozialkunde/138020/probleme-der-integration

Siebel, Walter (2015): Die Kultur der Stadt. Frankfurt am Main.

Simmel, Georg (1908): Soziologie. Untersuchungen über die Formen der Vergesellschaftung. Leipzig.

Simmel, Georg (1992): Der Streit. In: ders.: Soziologie. Untersuchungen über die Formen der Vergesellschaftung. Leipzig.

Skrobanek, Jan (2007): Wahrgenommene Diskriminierung und (Re) Ethnisierung bei Jugendlichen mit türkischem Migrationshintergrund und jungen Aussiedlern. Zeitschrift für Soziologie der Erziehung und Sozialisation, 27(3), 265–284.

Sow, Noah (2018): Deutschland Schwarz Weiß. Books on Demand.

Spivak, Gayatri Chakravorty (2010): »In Response. Looking Back, Looking Forward«. In: Morris, Rosalind (Hg.): Can the Subaltern Speak? Reflections on the History of an Idea. New York, US-NY, S. 227–236.

Statistisches Bundesamt (2019): Bevölkerung und Erwerbstätigkeit. Bevölkerung mit Migrationshintergrund – Ergebnisse des Mikrozensus 2018. Wiesbaden.

Steinmann, Jan Philip (2019): The paradox of integration: why do higher educated new immigrants perceive more discrimination in Germany? Journal of Ethnic and Migration Studies 45 (9): 1377–1400.

Stichweh, Rudolf (2000): Die Weltgesellschaft. Soziologische Analysen. Frankfurt/M.

Stokowski, Margarete (2018): Die letzten Tage des Patriarchats. Hamburg.

Strohmeier, Klaus Peter (2009): Die Stadt im Wandel. Wiedergewinnung von Solidarpotential. In: Biedenkopf, Kurt; Bertram, Hans; Niejahr, Elisabeth (Hrsg.): Starke Familie – Solidarität. Subisiarität und kleine Lebenskreise. Stuttgart, S. 156–172.

Strohmeier, Klaus Peter (2006): Segregation in den Städten. Bonn.

Sutterlüty, Ferdinand von (2010): In Sippenhaft. Negative Klassifikationen in ethnischen Konflikten. Frankfurt/M.

SVR (2014): Diskriminierung am Ausbildungsmarkt. Ausmaß, Ursachen und Handlungsperspektiven. Berlin.

ten Teije, Irene; Coenders, Marcel; Verkuyten, Maykel (2013): The paradox of integration: Immigrants and their attitude toward the native population. Social Psychology, 44(4), 278–288.

Terkessidis, Mark (1998): Psychologie des Rassismus. Opladen.

Terkessidis, Mark (2004): Die Banalität des Rassismus. Migranten zweiter Generation entwickeln eine neue Perspektive. Bielefeld.

Terkessidis, Mark (2019): Wessen Erinnerung zählt? Koloniale Vergangenheit und Rassismus heute. Hamburg.

Tocqueville, Alexis de (1835/1840): Über die Demokratie in Amerika. München 1976.

Tolsma, Jochem; Lubbers, Marcel; Gijsberts, Merove (2012): Education and cultural integration among ethnic minorities and natives in the Netherlands: A test of the integration paradox. *Journal of Ethnic and Migration Studies*, *38*, 793–813.

Treibel, Annette (2016): Integriert euch! Frankfurt/M.

UN – Department of Economic and Social Affairs (2018): International Migration Report 2015. New York.

UNHCR (2016): Global Trends – Forced Displacement in 2015. Genf.

Unfried, Peter (2020): Es lebe die EU! In: TAZ, 25.07.2020.

van der Veer, Peter (2002): Transnational Religion: Hindu and muslim movements. Global Networks, 2(2), 95–109.

van Doorn, Majka; Scheepers, Peer; Dagevos, Jaco (2013): Explaining the integration paradox among small immigrant groups in the Netherlands. *International Migration and Integration*, *14*, 381–400.

Verkuyten, Maykel (2016): The Integration Paradox: Empiric Evidence From the Netherlands. American Behavioral Scientist 60(5–6), S. 583–596.

Vester, Michael (2009): Milieuspezifische Lebensführung und Gesundheit. In: Jahrbuch für Kritische Medizin und Gesundheitswissenschaften 45, S. 36–56.

Vertovec, Steven (2007): Super-diversity and its implications. In: Ethnic and Racial Studies. Band 30, Nr. 6, 2007, S. 1024–1026.

Wagner, Ulrich; Sarantis Tachtsoglou, Patrick Ferdinand Kotzur, Maria-Therese Friehs, Uwe Kemmesies (2020): Proportion of Foreigners Negatively Predicts the Prevalence of Xenophobic Hate Crimes within German Districts. In: Social Psychology Quarterly Volume: 83 issue: 2, page(s): 195–205.

Weichselbaumer, Doris (2016): Discrimination against Female Migrants Wearing Headscarves. IZA Discussion Paper No. 10217.

Wiedemann, Charlotte (2019): Der lange Abschied von der weißen Dominanz. München.

ZfTI – Stiftung Zentrum für Türkeistudien und Integrationsforschung (2018): Identifikation und politische Partizipation türkeistämmiger Zugewanderter in Nordrhein-Westfalen und in Deutschland. Essen.

Danksagung

Mein besonderer Dank gilt nach wie vor den vielen Mitarbeiter:innen, Kolleg:innen und Kooperationspartner:innen für Inspiration, Kritik und Unterstützung, insbesondere: Melanie Ahrens, Judith Ronja Appel, Levent Arslan, Hebba Basheer-Gazarin, Ralf Bohnsack, Heinz Bude, Fatih Çevikkollu, Raphael Cichy, Helge Döring, Karim Fereidooni, Wigbert Flock, Michael Hartmann, Brigitte Hasenjürgen, Patricia Heufers, Volker Maria Hügel, Annette Kammertöns, Dieter Kantel, Thomas Kemper, Adam Khalaf, Sebastian Kurtenbach, Janine Linßer, Mona Massumi, Armin Nassehi, Roxana Raphael-Kuttig, Jan Schedler, Albert Scherr, Lea Schmidt, Raphael Statsch, Michael Stenger, Jürgen Straub, Klaus Peter Strohmeier, Mark Terkessidis, Maria Theisgen, Julian Waleciak, Anne Weckbacher, Gerrit Weitzel, Stefan Wirtz und Andreas Zick. Den vielen Personen an der FH Münster für Geduld und Entgegenkommen, insbesondere: Stephan Barth, Birgit Decker, Kerstin Feldhoff, Ingo Füchtenbusch, Berthold Püttmann, Andrea Soetkamp, Mirko Sporket, Wolfgang Tenhaken und Ute von Lojewski sowie dem gesamten Fachbereich Sozialwesen und dem Team des Instituts für Gesellschaft und Digitales. Und natürlich Mirka Fuhrmann, Lili Sofie El-Mafaalani und Helga Frese-Resch für die Unterstützung während des Schreibens und für die hilfreichen Kommentare.

KiWi
Aladin El-Mafaalani
MYTHOS
BILDUNG
Die ungerechte Gesellschaft,
ihr Bildungssystem und seine Zukunft
Mit einem Zusatzkapitel zur Coronakrise